표현 중국어 교육문법 연구

위수광(魏秀光)

中国 上海外国语大学校 博士后 (Post-Doc)과정 수료
부산외국어대학교 대학원 중국어중국학과 박사
부산외국어대학교 대학원 중국어중국학과 석사

現, 창신대학교 중국어학과 교수

저서
『중국어 교육문법』(박이정)
『이중언어교육을 위한 중국어(초급)』(공저, 교육과학기술부)
『고등학교 중국어 작문』(공저, 부산시교육청 인정도서)
『생생한 LIVE 중국어Ⅰ』(공저, 신아사)
『생생한 LIVE 중국어Ⅱ』(공저, 신아사)
『SCP 중국어Ⅰ』(공저, 신라대학교 출판부)
『SCP 중국어Ⅱ』(공저, 신라대학교 출판부)
『韩国人在中国-衣食住行生活汉语 (上)』(合著, 中国 人民教育出版社)
『韩国人在中国-衣食住行生活汉语 (下)』(合著, 中国 人民教育出版社) 외

논문
「『语法等级大纲』의 체계상 한계점 고찰-한국인 학습자를 중심으로」(2008)
「『国际汉语教学通用课程大纲(语法)』와 『新HSK大纲(语法)』의 비교분석-『新HSK大纲(语法)』에서 체계 변화를 중심으로-」(2011)
「표현중심의 중국어 교육문법 체계에 관한 고찰」(2012)
「한·중수교 20년간 국내 중국어 문법교육 연구의 성과 및 향후 과제」(2012)공동연구
「중국어 교육요목의 의사소통 기능항목 연계성에 관한 연구」(2013)
「한국 내 중국어 교육문법 및 문법교육 연구현황」(2014)
「중국어 교육요목의 의사소통 기능항목 및 화제 선정」(2014)
「중국어 교육문법의 표현항목에 관한 고찰-의사소통 기능항목을 토대로-」(2015)
「중국어 표현문법체계와 표현항목 선정」(2015) 외

표현 중국어 교육문법 연구

초판 인쇄   2015년 5월 27일
초판 발행   2015년 6월 8일

지은이 위수광 | **펴낸이** 박찬익 | **편집장** 권이준 | **책임편집** 김지은
펴낸곳 ㈜ **박이정** | **주소** 서울시 동대문구 천호대로 16가길 4
전화 02) 922-1192~3 | **팩스** 02) 928-4683 | **홈페이지** www.pjbook.com
이메일 pijbook@naver.com | **등록** 2014년 8월 22일 제305-2014-000028호

ISBN 979-11-86402-66-5 (93720)

* 책값은 뒤표지에 있습니다.

표현 중국어 교육문법 연구

위수광 지음

表达
教学
语法

(주)박이정

머리말

중국어교육문법에 관심을 갖고 연구하기 시작한지 어느덧 10여년이란 시간이 흘렀다. 처음에는 중국어교육을 좀 더 효과적이고 과학적으로 진행할 수 있는 기준에 대한 필요성에서 출발하였다. 중국어 교육현장에서 문법교육이 대부분 이론문법체계로 이루어지고 있으며, 실제 중국어 교육현장에서나 교재에 반영된 교육문법체계도 통일되지 않고, 문법용어 또한 일치하지 않아 한국인 중국어 학습자의 어려움을 더욱 더 가중시킨다고 여겼다. 이러한 문제점을 해결해 보고자 중국내에 편찬된 여러 중국어 교육문법 요목, 교육문법서적, 국내 많은 문법교재들을 분석하게 되었고, 이런 연구과정을 통해 '한국인 중국어 학습자 교육문법 요목 설계에 관한 연구'로 박사학위를 받았다. 이를『중국어 교육문법』저서로도 편찬하였다.『중국어 교육문법』에서는 중국내의 교육문법요목과 교육문법체계의 변화 발전을 소개하였다. 그리고 국내에 발표된 많은 중한 대조분석, 오류분석의 연구 성과를 통해 한국인 학습자 특성을 반영하여 한국인 학습자에게 적합한 교육문법요목을 설계하기 위한 다섯 가지 방안도 제시하였다. 물론 제시한 다섯 가지 방안은 개인이 해결할 수 있는 과제가 아닌 국내 중국어 교육학계의 많은 연구자와 함께 진행해야할 과제이다. 하지만 개인의 과제가 아니어도 이에 멈추지 않고, 이 제시한 방안을 단계적으로 연구해 보고자 上海外国语大学 博士后 (Post-Doc)과정을 통해 진행하게 되었다.

이 책은 저자의 박사학위 논문인「한국인 중국어 학습자 교육문법 요목 설계에 관한 연구」을 준비하면서 발표한 논문부터 현재까지 발표한 논문까지 총 9편의 논문으로 재구성하여 편찬하였으며, 上海外国语大学 博士后 (Post-Doc)과정을 통해 편찬하게 된 연구 성과이다. 이 과정을 통해 '이해중심의 교육문법'이 아닌 '표현중심의 교육문법'체계를 초보적으로 설계해 보고자 하였다. 이 과정을 통해 이와 같은 연구는 단시간에 이루어질 수 있는 연구가 아니고, 많은 연구자에 의해 지속되어야할 연구임을 확인하고, 부족함을 많이 느끼는 계기가 되었다. 하지만 이 연구 성과들은 한국인 학습자의 중국어 교육문법체계가 '이해중심'이 아닌 '표현중심'의 체계로 나아갈 수 있도록 첫걸음을 내딛었다 여겨진다. 향후 지속적인 연구를 통해 한국인 학습자들의 중국어 의사소통 능력을 향상시키고, 나아가 중국어 교육이 효율적으로 진행될 수 있는 중국어 교육문법요목이 제정될 수 있었으면 하는 바램 가져본다.

이 연구를 지속할 수 있도록 上海外国语大学 博士后 (Post-Doc)과정을 통해 끊임없이 지도해 주신 金基石 지도교수님, 진정한 교수로 연구자로 자리매김할 수 있도록 열정과 사랑으로 이끌어주시는 어머니 金忠實 교수님, 上海外国语大学 博士后 심사과정에서 아낌없는 격려와 가르침을 주신 李春虎 교수님, 金立鑫 교수님, 끊임없는 관심과 가르침으로 이끌어주신 진광호 지도교수님, 부족함 많은 초보연구자인 저를 항상 인정해주시고, 지치지 않고 중국어 교육을 연구할 수 있도록 이끌어 주시는 전북대 박용진 교수님, 연구에 대한 열정과 에너지를 제공해준 윤독회 이상도 교수님, 정윤철 교수님, 박경송 교수님, 영원한 멘토 임춘영 선생님, 박은미선생님, 언제나 한결같은 믿음으로 격려해 주신 하배진 교수님, 하종명 교수님, 이진석 선생님께도 감사인사 드립니다.
새로운 보금자리에서 연구할 수 있도록 아낌없는 믿음으로 후원해 주신 창신대학교 강병도 이사장님, 강정묵 부총장님, 지혜와 열정으로 이끌어주시는 이길연 학과장님께 진심으로 감사드립니다. 그리고 젊은 열정으로 늘 함께 해주신 박성 교수님, 장미선 교수님, 오혜정 선생님께 감사인사 전합니다. 그리고 저의 연구실적을 책으로 출판될 때까지 아낌없는 도움을 주신 박이정 출판사 박찬익 사장님께도 진심으로 감사드립니다. 그 밖에 제게 끊임없는 애정과 관심으로 지지해주신 많은 분께도 감사의 인사전합니다.

　마지막으로 지금의 제가 있기까지 믿음과 사랑을 아끼지 않고 베풀어주신 이재식회장님, 위광자 여사님, 위승남 교수님, 안영진 사장님, 힘겨워하는 아내에게 밝은 미소로 격려해주고 믿어 준 이승진님, 늘 부족한 엄마를 먼저 걱정하고 격려해주는 사랑하는 아들 이원준, 부족한 큰 딸이 지치지 않고 연구와 교육에 매진할 수 있게 끊임없이 후원해주시고, 발전할 수 있도록 함께 고민하고 믿어주신 사랑하는 부모님께 이 책을 바칩니다.

2015년 5월의 어느 봄날

연구실에서

魏 秀 光

차 례

II. 중국어 교육문법 요목 연구

III. 중국어 교육요목의 의사소통 기능항목 연구

I

한국 내 중국어 문법교육 및 교육문법 연구[1]

　　최근 한국에서 중국어 교육에 대한 연구와 더불어 교육문법에 관한 연구가 많이 이루어지고 있다. 그 중에서도 중국어 교육문법의 전반적인 체계에 관련된 '중국어 교육문법'에 관한 연구와 중국어문법을 교육 현장에서 어떻게 가르칠 것인가에 대한 '중국어 문법교육'에 관한 연구가 점차 확대되고 있는 추세이다. 이에 최근 한국에서 진행되고 있는 '중국어 교육문법'과 '중국어 문법교육'에 관한 연구를 중심으로 연구주제, 연구방법, 연구성과를 중심으로 분석하고 검토하여 한국인 학습자를 위한 중국어 교육문법의 향후 과제를 점검해 보고자 한다.

---

[1] 이 연구는 한국연구재단에 2013년 현재 등재지와 등재후보지로 등록되어 있는 중국어교육관련 학술지 18종에 실린 논문 중에서 한국 중국어문법의 교육과 연관성 있는 논문을 자료로 삼았다. 참고한 학술지명은 다음과 같다. 언어와언어학(한국외대언어연구소)/외국어교육연구(한국외대외국어교육연구소)/중국어교육과연구(한국중국어교육학회)/중국어문논역총간(중국어문논역학회)/중국어문논총(중국어문연구회)/중국어문학논집(중국어문학연구회)/중국어문학지(중국어문학회)/중국언어연구(한국중국언어학회)/중국연구(한국외대중국연구소)/중국인문과학(중국인문학회)/중국학(대한중국학회)/중국학논총(고려대중국연구소)/중국학논총(한국중국문화학회)/중국학보(한국중국학회)/중국학연구(중국학연구회)/중어중문학(한국중어중문학회)/한중언어문화연구(한국현대중국연구회)/한중인문학연구(한중인문학회)

　　이 연구는 임춘영선생님, 박은미 선생님과 공동연구를 진행하던 과정에 수집한 자료를 토대로 하였다.

한·중 수교 이후 최근까지 한국에서 발표된 중국어 교육문법 논문과 중국어 문법교육 논문을 대상으로 분석하고 검토하였다. '중국어 교육문법'의 연구는 총 21편이고, '중국어 문법교육'은 16편이다. 이 논문들은 중국어 문법의 대조분석 연구와 한국인 학습자의 오류분석 연구에 비해 상대적으로 적은 비중을 차지하지만, 이들 논문들의 분석은 향후 한국인 학습자에게 적합한 중국어 교육문법 체계를 마련하기 위한 중요한 토대를 마련할 수 있으리라 여겨진다.

1. 중국어 교육문법

이 영역의 논문은 기본적으로 중국어 교육을 목적으로 한 문법체계에 관한 연구로 총 21편이 있다. 이들 21편의 연구주제는 중국어 교육문법체계에 관한 논문이 11편이고, 습득순서에 관한 논문이 6편, 문법항목의 교육순서배열에 관한 논문이 2편, 교재에 관한 논문이 2편이다.

1) 중국어 교육문법 체계에 관한 연구

이 분야의 연구는 중국어 교육을 위한 문법을 체계화하는데 목적을 두고 있는 연구로 11편이 있다.

김현철, 박용진의 「한어어법 교육현황의 어제와 오늘」는 중국어 문법교육의 정확한 현황을 파악하고, 중국 내의 자국민이나 외국인에게 중국어 문법교육이 왜 필요한 지에 대한 답을 모색하고, 문법교육의 타당성에 힘입어 어떻게 진행시켜나갈 것에 대해 대안을 모색하였다. 김현철의 「몇 가지 중국 어법용어의 정의문제에 관하여」는 1991년에 제정된 중국어 문법용어 통일 시안을 토대로 문법용어 통일의 필요성을 제기하였다. 향후 중국어 문법용어를 정의하는 것에 대한 필요성을 논하고 문제의식을 공유하고자 하였다. 박정구의 「중국어 문법이론과 문법교수」는 중국어 교육에 있어 실천적인 자료로 제공하고자 하였다. 특히 어순에 대해 문법이론이 어떤 원리와 제약을 가하고 있는지를 살펴보고 중국어 교수에 있어서 적절하게 운용할 지에 대해 연구하였다. 박용진의 「현재 중국어의 교육문법과 이론문법의 특징과 영역 고찰-교육문법을 중심으로」와 맹주억의 「중국어 교육문법 기술의 새로운 구상」은 중국어 교육문법 영역이 하나의 독립된 학문체계를 가지고 있으며 근접학문 영역과 구별된 특징을 가지고 있음을 보였다. 또한 현재 통용되는 중국어 교육문법 기술에 대해 그 체계와 내용이 어떠한 경위로 생성되었고, 어떠한 문제점을 내포하고 있으며 문제점의 배경을 분석하고 극복할 수 있는 방안을 모색하고자 하였다. 위수광의 「『国际汉语教学通用课程大纲(语法)』와 『新HSK大纲(语法)』의 비교분석」은 중국어 교육요목과 평가요목에 제시된 문법항목의 비교분석을 통해 한국인 학습자에게 적절한 등급체계와 문법항목 간의 관계, 배열 등에 대한 연구방향을 제시하였다. 그 밖에 이화범의 「교학적 관점에서의 現代 중국어 文章成分 分类」, 위수광의 「『语法等级大纲』의 체계상 한계점 고찰-한국인 학습자를 중심으로」, 洪淳孝의 「한국에서의 중국어 문법교육의 현황과 개선책」, 李铁根의 「试谈 "对韩汉语教学" 中的一些原则问题」이 있다.

 이상의 논문들은 교육문법의 현황 및 전망, 문법용어 통일, 문장성분(용어) 정립, 교육문법 영역고찰, 기존 문법요목 분석, 문법용어 제시나 기술방법 등에 관한 연구로 근본적으로 향후 교육문법 체계를 정립에 목적 둔 연구임을 알 수 있다.

2) 문법항목의 습득 및 순서배열에 관한 연구

이 분야의 논문은 개별적인 문법항목의 습득순서나 중국어 문법교육 시 순서배열에 관한 연구들로 모두 10편이다. 중국어 문법항목 습득 순서에 관한 논문은 6편, 문법항목의 교육 순서배열에 관한 논문이 2편, 교재에 관한 논문이 2편이다.

周小兵의 「韩汉语法对比和韩国人习得难度考察」는 언어습득이론을 토대로 언어대조와 표기성에서 한국인 학습자의 중국어 문법습득의 난이도를 고찰하여 한국인 학습자가 중국어 문법교육에 기여한 연구이다. 또한 한국인 학습자의 중국어 문법 습득상황을 풍부한 실례를 제시하여 대조분석을 토대로 한 연구로 의의가 있다. 이명숙의 「初级阶段 "把" 字的教学顺序研究」, 임재호의 「한국 학생의 "把" 자문 습득 상황분석」, 肖溪强·黄自然의 「外国学生 "把" 字句习得研究」는 한국인 학습자가 많은 오류를 범하는 "把" 字句 의 다양한 표현형식에 비해 구조중심으로 교육되고 있음을 지적하고, 의미와 대응시켜 중국어 교육단계에 반영되어야 함을 주장하였다. 그리고 중국인의 사용상황과 비교하여 객관적인 "把" 字句 의 습득순서도 제시하였다. 周文作·肖溪强의 「外国学生 "让" 字句习得研究」는 의미기능과 용법이 다양한 "让"은 외국인 학습자가 어려워하는 문법항목임을 지적하고, 교재와 요목에서 다루고 있는 교육배열과 오류분석의 말뭉치를 통한 분석을 통해 외국인 학습자에게 맞게 "让"의 기능별로 등급배열을 하였다. 그 밖에 김종호의 「怎么教韩国学生习得汉语主谓谓语句」 등이 있다.

습득연구와 유사한 맥락의 연구로 중국어 교육문법항목의 순서 배열에 관한 연구가 2편 있다. 박용진의 「중국어 교육을 위한 현대중국어 의문사의 순서배열연구(1)」과 「중국어 교육을 위한 현대중국어 의문사의 순서배열연구(2)」로 중국어 문법항목(의문사)의 순서배열은 경험을 바탕으로 혹은 교재의 문법항목 순서를 맹목적으로 교육하는 수업방법에서 벗어나 이론을 바탕으로 하여 언어구조와 실제 언어사용을 분석하여 문법항목을 어느 시기에 교육해야 하는 것이 좋은지를 분석한 연구이다.

그 밖에도 습득 순서에 관한 연구와 문법항목 순서배열을 직접적으로 반영해야 하는 교재에 관한 연구는 2편이다. 류기수의 「중국의 외국인 중국어 교재 중의 몇 가지 문법 설명에 관한 소고」와 「중국에서 출판된 외국인용 중국어 교재의 기본 문법 사항 연구」이다. 이들 연구에서는 중국어 교육과정 중 발견한 몇 가지 문법 설명에 대해 문제점을 제기하고 미흡한 규정에 대한 보충 설명을 시도하고자 하였다. 또한 『语法等级大纲』과 비교를 통해 중국의 요구에 부합되면서 한국인 학습자에게 맞는 새로운 교재와 교수법도 개발되어야 한다고 지적하였다.

이상의 연구들은 대체적으로 한국인 중국어 학습자특징을 반영하여 특정 문법항목의 습득 순서와 교육 순서배열에 대해 연구하였다. 주로 한국인 학습자의 중국어 교육 시 등급별 혹은 수준별 난이도에 맞게 학습자가 어려워하는 문법항목의 습득순서에 대한 연구들이다.

2. 중국어 문법교육

이 영역의 논문은 한국인 중국어 학습자의 교육현장에서 문법교육을 목적으로 한 연구는 16편이다. 전체적인 중국어 문법교육에서 적용할 수 있거나 활용할 수 있는 방안을 제시한 연구가 6편이고, 개별적 문법항목의 교육방법을 제시한 연구가 10편이다.

1) 중국어 문법교육의 실제에 관한 연구

이 분야의 연구는 중국어 문법교육과 언어환경에 관한 설계, 교육환경의 실제, 교육에 적용, 문법교육에 관한 제안 등을 주제로 다루고 있으며 6편이 있다.

黃惠英의 「试论对外汉语教学中的语法教学与语境设计」은 실제 교육현장에서 중국어 문법교육을 할 때 효율적인 방안으로 회화교제 능력을 배양을 목적으로 언어 기능과 언어 교제기능의 훈련을 통해 여러 차례 반복하고 실제 응용해야 한다고 지적하였다. 이병관의 「中国现代语法 教育에 대한 몇 가지 제안」은 중국어 학습자에게 중국어를 어떻게 가르칠 것인가에 대해 중국어 특징 설명, 구조분석과 내용 설명, 대조분석을 통한 해설, 문법현상에 대한 설명을 지적하였다. 신승희의 「대학 중국어 문법교육에서의 소그룹 활동 활용방안에 관한 제언」는 '중국어 실용교육문법' 교과목에 적용할 소그룹 활동 방안의 설계과정과 적용, 관찰과 분석을 통해 기존의 중국어 문법수업의 단점을 보완할 수 있는 소그룹 활동방안을 제시하였다. 김윤정의 「일반언어학 이론의 중국어 교육적용-상황유형에 기반을 둔 중국어 문법교육」에서는 상황유형개념이 반영된 일련의 현대 중국어 문법현상을 분석하여 일반 언어학 이론에 기반을 둔 통합적이고 효과적인 중국어 문법 교육방법을 모색하였고, 이와 같은 구성원리를 통합적으로 적용하는 방법을 통해 개별적인 연구를 보완하고, 학습자의 이해와 학습 효과를 향상시키는 방법을 모색하고자 하였다. 김용운, 김자은의 「부산지역 중국어 문법교육의 현실과 과제-4년제 대학의 경우」는 부산지역의 중국어 문법교육 과정에 내재된 문제점 및 대안을 모색하고 중국어 문법교육 현장에 존재하는 담당교수의 효능감이 교육방법과 강의평가에 미치는 영향을 설문조사를 통해 문제점과 대안을 함께 제시하였다. 그 밖에 백수진의 「텍스트 결속성과 중국어 문법교육」 등이 있다.

이상의 논문들은 실제 중국어 교육현장에서 접하게 되는 문법교육의 문제점을 구체적으로 지적하고 그에 대한 적용할 수 있는 대안이나 활용방안을 구체적으로 지적하면서 총체적인 문법교육의 틀을 제시하고 있다.

2) 중국어 문법항목의 교육에 관한 연구

이 분야의 연구는 개별적인 문법항목을 어떻게 교육할 것에 관한 연구로 10편의 논문이 있다. 이를 논문들은 품사, 문장성분, 구조상의 특징을 다룬 문법항목, 특수문 등을 주제를 중심으로 다루었다.

연구주제에서 품사 중 양사, 동사, 어기조사 등 학습자들이 이해하기 어렵고 문법기능이 복잡한 품사들을 주제로 하여 학습자가 이들의 특징을 정확히 파악하여 배울 수 있도록 하기 위한 교육 방안을 주로 제시하였다. 예로 郑杰의 「韩汉数量表现差异与对韩汉语量词教学」, 박기현의 「중국어 동사 역할의 다양성과 중국어 교육」, 박정구의 「汉语语气助词的 功能, 体系及教学」 등이 있다.

그 다음은 문장성분 중에 보어, 술어 등이나 의문문을 주제로 연구 한 논문이다. 이들 연구는 문법항목의 특징에 맞게 통사구조나 의미론적 특징을 분석하여 교육에 적용하거나 대조분석을 통해 문법교육의 방법을 제시하였다. 예로 김선아의 「复合趋向补语的语义教学浅析」, 박정구의 「名詞性謂語的語法特征及其教學」, 王玮의 「试论用疑问句引导语义教学」 등이 있다.

구조상의 특징을 문법항목으로 다룬 연구로 朴珍玉의 「"X上"结构中 "X" 与 "上" 的句法语义关系及对韩汉语教学的思考」이 있다. "X上"를 교육적 각도에서 "X上"의 통사구조를 분석하고 분류하여, 의미관계를 구분하고, 기능에 따라 분류한 오류유형을 제시하였다. 김난미·박혜숙의 「중국어 교육을 위한 "一+V"구 고찰」는 시태의미를 나타내는 "一+V"를 교육상의 문제점을 기존의 연구성과를 토대로 "一+V" 구문의 유형을 분류하고 '순간실현태'로 타당하다고 지적하면서 중·고급 중국어 교육에 제시할 것을 주장하였다.

그 밖의 박덕준의 「중국어 복문 교수법 연구」는 복문의 다양한 구조와 유형을 활용할 수 있게 교육에 적용하기 위해서 중국어 복문을 의미별로 분류하고 7가지의 교수 방안을 고급중국어 단계에서 제시하였다. 박건영의 「현행 중국어의 把字句 연구(2)-출현빈도에 따른 교학방안」은 실제 교육에서 발생하였던 把字句의 문제점을 분석하고 유형별 빈도율을 제시함으로써 把字句를 학습하고 원활하게 활용할 수 있는 모델을 제시하고, 출현빈도에 따른 단계별 교육 방법을 제안하였다.

이상의 논문은 품사, 문장성문, 특수문, 구조중심의 문법항목(복합방향보어, 수량표현, 어기조사, 명사성술어, 把字句 등)을 주제로 개별적인 문법항목들의 특징을 구체적으로 설명하거나 대조분석과 오류분석을 통해 한국인 학습자의 특징을 파악하여 교육적 각도에서 교육 방안을 제시하였다. 대부분의 연구 주제가 한국인 학습자가 어려워하거나 오류를 많이 범하는 주제를 중심으로 연구되었음을 알 수 있다. 그리고 문제를 해결할 수 있는 방안이나 교육현장에서 실천할 수 있는 방안들은 일부 논문에서만 상세히 제시하였다.

3. 교육문법과 문법교육의 현황

한·중 수교 이후 한국에서 연구된 중국어 교육문법과 문법교육에 관한 논문들을 대상으로 분석하고 검토하여 한국인 학습자에게 적절한 중국어 교육문법 체계를 마련하기 위한 토대를 마련하고, 문법교육의 향후 과제를 전망하는데 목적이 있다. 이 연구를 통해 한국 내 중국어 교육문법과 문법교육의 성과 및 향후 과제를 다음과 같이 정리할 수 있다.

첫째, 이론문법체계와 구분되는 중국어 교육문법체계에 대한 필요성에 관한 인식이 생겨나면서 이에 대한 연구가 진행되고 교육문법체계에 관한 토대를 마련하고자 하였다. 특히 한국인 학습자에 적절한 교육문법요목에 대한 필요성, 교육체계의 등급화를 언급하고 있다. 그러나 한국인 학습자를 위한 교육문법의 체계에 대해서 이론문법의 체계를 틀에서 벗어나지 못하고, 비교를 통해 추상적으로만 언급하고 있어 아직 초보적인 단계임을 알 수 있었다.

둘째, 교육대상에 대한 정확한 인식을 통해 한국인 학습자를 위한 교육문법을 체계화 하고자 습득연구와 특정 문법항목의 순서배열에 대한 연구가 진행되었다. 하지만 일부 연구를 제외하고는 대부분이 일반언어학의 이론을 도입한 외국인 학습자의 특징을 반영한 연구성과이며, 한국인 학습자에 대한 특징이 적극적으로 반영되지는 못했다.

셋째, 단순하게 구조적이고 일방적인 주입식 방식의 문법교육에서 벗어나 학습자의 언어환경, 교육환경을 고려한 연구가 진행되고, 문법교육에 적용할 수 있는 활동이나 방안을 구체적으로 설계하고 적용하는 연구가 진행되고 있었다. 하지만, 대부분이 일부 개별적인 문법항목(양사, 동사, 보어, 술어 등)에 대해서만 진행되었고, 한국인 학습자가 자주 오류를 범하는 문법항목에 관한 연구가 아직 부족함을 알 수 있었다.

이상의 연구를 통해 한국 내에서 한국인 학습자를 위한 교육문법체계의 필요성에 대한 연구와 한국인 학습자를 위한 효율적인 문법교육이 이루어지기 위한 연구가 진행되고 있음을 알 수 있다. 이러한 연구성과를 토대로 하여 한국인 학습자의 특징을 적극 반영한 교육문법이 설계되고 등급화, 체계화 되어야 하며, 한국인 학습자에게 난이도가 높은 문법항목을 교육할 때 활용할 수 있는 활동이나 방안도 구체적으로 연구되어야 하고, 한국인 학습자가 많은 오류를 범하거나 어려워하는 문법항목에 관한 순서배열에 관한 연구도 깊이있고 체계적으로 이루어져야 할 것이다. 이러한 연구는 분명 한국인 학습자를 위한 중국어 교육문법체계의 틀을 마련하고, 효율적인 문법교육이 이루어 질 수 있으리라 여겨진다.

이 연구는 한·중 수교 이후 한국에서 연구된 중국어 교육문법과 문법 교육에 논문들을 분석하고 검토하여 한국인 학습자에게 적절한 중국어 교육문법 체계의 토대 마련에 목적을 두었다. 이들 논문을 분석한 결과 한국인 학습자를 대상으로 교육문법체계, 습득연구, 문법항목배열, 문법 교육에 관한 연구가 진행됨을 알 수 있었다. 그러나 교육문법체계에 대한 필요성에 대한 인식과 추상적인 틀만을 제공하였고, 개별적인 문법항목에 의해서만 진행되었음을 알 수 있었다. 이를 통해 향후 한국인 학습자의 특징을 적극 반영한 구체적인 교육문법체계와 한국인 학습자가 많은 오류를 범하거나 난이도가 높은 문법항목에 대한 습득연구나 순서배열에 관한 연구가 이루어져야 할 것이다. 또한 이런 문법항목을 교육할 때 적용할 수 있는 방안이나 활동에 관해 연구된다면 구체적이고 실용적인 한국인 학습자를 위한 문법체계가 마련될 수 있으리라 여겨진다.

4. 중한 대조분석[2]

대조분석은 두 언어에 존재하는 차이점과 공통점 특히 차이점에 대해 공시적 각도에서 연구하고 그 결과를 기타 관련 영역에 응용하는 것이다.

---

2) 이는 2012년 임춘영선생님, 박은미선생님과 공동으로 진행한 연구임을 밝힌다.

국내 중국어교육에서 대조분석에 대한 현황을 연구한 논문으로는 정윤철(2007), 김영옥(2011), 김현철·양영매(2011)가 있다. 정윤철(2007)은 국내 한중 대조언어학의 연구현황을 소개하였고 한중 대조분석에 대한 국내 연구사를 총결하였다. 김영옥(2011)은 한국과 중국에서의 대조언어학 연구 현황과 성과를 소개하고 한중 양국의 대조언어학 연구에 나타난 공통의 문제점을 연구방법 위주로 진단하였다. 김현철·양영매(2011)는 중국어를 출발어로 '중한 대조언어학' 연구현황을 고찰하고, 아울러 중한 대조언어학의 연구특징과 문제점을 진단하고 방향성을 제시하였다.

이들 선행연구들을 통해서, 연구의 범위와 연구대상이 점차 구체화되고 세분화되어가는 것을 알 수 있다. 하지만 중국어교육 방면, 특히 중국어문법교육에 직결된 선행 대조분석 연구는 여전히 구체화 세분화되지 못한 것이 현실이다.

이 논문을 위해 수집한 한중 수교 이후 20년 간 국내 학술지에 발표된 중국어문법에 관한 대조분석 연구는 64편에 이른다.[3] 한·중 언어에 존재하는 여러 문법 현상을 대조한 연구들은 1990년대 후반 등장하기 시작하면서, 2000년대 이후로 중국어문법 대조분석의 연구 대상이 확대되고 연구방법 면에서 객관성을 확립하면서 양적·질적으로 크게 발전하고 있다.

대조분석은 목적에 따라 '이론연구'와 '응용연구'로 나눌 수 있는데, 지난 20년간 발표된 논문 대부분이 도입부에서 중국어교육 및 중국어문법교육을 위한 활용이라는 목적성을 명시하고 있다. 즉, 한국학생의 문법학습에 자료를 제공하고, 중국어교육과 학습에 참고자료가 되며, 중국어 통번역을 위한 자료 혹은 후행 대조연구를 위한 자료를 제공하기 위해서

---

3) 한중수교 20년간 국내에서 연구된 대조분석 논문은 현황연구 4편, 이론배경 1편, 문법대조이론 1편(참고문헌 참조) 및 문법대조분석 논문 64편으로 총 70편에 이른다. (문법대조논문 64편은 〈표 1〉 '국내 대조 논문 전체 분석표' 참조)

연구한다는 분명한 목적의식을 드러내고 있다. 물론 한 · 중 언어의 공통점과 차이점 대조만 강조할 뿐 교육적 적용을 표명하지 않은 논문도 일부있지만 이 역시 전체 연구의 절차를 살펴보면 결국 교육적 활용에 대한의도를 밝히고 있다.4) 따라서 20년간 국내 문법 대조분석은 중국어문법교육 및 중국어교육을 위한 활용이라는 뚜렷한 목적을 가지고 연구한,다시 말해서 '응용연구'에 치중하고 있다고 할 수 있다.

1) 대조분석 대상

두 언어의 문법에서 대조대상은 두 언어 간 문법의 공통점과 차이점을반증하는 중요한 항목이기 때문에, 중국어와 한국어의 문법에서 어떤 영역을 또는 어떤 항목을 중점적으로 대조하였는지 살펴보는 것은 중요한일이다.

중국어문법 대조분석의 대상은 '문법 보편소'와 '문법 개별소'로 양분할 수 있다.

첫째, 문법 보편소이다. 이는 중국어와 한국어 문법에 모두 존재하는보편 체계, 범주, 의미, 표현기능을 말한다. 36편의 논문이 이에 속하는데5), 동사, 목적어, 시간부사어, 비교문, 보어, 지시어, 피동문, 양사, 사동표현, 이동사건 어휘 유형, 시제, 접속문 등을 대조하였다. 둘째, 문법 개별소이다. 이는 중국어와 한국어에 존재하는 개별 문법 항목을 말한다.

---

4) 중국어교육 활용의 목적을 논문에서 분명히 명시한 연구는 38편이고, 명시하지는 않았으나 논문 절차에 실용적 목적이 제시된 연구는 17편이며, 실용적 목적이 제시되지 않은 연구는 9편이다.

5) 박덕준 · 박종한(1996), 金恩姬(2001), 金琮鎬(2003), 남궁양석(2004), 李迎春(2005), 최재영 · 임미나(2008), 朴正九(2006), 왕례량(2009), 진현(2010), 심성호(2011), 김윤정(2012) 등이다.

28편의 논문이 이에 속하는데6), 중국어의 '給'와 한국어의 '에게', 한중 주관성 정도표시 부사, 중국어'形容詞/心理動詞+得+補語'구의 한국어 대응어법, 중국어 부사 '才'의 어법 포인트, 중국어 동사 '做'와 한국어 동사 '-하', 중국어 '給'와 관련된 한국어 형식, 한중 중간언어 속의 '可是'類의 담화기능, 한중 'V상(上)오르다'류, 한중 '副+名'結構를 대조하였다.

중국어문법 대조분석의 대상을 고찰해본 결과 다음과 같은 결론을 얻었다.

첫째, 문법 보편소와 문법 개별소 모두 현재 교육문법에서 중요하게 다루는 내용이었다. 이것은 실제 교육 현장에서 공통적으로 느끼는 난점(難點)을 해결하기 위한 노력이 실제 연구에 반영되었다고 예상되는 부분이다.

둘째, 대조가 언어 간의 공통점(共性)과 차이점(个性)을 연구한다는 전제하에 대조의 중점을 살펴보았는데, '차이점 대조(34편) > 유사점+차이점 대조(24편) > 유사점 대조(6편)'의 순으로 나타났다. 두 언어 간 차이점 대조에서 점차 공통점(또는 유사점)대조로 변화하는 대조방식 역시 주목할 만하다.

셋째, 문법 보편소와 문법 개별소를 막론하고 '통사 · 의미(42편) > 통사 · 의미+화용(14편) > 통사 · 의미+화용+문화심리/인지이론(8편)7)'순으로 대조하였다. 이것은 국내 문법 대조분석이 초기 통사와 의미를 연구하는데 치중되었으나, 최근 들어 화용 · 인지이론 등 다양한 연구방법을 받아들이면서 연구 시각의 다양성과 질적 성장을 더해가고 있는 것으로

---

6) 이화영(1998), 金琮鎬(1999), 강춘화(2002), 박용진(2003), 김선아(2004), 모해연(2005), 양경미(2007), 황옥화(2008), 金恩姬(2010), 박덕준(2011), 이윤정(2012) 등이다.

7) 남궁양석(2004), 崔雄赫 · 吳慧(2008), 鄭慧(2011) 등의 연구에서는 통사와 의미를 대조하되 호칭법이나 완곡법, 은유법, 개념화 등 인지이론, 문화심리, 화용론을 결합하여 한 · 중표현의 차이를 대조하였다.

분석된다.

2) 대조분석 범위와 방법

① 대조 범위

언어 간 대조란 두 언어 사이에 존재하는 유사한 언어현상(예: 이화영 (1996), 「중국어의 "給"와 한국어의 "에게" 비교 연구」, 에 대한 연구를 말하며, 언어 내 대조란 한 언어 내에 존재하는 유사한 언어 현상(예: 金恩姬(2010), 「中·韓两国语言中 "副+名" 结构的对比硏究- '很, 非常, 太 (아주)/最(가장)'의 말뭉치 분석을 중심으로」)에 대한 연구를 말한다. 그러므로 일반적으로 한중 대조분석은 '언어 내 대조'가 아닌 '언어 간 대조'를 말하는 것이 된다. 언어 간 대조는 다시 존재 대 비존재, 일대일 대응, 일대다 대응으로 나뉠 수 있는데, 일대다 대응의 언어 간 대조에는 대부분 언어 내 대조가 수반된다.

문법 보편소 36편 중에 6편은 일대일 대응을 연구하였고[8], 나머지 30편은 일대다 대응을 연구하였다. 문법 개별소 28편 중에 5편은 일대일 대응[9], 23편은 모두 일대다 대응을 연구하였다. 문법 보편소 30편의 일대다 대응 연구 가운데 20편이 언어 내 대조를 연구하였고 [10], 문법 보편소 일대일 대응 가운데 2편만[11] 언어 내 대조를 진행했다. 문법 개별소 23편의 일대다 대응 연구 가운데 14편은 언어 간(일대다 대응) 대조와 언어

---

8) 박덕준·박종한(1996), 崔雄赫·吳慧(2008), 王禮亮(2010), 崔錦蘭(2010a), 왕효성(2012), 이화자(2012) 등이다.
9) 金琼鎬(1999), 김선아(2004), 맹춘영(2007), 金琼鎬·黃后南(2012), 이윤정(2012)이다.
10) 宇仁浩(1997), 이영희(2001), 남궁양석(2004), 최규발·정지수(2007), 이지은(2010), 이화자(2012) 등이다.
11) 왕효성(2012), 이화자(2012)이다.

내 대조를 함께 진행하였고[12] 존재 대 비존재 연구는 매우 드물었다.[13] 이것은 한 언어에 존재하는데, 다른 언어에는 존재하지 않는 현상 자체가 매우 드물기 때문이다.

위의 논문들의 연구 범위를 분석한 결과는 다음과 같다.

첫째, 문법 보편소와 문법 개별소 막론하고 주로 언어 간 및 일대다 대응 연구가 이뤄지고 있다. 이것은 모국어를 한국어로 하는 연구자들이 대부분이고, 두 언어 간의 일대다 대응 연구가 가장 보편적인 현상이기 때문이다. 둘째, 문법 보편소와 문법 개별소 관계없이 언어 간, 일대다 대응 연구에는 언어 내 대조가 대체적으로 수반된다. 그러나 문법 보편소 30편중에 20편을 제외한 나머지와 문법 개별소 23편중에 14편을 제외한 나머지에서 언어 내 대조가 이뤄지지 않고 있다는 것은 연구에서 간과된 부분이라고 하겠다.

② 대조 방법

대조방법에는 단 방향적 연구와 양 방향적 연구가 있다. 단 방향적 연구란 한 개별언어에서 존재하는 언어현상(예: 把자문, 방향보어 등)이 다른 개별 언어에서는 어떻게 나타나는 가를 연구하는 방법이고, 양 방향적 연구란 하나의 보편적 언어 현상(예: 피동범주, 상 범주 등)이 각각의 개별언어에서 어떠한 방식으로 나타나는가를 연구하는 방법이다.

36편의 문법 보편소 논문들 중에 19편은 단방향 연구(중→한 12편, 한→중 7편)에 해당하고[14], 15편은 양방향 연구(중↔한 8편, 한↔중 7편)에

---

12) 李和泳(1998), 李宇哲(2003), 毛海燕(2005), 양경미(2007), 염철(2009), 구경숙·최성은 (2011) 등이다.

13) 문법 보편소 언어 간 연구에서 존재 대 비존재 연구는 김윤정(2012), 이화자(2012)이고, 문법 개별소 언어 간 연구에서 존재 대 비존재 연구는 鄭慧(2011)이다.

14) 駱明弟(2003), 李迎春(2004), 최봉랑(2008), 崔健(2010), 崔錦蘭(2010a, 2010b) 등이다.

해당한다.15) 28편의 문법 개별소 논문들 중에 15편은 단방향 연구(중→한 12편, 한→중 3편)에 해당하고16), 12편은 양방향 연구(중↔한 7편, 한↔중 5편)에 해당한다.17) 그 밖에 병렬대조 3편도 살펴볼 수 있었다.18) 위의 논문들의 연구방법을 분석한 결과는 다음과 같다.

첫째, 문법 보편소 대조 분석과 문법 개별소 대조분석에서 모두 단방향과 양방향이 고르게 나타났다. 논문에서 단방향, 양방향 연구를 채택한 목적을 모두 명시하지 않았기 때문에 이것을 저자와 성향(꼼꼼하고 치밀할수록 양방향 선호), 논문발표 시기와의 관계(최근 발표논문일수록 양방향 선호)등을 분석해보았지만, 확실한 상관관계를 입증할 수 없었다.

둘째, 문법 보편소 단방향 연구에서 '중→한' 연구 방법이 '한→중' 연구 방법보다 많이 나타나고 있으며 문법 개별소 단방향 연구에서도 '중→한' 연구 방법이 많이 나타났다. 이것은 중국어 문법 교육이 '도착어 표현'보다는 '도착어 이해'에 여전히 더 많은 비중을 두고 있음을 알 수 있다.

셋째, 저자의 국적에 따라 출발어가 달라지는 경향은 없었지만, 한국어와 중국어 2개 언어에 일정한 수준의 지식을 가지고 있는 중국동포 출신 연구자의 성과물들이 연구의 깊이와 다양성 측면에서 두각을 나타내고 있어 눈길을 끈다.

---

15) 박종한(1998), 金恩姬(2001), 朴正九(2006), 김세미(2007), 王禮亮(2010), 심성호(2011) 등이다.

16) 金琮鎬(1999), 강춘화(2002), 박용진(2003), 金玉雪(2007), 黃玉花(2008), 金珠雅(2011) 등이다.

17) 이화영(1998), 羅遠惠(2011), 김선아(2004), 鄭鎭椌・朴紅英(2009), 민영란(2010), 金琮鎬(2011) 등이다.

18) 엄익상(2003), 염철(2009), 김정은(2010)이다.

3) 대조분석 결과

　이상 64편의 대조분석 논문을 대상, 범위, 방법을 중심으로 살펴보았고 전체 분류표는 다음과 같다.

<표 1> 한중 수교 20년 간 국내 대조논문 전체 분석표

연도	대조 항목	대조 범위	대조 영역	대조 방법
1996	문법 보편소(박덕준, 박종한) 한국어와 중국어에서 동사와 목적어의 의미관계 대조 연구	언어간대조 (일대일대응)	통사·의미	양방향 (한↔중)
1997	문법 보편소(宇仁浩) 韓語語序對比與中作文分析	언어간대조 (일대다대응) 언어내대조	통사·의미	양방향 (중↔한)
1998	문법 개별소(李和泳) 중국어의 "給"와 한국어의 "에게" 비교연구	언어간대조 (일대다대응) 언어내대조	통사·의미	양방향 (중↔한)
1998	문법 보편소(박종한) 중국어와 한국어의 문법적 특성 대조 연구	언어간대조 (일대다대응) 언어내대조	통사·의미·화용	양방향 (중↔한)
1999	문법 개별소(金琮鎬) 현대 韓中 두 언어의 주관성 정도표시 부사의 용법 대조 분석	언어간대조 (일대일대응)	통사	단방향 (중→한)
2000	문법개별소(김종호) 韓中비교 정도부사 '더'류와 '更'류의 통사	언어간대조 (일대다대응) 언어내대조	통사·의미	단방향 (중→한)
2001	문법 보편소(이영희) 한국어의 시간 부사어가 중국어에서 나타나는 양상 분석	언어간대조 (일대다대응) 언어내대조	통사·의미	단방향 (한→중)
2001	문법 보편소(金恩姬) 韓語比字句和漢語比字句的差異	언어간대조 (일대다대응) 언어내대조	통사·의미	양방향 (한↔중)

2001	문법보편소(김은희) 韓语比字句和汉语比字句的差異	언어간대조 (일대다대응)	통사·의미	단방향 (중→한)
2011	문법 개별소(羅遠惠) 現代漢語'了'在韓國語中的對應-以時態 語法範疇爲中心	언어간대조 (일대다대응)	통사·의미	양방향 (한→중)
2002	문법 개별소(姜春華) 漢語"形容詞/心理動詞+得+補語"的韓 語對應語法分析	언어간대조 (일대다대응)	통사·의미	단방향 (중→한)
2002	문법 개별소(金京善) 韓國語詞尾的對比敎學法硏究-以表示 原因、根據的接續詞尾、助詞和慣用型 爲中心	언어간대조 (일대다대응)	통사	단방향 (한→중)
2003	문법 보편소(金琮浩) 중국어 補語에 상응하는 한국어 성분 의 위치 문제	언어간대조 (일대다대응)	통사·의미	단방향 (중→한)
2003	문법 개별소(박용진) 대비분석을 통한 중국어 부사 '才'의 어법포인트 연구(1)-모국어가 한국어 인 중국어 학습자의 관점에서	언어간대조 (일대다대응)	통사·의미	단방향 (중→한)
2003	문법 개별소(李宇哲) 韓·中兩種語言的結構差异与汉语敎学 -从非名词性成分主语谈起	언어간대조 (일대다대응) 언어내대조	통사·의미 ·화용	단방향 (중→한)
2003	문법보편소(엄익상) 중국어와 한국어의 유형학적 비교	언어간대조 (일대다대응) 언어내대조	통사·의미	병렬대조
2003	문법 보편소(駱明弟) 韩国学生汉语动宾结构的习得	언어간대조 (일대다대응)	통사	단방향 (중→한)
2004	문법 개별소(김선아) 중국어 동사 "做"와 한국어 동사 "-하" 의 대조연구	언어간대조 (일대일대응)	통사·의미	양방향 (중↔한)
2004	문법 보편소(남궁양석) 한·중 지시어 대비에 관한 소고	언어간대조 (일대다대응) 언어내대조	통사·의미 ·화용	양방향 (한→중)

2004	문법 보편소(李迎春) 現代韩语和汉语目的关系范畴的表达对比分析	언어간대조 (일대다대응) 언어내대조	통사·의미·인지	단방향 (한→중)
2004	문법 개별소(김기범) 중국어에서의 한국어 부사어 '빨리, 빠르게' 대응 위치	언어간대조 (일대다대응)	의미	단방향 (한→중)
2005	문법 개별소(毛海燕) 중국어 '給'와 관련된 한국어 형식의 비교	언어간대조 (일대다대응) 언어내대조	통사·의미·화용	양방향 (중↔한)
2005	문법 보편소(김선아) 현대 중국어 '被' 字文 교수법	언어간대조 (일대다대응) 언어내대조	통사·의미·화용	양방향 (중↔한)
2005	문법 보편소(최봉랑) 韩中因果关系表现对照와 教育	언어간대조 (일대다대응) 언어내대조	통사·의미·화용	단방향 (한→중)
2005	문법 보편소(李迎春) 淺議漢韓名量詞的語用修辭特徵	언어간대조 (일대다대응) 언어내대조 존재대비존재	통사·의미·화용	양방향 (중↔한)
2006	문법 보편소(朴正九) 韩汉对比研究其在对韩汉语教学中的运用	언어간대조 (일대다대응) 언어내대조	통사·의미	양방향 (중↔한)
2007	문법 개별소(양경미) 한·중 중간언어 속의 "可是"類의 담화기능 연구	언어간대조 (일대다대응) 언어내대조	통사·의미·화용	단방향 (중→한)
2007	문법 보편소(김세미) 보조사를 통한 韩国语와 中国语의 主題问 비교연구	언어간대조 (일대다대응) 언어내대조	통사·의미·화용	양방향 (중↔한)
2007	문법 보편소(黃玉花) 在类型学视野下考察汉韩趋向范畴表达的异同点	언어간대조 (일대다대응) 언어내대조	통사·의미·화용	단방향 (중→한)
2007	문법 개별소(金玉雪) "连 + '一 + 量 …… ' 也/都 Y"结构及其在韩国语中的对应关系	언어간대조 (일대다대응) 언어내대조	통사·의미·화용	단방향 (중→한)

연도	제목	대조유형	대조층위	방향
2007	문법 개별소(맹춘영) 한국어의 '네'에 대응하는 중국어의 표현방식	언어간대조 (일대일대응) 언어내대조	통사 · 의미 · 화용	단방향 (한→중)
2007	문법보편소(최규발 · 정지수) 한중경험상대조분석	언어간대조 (일대다대응) 언어내대조	통사 · 의미	단방향 (중→한)
2008	문법 보편소(최재영, 임미나) 한중 피동문 대조연구(2)	언어간대조 (일대다대응)	통사	단방향 (한→중)
2008	문법 보편소(최웅혁,吳慧) 浅谈对韩汉语量词教学	언어간대조 (일대일대응)	통사 · 의미 문화심리	양방향 (중↔한)
2008	문법 개별소(黃玉花) 한어화한국어(漢語和韓國語) "V상(上) 오르다"류 비교연구(類比較研究)	언어간대조 (일대다대응) 언어내대조	통사 · 의미 · 화용	단방향 (중→한)
2008	문법 보편소(최봉랑) 중국어 동태조사 '着'의 한국어 표현에 대하여	언어간대조 (일대다대응)	통사 · 의미	단방향 (중→한)
2008	문법 보편소(김종호) 韓中'년, 월, 일' 대조 소고	언어간대조 (일대다대응)	통사 · 의미	단방향 (중→한)
2009	문법 보편소(王禮亮) 한국어 사동 표현과 중국어와의 대조 연구	언어간대조 (일대다대응)	통사 · 의미	단방향 (한→중)
2009	문법보편소(김종혁) 중국어와 한국어의 시제/상 표지 대응 관계 고찰	언어간대조 (일대다대응)	통사 · 의미	단방향 (중→한)
2009	문법개별소(염철) 중국어 동사 进과 한국어 동사 '들다'의 대조연구	언어간대조 (일대다대응) 언어내대조	통사 · 의미	양방향 (중↔한)
2009	문법 개별소(鄭鎭椌 · 朴紅瑛) 现代汉语"做"与韩语中相应形式的对比	언어간대조 (일대다대응)	통사 · 의미	양방향 (중↔한)
2009	문법 보편소(양경미) 중국어 술어동사에 대응되는 한국어의 어미활용	언어간대조 (일대다대응)	통사 · 의미	단방향 (중→한)

2010	문법 보편소(崔健) 유형학적 관점에서 본 한중 차등비교 문의 차이	언어간대조 (일대다대응) 언어내대조	통사 · 의미	단방향 (한→중)
2010	문법 보편소(진현) 이동사건의 한중 유형학 분석과 대조	언어간대조 (일대다대응)	통사 · 화용	양방향 (한↔중)
2010	문법 보편소(王禮亮) 한국어와 중국어의 시간요소 연구에 대하여	언어간대조 (일대일대응)	통사 · 의미	양방향 (한↔중)
2010	문법 보편소(崔錦蘭) 중 · 한 전환관계 접속문 대응관계 소고	언어간대조 (일대일대응)	통사 · 의미	단방향 (중→한)
2010	문법 개별소(金恩姬) 中 · 韓兩國語言中'副+名'結構的對比 研究—'很, 非常, 太(아주)/最(가장)'의 말뭉치 분석을 중심으로	언어간대조 (일대다대응)	통사 · 의미	양방향 (중↔한)
2010	문법 보편소(崔錦蘭) 중국어의 유표지 대립관계 접속문에 대응하는 한국어 표현형식 고찰	언어간대조 (일대다대응)	통사 · 의미	단방향 (중→한)
2010	문법 보편소(이지은) 类型学背景下的韩汉复数标记对比研究	언어간대조 (일대다대응) 언어내대조	통사 · 의미	양방향 (중↔한)
2010	문법 보편소(김정은) 한국어와 중국어의 공손표현 대조 분석	언어간대조 (일대다대응) 언어내대조	의미 · 화용	병렬대조
2010	문법 개별소(염철) 이동동사 '가다'와 '去'의 대조연구	언어간대조 (일대다대응)	의미	병렬대조
2010	문법 개별소(민영란) [높다/낮다]와 [高/低]의 다의구조 비 교대조연구-한국어와 중국어의 대응 관계를 중심으로	언어간대조 (일대다대응)	의미	양방향 (한↔중)
2011	문법 개별소(이은화) 중국어 정도보어의 한국어 대응형식 과 한국인 학습자의 정도보어 습득의 상관성 연구	언어간대조 (일대다대응) 언어내대조	통사 · 의미	양방향 (한↔중)

2011	문법 보편소(심성호) 한국어 중국어 인칭대명사의 대응관계-중국인학습자를 위한 관점	언어간대조 (일대다대응) 언어내대조	의미	양방향 (한↔중)
2011	문법 개별소(박덕준) 전치사 유의어 '給, 替, 爲' 중한대조 연구	언어간대조 (일대다대응) 언어내대조	통사 · 의미 · 화용	양방향 (한↔중)
2011	문법 개별소(구경숙 · 최성은) '一點兒'과 한국어 '조금, 좀'의 비교	언어간대조 (일대다대응) 언어내대조	통사 · 의미	단방향 (중→한)
2011	문법 개별소(鄭慧) 韓國語'자기'和漢語'自己'的對比	언어간대조 (일대다대응) 존재대비존재	통사 · 의미 · 화용	양방향 (한↔중)
2011	문법 개별소(金琮鎬) 汉韩差比句里比较结果成分对比-以名词充当的比较结果为例	언어간대조 (일대다대응) 언어내대조	통사 · 의미	양방향 (중↔한)
2011	문법 개별소(金珠雅) 漢韓'來''去'的對比	언어간대조 (일대다대응) 언어내대조	통사 · 의미 · 화용	단방향 (중→한)
2012	문법 보편소(왕효성) 한국어와 중국어의 복수표지에 대한 비교-'들'과 '們'을 중심으로	언어간대조 (일대일대응) 언어내대조	통사 · 의미	양방향 (한↔중)
2012	문법 보편소(김윤정) 중국어 사동구문의 한국어 번역 양상에 보이는 태의 불일치 현상을 중심으로	언어간대조 (일대다대응) 존재대비존재	통사 · 의미	단방향 (중→한)
2012	문법 보편소(이화자) 한중 대상이동 동사의 낱말밭 대조 연구	언어간대조 (일대일대응) 언어내대조	의미	단방향 (한→중)
2012	문법 개별소(金琮鎬 · 黃后南) 汉韩复数标志 '们' 和 '들' 对比	언어간대조 (일대일대응)	통사	단방향 (중→한)
2012	문법 개별소(이윤정) 汉语複合动趋式与其相应韩国语的表达形式	언어간대조 (일대일대응)	의미	단방향 (중→한)

이에 분석의 결과를 논의하자면 다음과 같다.

첫째, 대조 대상의 경우 대부분 문법 보편소와 개별소의 통사·의미를 단순하게 고찰하는데 그쳤으나, 2000년대 이후로 언어적 요소에 화용을 더하고 인지표현과 문화심리를 결합한 연구가 증가하고 있다.[19] 또한 대조 대상의 범위가 확대되고 복합화 되는 양상을 보이고 있다.

둘째, 대조 방법은 대부분 정성적 분석을 사용하고 있다. 하지만 2000년대 이후로 설문대조법[20], 통계분석법[21], 말뭉치분석법[22] 등을 사용한 연구가 등장하면서 기존의 이론적·주관적 방법을 벗어나 점차 실증적·객관적 방법을 시도하는 양상을 보이고 있다.

이러한 성과에도 불구하고 대조 영역은 여전히 통사·의미 연구에 치중하고 있고, 대조 방법이 정밀하지 않다는 한계점도 있다. 후행 연구에서는 현대 언어학 이론의 여러 방법 등을 적극 수용하여 다양한 연구방법을 채택하고 객관적 통계와 자료 사용을 바탕으로 연구의 다양성과 객관성을 제고해야 할 것이다.

대조분석 연구는 대조 언어학 이론에 발맞춰 발전해왔다. 그러나 대조 대상, 대조 방법과 방면에서 여전히 문제점을 보이고 있다. 대조 대상 또한 통사, 의미뿐만 아니라 화용, 문화 등 다양한 분야로 확대되어 할 것이다. 대조 방법 역시 단방향, 양방향 연구에서 출발어를 한국어, 중국어로 설정한 이유와 목적을 좀 더 명확히 제시하고, 최근 들어 증가하고 있는 말뭉치 분석법, 통계 분석법, 설문 대조법 등 다양한 정량적 분석법을 도입하여 연구의 객관성과 타당성을 높여야 한다.

---

19) 남궁양석(2004), 모해연(2005), 양경미(2007), 崔雄赫·吳慧(2008), 황옥화(2008), 최건 (2010), 진현(2010)이다.
20) 김선아(2004)이다.
21) 양경미(2005), 최재영외(2008), 崔錦蘭(2010b)이다.
22) 金恩姬(2010), 이화자(2012), 이윤정(2012)이다.

5. 한국인 학습자 오류분석

국내 중국어 교육에서의 오류분석에 대해 연구한 논문으로 유재원 (2009), 이정숙(2011)이 있다. 유재원(2009)은 국내 중국어 오류분석 관련 연구 성과를 연도별, 영역별 연구동향과 특징을 검토하였고, 이를 바탕으로 향후 중국어교육 연구에 있어서 오류분석 연구의 나아갈 방향과 과제에 대해서 제시하였다. 이정숙(2011)은 오류분석 연구의 타당성을 확인하고 인접학문과의 관계를 규명하고자 하였다. 중국내 발표된 중국어 오류분석 연구 성과를 분석하였고, 최근 10년 한국인 학습자의 오류분석 연구를 소개하였다. 그러나 두 논문 모두 기존 연구를 간략하게 소개하고 한계점을 지적하였을 뿐, 오류분석 연구방법, 오류유형, 오류원인을 고찰하지는 않았다.

이 연구는 국내의 중국어문법 오류분석의 성과를 오류분석 대상, 방법, 오류원인과 결과로 나누어 고찰하고, 이를 토대로 중국어문법 교육에 있어서 오류분석 연구의 한계점과 나아갈 방향을 제시하고자 한다.

1) 오류분석 대상

문법 오류분석 논문의 목적은 문법교육에서 발생하는 한국인 학습자의 오류를 찾고 원인을 분석하며 해결방안을 모색하는 데에 있다. 또한 그 성과를 교육에 적용하고 학습자의 오류를 최소화하려는 데에 있다. 오류분석 대상은 한국인 학습자가 범하는 오류를 파악할 수 있는 중요한 자료가 된다. 따라서 이 장에서는 문법오류분석 논문 총37편을 통사·의미·화용 측면에서 분류해 보았다. 통사관련 논문 29편, 그 외 의미(표현)·화용을 다룬 논문은 8편으로 통사관련 논문이 가장 많았다.

① 통사 오류분석

통사관련 오류분석 29편 중에서 '문법에서의 오류'라는 포괄적인 주제를 다룬 논문은 8편이다.[23] 이들은 품사, 문장성분, 특수문, 어순 등 문법 보편소별 오류를 제시하였다. 구체적으로는 이합사, 전치사, 조사(着·了·的), 부사(就·都·也 등), 양사, 보어(방향보어·가능보어), 把字句, 被字句, 비교문, 존현문 등을 문법개별소의 오류도 제시하였다. 그 외 21편의 논문들은 이런 오류를 범하는 개별적인 문법항목을 대상으로 오류유형과 원인들을 구체적으로 분석하였다. 이에 해당하는 논문으로 毛海燕(1999)의 「韩国学生'了1'使用上的偏误分析」, 宋真喜(2004)의 「韩国学生学习现代汉语离合词的常见偏误分析」, 赵冬梅(2012)의 「韩国学生汉语助动词'会'与'能'的习得偏误及其对策」 등이 있다[24]

---

23) 백수진(1998), 宇仁浩(1999), 蔡瑛純(2001), 孟柱亿(2002), 제해성·황일권(2003), 黃永姬(2005), 신승희(2004), 손정애(2011)이 있다.

24) 이 밖에도 赵吉(2004), 「中介语理论을 통한 작문에서의 '就' 사용상의 오류분석」, 임재호(2004), 「韩国学生使用 "把" 字句偏误类型」, 金兰(2005), 「韩国学生 '了' 字句习得偏误分析」, 정소영(2005), 「중국어 일기쓰기에 나타난 한국인 학습자들의 오류분석」, 尹遠菱(2007a)은 「韓國學生使用漢語程度補語之偏誤分析」, 尹遠菱(2007b) 「韓國學生使用漢語狀態補語之偏誤分析」, 이명정(2007), 「韩国学生 "了" 의 습득과정考察 及初中阶段教学对策」, 한재균(2008), 「韩国学生汉语句型的偏误分析与类推策略」, 申敬善(2008) 「试论 "NP上" 表方所的用法及其偏误分析」, 이효영(2008), 「한국인 학습자의 중국어 동사상 동목구조 사용상의 오류분석」, 金海月(2008), 「韩国汉语学习者 "使" 字结构习得考察」, 肖溪强, 김유정(2009), 「韩国学生汉语代词照应偏误分析」, 김춘희(2009), 「韓國中文版報刊中遞進複句偏误及教學設計-以 "而且" 和 "反而" 偏误爲例」, 韩京淑(2010) 「韩国学生使用汉语介词 "在" 误分析以及教学策略」, 胡晓清, 김인철(2011), 「汉语 "把" 字句的韩国语对应形式及其翻译偏误分析」, 전기정(2011), 「한국인 학습자를 위한 중국어 시량보어 교육」, 宋燕, 催日义(2011), 「韩国学生汉语结果补语偏误原因对比分析」, 李貞淑(2011), 「부사 '也'의 통사적 위치 오류 분석-〈HSK动态作文语料库〉를 基礎로」이 있다.

② 의미·화용 오류분석 논문

의사소통영역의 표현범주를 다룬 논문은 5편이다.[25] 이들은 의사소통 영역의 표현범주 오류를 분석하였다. 시간표현과 공간표현을 대상으로 한·중 어순의 차이점을 고찰하거나 존재와 가능 및 능력 표현에 나타나는 오류현상을 논의한 것이다. 이 가운데 유재원·김윤정(2008b)은 표현 범주를 대상으로 다루었으나 오류 유형은 형태, 통사, 어휘, 화용 오류로 구분하여 분석하였다. 통사, 의미, 화용을 기준으로 오류를 분석한 논문은 1편으로 胡曉研(2003)이 있다. 화용관련 오류분석 논문은 2편이다.[26] 한중 통·번역 과정에서 나타나는 복합문 운용에 대한 오류를 분석하거나 중국어의 긍정응답형식에서 보이는 오류를 분석함으로써 적절한 교수방안을 제시하고자 하였다.

2) 오류분석 방법

오류분석에 관한 연구를 진행할 때 연구자는 학습자 정보와 언어표본을 수집하고, 정성·정량 분석을 통해 오류의 유형과 결과를 분석하게 된다. 논문마다 각기 다른 학습자 정보와 언어표본 수집을 바탕으로, 정성·정량 분석을 활용한 연구방법에서 차이를 보였다.

① 학습자 정보 수집과 언어표본 수집 방법

전체 논문 중에 학습자 정보와 언어표본 수집 방법에 대해서는 전혀

---

25) 정윤철(2005), 유재원·김윤정(2008a), 유재원·김윤정(2008b), 유재원·김윤정(2008c), 채영순(2009)이다.

26) 김진아(2003) 「한중 통역번역에 있어서의 복합문 운용에 대한 오류 분석」, 연동숙(2003) 「한중 긍정응답 대조 및 오류분석」이 있다.

언급하지 않고, '한국인 학습자'라는 것만 직·간접적으로 언급한 논문은 13편이 있다.[27] 반면 학습자 정보와 언어표본 수집방법을 명확하게 제시한 논문은 24편으로 다수를 차지하고 있다. 이들 논문의 대부분은 학습자 정보(예: 한국외국어대학교 통번역대학원 2학년 20명 한국학생)과 언어표본(예: 중국어 및 중국어문법과 작문 강의를 통해 수집 /설문조사, 수업시간 내 발표, 주제토론, 구두시험, 작문에서 나타난 오류 수집 등)을 언급하고 있다. 이와 관련된 논문은 孟柱亿(2002), 김진아(2003) 외 22편이 있다.[28] 이 가운데 胡晓清, 김인철(2011)은 한국 학생과 중국에서 한국어를 전공하는 학습자 모두를 대상으로 언어표본을 수집하고 오류를 분석하였다.[29] 이효영(2008)은 중국의 한국인 학습자(CSL:중국 남경대학교 대외한어과 1,2학년 작문), 한국의 한국인 학습자(CFL: 부산외국어대학교 중국어과 2학년 학생 작문)를 대상으로 오류분석을 실시하였다. 李貞淑(2011), 손정애(2011)는 「HSK动态作文语料库」에서 외국인의 HSK고등 작문시험의 답안지 말뭉치로서 오류분석을 실시하였다.

---

27) 백수진(1998), 宇仁浩(1999), 毛海燕(1999), 蔡瑛純(2001), 宋真喜(2004), 赵吉(2004), 申敬善(2008), 이효영(2008), 金海月(2008), 肖溪强, 김유정(2009), 채영순(2009), 손정애(2011), 赵冬梅(2012)이 있다. 이들 논문 중에 '한국인 학습자'이외에는 어떤 것도 언급하지 않는 논문(宇仁浩(1999), 赵吉(2004), 申敬善(2008))도 있고, '중국어 교육현장에서 수집한 많은 한국 학습자의 오류를 활용'과 같이 모호하게 제시한 논문(모해연(1999), 宋真喜(2004) 등외 다수)도 있다.

28) 이 가운데 학습자 수준이나 언어표본의 추출절차를 제시한 논문도 있다. 예로 이명정(2007)은 '90명의 한국학생(33명 한국성공회대학 중국학과 학생 57명, 동국대학 중문학 학생)을 대상으로 선정하고 그 중 10명은 hsk 9급 수준(고급), 나머지 80명은 초, 중급 수준이다'는 학습자의 수준을 제시하였다. 유재원·김윤정(2008b)은 '작문을 위하여 선정된 가능 및 능력표현 관련 33개의 제시문은 중국어 문법서에서 가능보어구조와 조동사구문을 위주로 발췌한 것이다. 발췌된 예문에 약간의 수정을 가한 후 이를 한국어로 번역하여 학습자에게 제시하였다. 1,395개의 오류문을 5단계를 거쳐 오류문을 추출해냈다.'는 언어표본 추출절차도 상세하게 제시하였다.

29) 胡晓清, 김인철(2011) 「汉语"把"字句的韩国语对应形式及其翻译偏误分析」는 설문을 한국인 중국어 학습자(74부), 중국인 한국어 학습자(136부:2학년-84부, 3학년-52부)로 오류를 분석하였다.

② 정성·정량 분석

　오류를 분석한 논문은 대부분 정성적 방법으로 분석하였고, 일부 논문
은 정량적 분석을 병행해서 분석하였다. 전체 37편 중에서 정성적 방법으
로 분석한 논문은 16편이다.[30] 대표적으로 孟柱億(2002)은 한국인 학습
자의 어순 사용 시 오류가 많은 항목의 오류유형별 원인을 상세히 제시하
고 있다. 정성·정량적 방법을 병행한 논문은 21편이다.[31] 대표적으로
유재원·김윤정(2008b)은 1,395개의 오류 문장을 5단계를 거쳐 추출해내
고, 이들 문장을 형태, 통사, 어휘, 화용별 오류유형으로 분석해내고, 분류
별로 정량 분석하여 오류의 원인과 결과를 정확하게 제시하였다.

3) 오류 원인과 오류 유형

　오류분석의 결과가 효과적으로 활용되기 위해서는 오류 유형에 어떤
것이 있는지, 그 원인은 무엇인지를 정확히 분석하고 분류하여 학습자
의 교육에 효율적으로 활용해야만 오류분석의 의의가 있을 것이다. 따
라서 문법 오류분석에 나타난 오류 원인과 오류 유형에 대해 살펴보고
자 한다.[32]

---

30) 백수진(1998), 宇仁浩(1999), 毛海燕(1999), 蔡瑛純(2001), 孟柱億(2002), 신승희(2004),
宋真喜(2004), 赵吉(2004), 黃永姬(2005), 정소영(2005), 申敬善(2008), 채영순(2009), 韩
京淑(2010), 胡晓清, 김인철(2011), 손정애(2011), 赵冬梅(2012)이 있다.

31) 김진아(2003), 연동숙(2003), 제해성·황일권(2003), 胡晓研(2003), 임재호(2004), 정윤철
(2005), 金兰(2005), 尹遠菱(2007a), 尹遠菱(2007b), 이명정(2007), 유재원·김윤정(2008a),
유재원·김윤정(2008b), 한재균(2008), 유재원·김윤정(2008c), 이효영(2008), 金海月
(2008), 肖溪强, 김유정(2009), 김춘희(2009), 전기정(2011), 李貞淑(2011), 손정애(2011)이
있다.

32) 이 절의 오류원인의 분류와 기준은 이정희(2003:84)의 오류분류표를 참고로 하고, 이 연구
의 목적에 맞게 재구성하였다. 그리고 오류의 원인과 결과는 논문별로 다양하게 지적하였
기에 중복됨을 밝힌다.

① 오류 원인

한국인 중국어 학습자의 오류 원인을 '모국어의 영향에 의한 오류', '목표어 영향에 의한 오류', '교육 과정에 의한 오류'로 분류하였다.

㉮ 모국어의 영향에 의한 오류

'모국어의 영향에 의한 오류'는 모국어 간섭으로 발생하는 부정적 전이이다. 이를 원인으로 지적한 논문은 32편으로 가장 많았다. 이는 중국어 학습 시 한국인 학습자에게 나타나는 가장 큰 오류 원인이다. 구체적으로 한국어와 중국어의 어순차이로 인해 발생하는 오류가 가장 많았고, 중국어에 존재하는 문법항목이 한국어에 없기 때문에 발생하는 오류, 한국에서 사용하는 한자어로 인해 발생하는 오류 등이 있다. 孟柱亿(2002)은 중국어는 형태변화가 거의 없는 언어이므로 어순은 가장 중요한 문법 수단이라고 강조하며, 대부분의 문법오류는 어순에서 비롯된다고 지적하였다. 이는 모국어가 한국어인 한국인 학습자들에게 어순은 중국어를 학습하는 과정에서 나타나는 중요한 특징이라고도 할 수 있다. 肖溪强 · 김유정(2009)은 한국어에서 대명사 사용이 중국어 대명사의 1/3 밖에 되지 않아 비롯되는 한국인 중국어 학습자의 중국어 대명사 사용 부족으로 발생하는 오류를 41.35%로 지적하면서 이 역시 모국어 간섭에 의한 오류라고 지적하였다.

㉯ 목표어 영향에 의한 오류

'목표어 영향에 의한 오류'는 중국어 언어 내 간섭으로 인해 발생하는 오류로 중국어 자체의 복잡성과 특수성에 기인한 것이다. 목표어 영향에 의한 오류는 '과잉적용'과 '불완전 적용'33)으로 구분할 수 있다. 이들 모두 학습자가 학습초기에 관련 문법항목을 학습했으나 충분하게 익히지 못한 상태에서 무분별하게 유추하거나 반대로 제대로 적용하지 못할 때 발생하는 오류이다. 전체 논문 중에 '과잉적용'을 원인으로 지적한 논문 16편이고, '불완전 적용'을 지적한 논문은 14편이다. 대부분 논문이 학습자가 문장 내 통사구조나 의미기능이 복잡한 '把' '在', '了', 이합사, 보어, 존현문, 전환관계 복합문 등에 대해 지식이 부족하거나 제대로 익히지 못하여 오류를 범한다고 하였다. 대표적으로 宋眞喜(2004)는 한국인 학습자가 이합사를 일반 동사와 동일시하면서 여러 가지 유형의 오류를 범한다고 지적하였다. 임재호(2004), 胡晓清·김인철(2011)은 '把'구문의 문법적 의미에 대한 이해부족과 정확한 표현방식에 대한 지식부족으로 오류를 범한다고 지적하면서 중국어 자체 내의 복잡성을 주요 원인으로 제시하였다.

㉰ 교육 과정에 의한 오류

'중국어 교육과정에 의한 오류'는 '교육 자료에 의한 오류'와 '교수 방법에 의한 오류'로 구분할 수 있다. 이는 교육정책, 교육과정, 교재 등으로 인해 발생하는 오류로 교육자와 교육관계자에게도 책임이 있는 학습자의 오류이다. 전체 논문 중에 '교수방법에 의한 오류'를 지적한 논문도 6편이고, '교육자료에 의한 오류'를 지적한 논문은 4편이다. 이명정(2007)은 동태조사 '了'와 어기조사 '了'를 함께 학습하여 학습자의 어려움이 가중됨으로써 발생하는 오류를 지적하였다. 이는 문법항목의 난이도를 고려하지 않고, 중국어 교재에 제시함으로써 발생한다고 지적하였다. 蔡瑛純(2001)은 교재에서 의미와 용법을 번거롭거나, 복잡하게 풀이하였거

---

33) 이정희(2003:92-95) 참조.
'과잉적용' 오류는 '과잉일반화'만 아니라 규칙이 복잡하고 다양함에도 불구하고 하나의 형태만을 기억하여 사용하는 경우에 일어난다. '불완전적용'은 목표어의 규칙을 제대로 이해하지 못하고, 그 규칙을 부분적으로만 적용시키는 경우이다.

나, 어려운 문법항목인데도 불구하고 지나치게 간단하게 풀이함으로써 오류가 발생한다고 지적하였다.

② 오류 유형

오류 유형은 앞에서 살펴본 오류의 원인으로 인해 발생하는 것이라고 할 수 있다. 이는 교육과정에 접목시켜 오류를 줄일 수 있는 유용한 자료이며, 교육적 활용가치가 높다고 할 수 있다. 오류유형은 '대치오류', '누락오류', '첨가오류'로 구분하여 분류하였다.

㉮ 대치오류

'대치오류'는 잘못된 형태로 사용하는 오류로서 주로 통사구조나 의미상 적절하지 못해 발생하는 오류이다. 이에 해당되는 논문은 29편이다. 胡曉研(2003)은 한국인 학습자가 문법에서 범하는 허사 '了' 사용의 부적절, 주술결합의 부적절, 허사오용, 양사오용 등의 오류를 지적하였다. 채영순(2009)는 중국어 부사의 의미단위에 대한 이해 부족과 실제 사용에서 표현의 부적절, 중국어 서술방식에 대한 이해 부족, 어순과 유의어와 기타 어휘와의 혼용을 문제점으로 지적하면서 대치오류를 주요 원인으로 제시하였다.

㉯ 누락오류

'누락오류'는 일정한 형태를 사용하지 못하고 문장 내 주요 성분이나 허사(조사 · 양사 · 부사)등을 누락하는 오류이다. 이에 해당되는 논문은 23편이다. 胡曉研(2003)은 오류를 '주요문제'와 '일반 문제'로 구분하여 제시하였다. '주요 문제'는 '술어 누락, 주어 누락, 부사어 누락, 허사了 누락' 등으로 58.2%(146/251개)를 차지한다고 하였다. '일반문제'는 '목

적어 누락, 보어 누락, 관형어 누락 등'으로 41.8%(105/251개)를 차지한
다고 하였다. 金兰(2005)은 '了'의 누락을 시제, 어순, 문장성분에 따라
구분하여 누락을 주요 원인으로 지적하였다.

　㉓ 첨가오류

'첨가오류'는 통사구조나 의미상에서 불필요한 형태를 첨가하여 위치
나 의미가 부적절하여 발생하는 오류이다. 이에 해당되는 논문은 16편이
다. 尹遠菱(2007a)은 정도보어를 사용하면서 첨가할 필요가 없거나 첨가
해서는 안 되는 위치에 단어를 첨가하는 경우를 지적하였다.

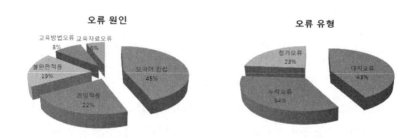

<그림 1> 한국인 학습자 오류 원인과 오류 유형

> ◆ 오류 원인
> 언어간전이(모국어간섭)〉언어내전이(과잉적용, 불완전적용)〉교육과정(교수법, 교재)
>
> ◆ 오류 유형
> 대치오류 〉 누락오류 〉 첨가오류

4) 오류분석 연구결과

이상으로 국내 중국어문법 오류분석 연구를 토대로 분석한 바에 따르
면 다음과 같은 특징을 정리할 수 있다.

<표 2> 한중 수교 20년 간 국내 오류분석 논문 전체 분석표

연도	오류 분석 대상	오류 분석방법	오류 원인	오류 유형
1998	통사 오류, 보편소(백수진) 한국어화자의 중국어작문에 나타난 문법상 오류분석	1)학습자 정보 및 언어 표본 수집제시(X) 2)정성 분석	1)모국어영향 2)목표어영향 3)교육 과정	×
1999	통사 오류, 보편소(宇仁浩) 对比·偏误分析与课堂教学()	1)학습자 정보 및 언어 표본 수집 제시(X) 2)정성 분석	×	1)대치 오류 3)첨가 오류
1999	통사 오류, 개별소 (毛海燕) 韩国学生 '了1' 使用上的偏误分析	1)학습자 정보 및 언어 표본 수집제시(X) 2)정성 분석	1)모국어 영향	1)대치 오류 2)누락 오류 3)첨가 오류
2001	통사 오류, 보편소(蔡瑛純) 对比를 통한 现代汉语의 偏误分析	1)학습자 정보 및 언어 표본 수집제시(X) 2)정성 분석	1)모국어 영향 2)목표어 영향 3)교육 과정	1)대치 오류
2002	통사 오류, 보편소(孟柱亿) 韩国人汉语语序偏误分析	1)학습자 정보 및 언어 표본 수집 제시(○) 2)정성 분석	1)모국어 영향 2)목표어 영향 3)교육 과정	1)대치 오류
2003	화용 오류(김진아) 한중 통역번역에 있어서의 복합문 운용에 대한 오류 분석	1)학습자 정보 및 언어 표본 수집 제시(○) 2)정성, 정량 분석	1)모국어 영향 2)목표어 영향	1)대치 오류
2003	화용 오류(연동숙) 한중 긍정응답 대조 및 오류분석	1)학습자 정보 및 언어 표본 수집 제시(○) 2)정성, 정량 분석	1)모국어 영향 2)목표어 영향 3)교육 과정	1)대치 오류

2003	통사오류, 보편소(제해성·황일권) 초급단계의 중국어 작문에 나타난 문법적 오류 실례 및 원인분석	1)학습자 정보 및 언어 표본 수집 제시(○) 2)정성, 정량 분석	1)모국어 영향 2)목표어 영향	1)대치 오류 2)누락 오류
2003	통사·의미·화용오류(胡曉硏) 韩国学生语法偏误的分析与纠偏正 误的思考	1)학습자 정보 및 언어 표본 수집 제시(○) 2)정성, 정량 분석	1)모국어 영향	1)대치 오류 2)누락 오류
2004	통사 오류, 보편소(신승희) 한국인 학습자의 중국어 동사 사용상의 오류분석	1)학습자 정보 및 언어 표본 수집 제시(○) 2)정성 분석	1)모국어 영향	1)대치 오류 3)첨가 오류
2004	통사 오류, 개별소(宋眞喜) 韩国学生学习现代汉语离合词的常 见偏误分析	1)학습자 정보 및 언어 표본 수집 제시(X) 2)정성 분석	2)목표어 영향	1)대치 오류
2004	통사 오류, 개별소(赵 吉) 中介语理论을 통한 작문에서의 '就' 사용상의 오류분석	1)학습자 정보 및 언어 표본 수집 제시(X) 2)정성 분석	1)모국어 영향 3)교육 과정	1)대치 오류 2)누락 오류
2004	통사오류, 개별소(임재호) 韩国学生使用 "把" 字句偏误类型	1)학습자 정보 및 언어 표본 수집 제시(○) 2)정성, 정량분석	1)모국어 영향 2)목표어 영향	1)대치 오류 2)누락 오류
2005	의미(표현)오류(정윤철) 한국어와 중국어의 시간, 공간표현 대조분석 - 한→중 작문오류를 중심으로 -	1)학습자 정보 및 언어 표본 수집 제시(○) 2)정성, 정량 분석	1)모국어 영향	1)대치 오류 2)누락 오류

2005	통사 오류, 보편소(黃永姬) 深讨韓國人汉语作文中常犯的语法 偏误现象	1)학습자 정보 및 언어 표본 수집 제시(○) 2)정성 분석	1)모국어 영향	1)대치 오류
2005	통사오류, 개별소(金兰) 韩国学生 '了' 字句习得偏误分析	1)학습자 정보 및 언어 표본 수집 제시(○) 2)정성, 정량 분석	1)모국어 영향 2)교육과정 영향	2)누락 오류
2005	통사오류, 개별소(정소영) 중국어 일기쓰기에 나타난 한국인 학습자들의 오류분석	1)학습자 정보 및 언어 표본 수집 제시(○) 2)정성 분석	×	1)대치 오류 2)누락 오류
2007 a	통사 오류, 개별소(尹遠菱) 韓國學生使用漢語程度補語之偏誤 分析	1)학습자 정보 및 언어 표본 수집 제시(○) 2)정성, 정량 분석	1)모국어 영향 2)목표어 영향 3)교육 과정	1)대치 오류 2)누락 오류 3)첨가 오류
2007 b	통사 오류, 개별소(尹遠菱) 韓國學生使用漢語狀態補語之偏誤 分析	1)학습자 정보 및 언어 표본 수집 제시(○) 2)정성, 정량 분석	1)모국어 영향 2)목표어 영향 3)교육 과정	1)대치 오류 2)누락 오류 3)첨가 오류
2007	통사 오류, 개별소(이명정) 韩国学生 "了" 的习得过程考察及初中阶段教学对 策	1)학습자 정보 및 언어 표본 수집 제시(○) 2)정성, 정량 분석	1)모국어 영향 3)교육 과정	×
2008 a	의미(표현)오류(유재원·김윤정) 존재 표현에 나타난 한국인 중국어 학습자의 중간언어 연구	1)학습자 정보 및 언어 표본 수집 제시(○) 2)정성, 정량 분석	1)모국어 영향 2)목표어 영향	1)대치 오류 3)첨가 오류

2008 b	의미·화용오류(유재원·김윤정) 한국인 중국어 학습자의 가능 및 능력 표시 구문 습득 연구	1)학습자 정보 및 언어 표본 수집 제시(○) 2)정성, 정량 분석	×	1)대치 오류 2)누락 오류 3)첨가 오류
2008	통사 오류, 개별소(한재균) 韩国学生汉语句型的偏误分析与类 推策略	1)학습자 정보 및 언어 표본 수집 제시(○) 2)정성, 정량 분석	1)모국어 영향	2)누락 오류 3)첨가 오류
2008	통사 오류, 개별소(申敬善) 试论 "NP上" 表方所的用法及其偏误分析	1)학습자 정보 및 언어 표본 수집 제시(X) 2)정성 분석	1)모국어 영향 2)목표어 영향	×
2008 c	의미(표현)오류(유재원, 김윤정) 존재 표현에 나타난 한국인 중국어 학습자의 중간언어 연구(2)	1)학습자 정보 및 언어 표본 수집 제시(○) 2)정성, 정량 분석	1)모국어 영향 2)목표어 영향	1)대치 오류 2)누락 오류 3)첨가 오류
2008	통사오류, 개별소(이효영) 한국인 학습자의 중국어 동사상 동목구조 사용상의 오류분석	1)학습자 정보 및 언어 표본 수집 제시(△) 2)정성, 정량 분석	1)모국어 영향 2)목표어 영향 3)교육과정 영향	1)대치 오류 2)누락 오류 3)첨가 오류
2008	통사오류, 개별소(金海月) 韩国汉语学习者 "使" 字结构习得考察	1)학습자 정보 및 언어 표본 수집 제시(△) 2)정성, 정량분석	1)모국어 영향 2)목표어 영향	1)대치 오류 2)누락 오류 3)첨가 오류
2009	통사, 의미오류(채영순) 汉语 학습자의 副词误用에 대한 분석	1)학습자 정보 및 언어 표본 수집 제시(△) 2)정성분석	×	1)대치 오류 2)누락 오류 3)첨가 오류

2009	통사오류, 개별소(肖溪强, 김유정) 韓国学生汉语代词照应偏误分析	1)학습자 정보 및 언어 표본 수집 제시(△) 2)정성, 정량 분석	1)모국어 영향 2)목표어 영향	1)누락 오류 2)첨가 오류
2009	통사오류, 개별소(김춘희) 韓國中文版報刊中遞進複句偏誤及 教學設計-以"而且"和"反而"偏誤爲 例	1)학습자 정보 및 언어 표본 수집 제시(○) 2)정성, 정량 분석	1)모국어 영향	×
2010	통사오류, 개별소(韓京淑) 韓国学生使用汉语介词"在"偏误分 析以及教学策略	1)학습자 정보 및 언어 표본 수집 제시(○) 2)정성 분석	1)모국어 영향 2)목표어 영향	1)대치 오류 2)누락 오류
2011	통사오류, 개별소(胡晓清, 김인철) 汉语"把"字句的韩国语对应形式及 其翻译偏误分析	1)학습자 정보 및 언어 표본 수집 제시(○) 2)정성분석	1)모국어 영향 2)목표어 영향 3)교육과정 영향	1)대치 오류
2011	통사오류, 개별소(전기정) 한국인 학습자를 위한 중국어 시량보어 교육	1)학습자 정보 및 언어 표본 수집 제시(○) 2)정성, 정량 분석	1)모국어 영향 2)목표어 영향	1)대치 오류 2)누락 오류
2011	통사오류, 개별소(宋燕, 催日义) 韩国学生汉语结果补语偏误原因对 比分析	1)학습자 정보 및 언어 표본 수집 제시(○) 2)정성분석	1)모국어 영향 2)목표어 영향	1)대치 오류 2)누락 오류 3)첨가 오류 4)어순 오류
2011	통사오류, 개별소(李貞淑) 부사'也'의 통사적 위치 오류 분석-「HSK动态作文语料库」를 基礎로	1)학습자 정보 및 언어 표본 수집 제시(○) 2)정성, 정량분석	1)모국어 영향 2)목표어 영향 3)교육과정 영향	1)대치 오류 2)누락 오류 3)첨가 오류 4)어순 오류

2011	통사오류, 보편소(손정애) 한국인 학습자의 중국어 빈어 오류분석-첨가와 누락의 오류를 중심으로	1)학습자 정보 및 언어 표본 수집 제시(△) 2)정성, 정량분석	1)모국어 영향 2)목표어 영향	2)누락 오류 3)첨가 오류
2012	통사오류, 개별소(赵冬梅) 韩国学生汉语助动词‘会’与‘能’的 习得偏误及其对策	1)학습자 정보 및 언어 표본 수집 제시(×) 2)정성분석	1)모국어 영향 2)목표어 영향	1)대치 오류 2)누락 오류

첫째, 오류 분석 대상[34] 문법항목들은 주로 한중 언어의 통사구조, 기능에서 차이를 보이는 문법항목들이다. 최근 들어 의미(표현), 화용으로 연구가 확대되고 있지만 여전히 통사상의 문법, 어휘 사용 오류에 치중되어 있다. 이것으로 국내 한국인 중국어 학습자에 대한 오류분석에 관한 연구가 통사영역에 국한되어 있다는 것과 한국에서 중국어 문법교육이 [35]정태적 언어 교육을 중시한다는 것을 반영하기도 한다. 바꿔 말하면 우리의 중국어 교육이 구체적 언어 환경에서의 활용, 즉 화용적 측면에서 교육과 연구를 소홀히 하고 있음을 의미하기도 한다.

둘째, 오류의 언어표본 수집이 대부분 저자의 주관적 기준에 근거하여 선정되고 있다. 즉, 언어 환경이 다른 중국과 국내의 한국인 학습자를 동일한 대상으로 여기거나 외국인 중국어 학습자를 대상으로 한 'HSK动态作文语料库'에서 오류를 추출하기도 하였다. 그리고 언어표본을 쓰기나 회화수업에서 수집한 설문조사, 수업과제, 교사가 추출한 언어표본을 토대로 오류분석이 진행되고 있다. 이것으로 오류분석을 진행하는 대상에

---

34) '이합사', '전치사', '조사(着ㆍ了ㆍ的)', '부사(就ㆍ都ㆍ也 등)', '양사', '보어(방향보어ㆍ가능보어)' '把자문', '被자문', '비교문', '존현문' 등이 있다.

35) 여기에서 의미하는 정태적 교육이란 읽기, 쓰기, 작문 등을 위주로 하는 교육을 말하고, 이와 상반되는 동태적 교육이란 말하기, 듣기 등을 위주로 하는 교육을 의미한다.

대한 명확한 기준과 학습자 환경과 수준에 대한 고려가 부족한 실정이며, 학습자의 수준별(초 · 중 · 고급), 언어기능별(듣기 · 읽기 · 쓰기 · 말하기) 오류에 대한 체계적이고 객관적인 연구도 제대로 이루어지지 않고 있다.

셋째, 대부분이 정성적 방법을 사용해 분석하였고, 일부 논문들은 오류유형에 타당성을 높이기 위해 정량적 방법을 병행하여 분석 하였다. 하지만 오류문의 정오(正誤)를 판정하는 기준과 방법, 오류유형 분류, 오류원인 분석 과정에서 체계적이고 객관성을 지닌 기준이 요구된다.

넷째, 대부분의 논문에서 언어간 전이(모국어간섭: 32편), 언어내 전이(과잉적용: 16편 > 불완전적용: 14편), 교육과정(교수방법: 6편 > 교재오류: 4편)에 의한 오류를 원인으로 지적하였다. 그러나 이들 오류 원인들은 일반적으로 제기되는 원인이고, 이에 대한 구체적 오류 현상을 해결방안 제시가 미비하다. 따라서 좀 더 구체적으로 학습자의 수준별 혹은 언어기능에 따른 오류 원인 해결방안이 제시되어야 할 것이다.

다섯째, 대부분 논문의 오류 유형이 '대치오류(29편) > 누락오류(23편) > 첨가오류(16편)'의 순으로 나타났다. 그러나 이러한 오류 유형이 오류 원인들과 어떤 상관관계가 있는지에 대한 논리적 분석이 결여되어 있다. 이것은 오류 원인 분석이 구체적이지 못한데서 비롯되는 문제점이기도 하다.

오류분석 연구는 아직까지도 오류분석에 관한 방법론적 이론 연구가 소략하고 오류분석이론의 교육적 활용도가 낮은 편이다. 그래서 연구자가 기존의 방법을 도입하여 연구를 할 수 있는 환경이 조성되지 않고, 결과적으로 전반적인 오류분석의 연구 수준이 향상되어야 할 것이다. 연구자들은 개별적 오류 현상을 분석하고 원인을 규명하는데 만족하지 말고, 이것을 이론화하여 정립시키는 과정에 좀 더 주력해서 체계화되고 실용적인 오류분석 연구가 진행되도록 힘써야 할 것이다.

II

중국어 교육문법 요목 연구

　세계적으로 중국의 위상이 높아짐에 따라 중국어의 수요도 증가하고, 중국어 교육사업도 크게 확장되고 있다. 또한 중국내의 유학생 가운데 한국인이 가장 높은 비율을 차지하고 있으며, 더불어 국내의 중국어 학습자 역시 빠른 속도로 증가하고 있다. 이에 발맞춰 각종 교육 자료와 교재도 시대에 부응하듯 쏟아져 나오고 있다. 이 교육 자료와 교재들의 대부분은 한국인 학습자의 학습목적이나 특징을 고려해 객관적인 기준에 의해 만들어지기 보다는 중국 상황에 맞춰 만들어졌거나, 저자의 주관적인 관점에 의해 만들어 졌다. 특히 이러한 자료들의 문법항목 배열은 학습자의 수준과 단계에 맞지 않아, 수정, 보완해야 하는 경우가 적지 않게 나타나고 있다. 그러므로 현재 국내의 중국어 교육에서 한국인 학습자를 위한 통일된 기준과 문법등급이 절실히 요구된다.

　박용진(2005)은 한국인 학습자의 중국어 어법교육에 대해 "현재까지 우리가 참고할 수 있는 것으로는 『汉语水平等级标准与语法等级大纲』[36] 이 전부이다. 그러나 이는 중국에서 만들어진 것이지 우리의 상황에 꼭

---

36)　刘英林主编(1995:61)을 참조.
　　　이하 『汉语水平等级标准与语法等级大纲』을 『语法等级大纲』로 명함.

적합한 것은 아니다. 우리에게는 모국어가 한국어인 중국어 학습자를 대상으로 한 체계적이고 객관적인 조사 결과로서의 '학습등급과 어법등급'이 나와야 된다.[37]"라고 주장하였다.

여기서 언급된『语法等级大纲』은 1988년에 国家对外汉语教学领导小组办公室 汉语水平考试部에서 제정한 최초의 중국어 교육기준 및 문법등급요강이다. 이는 한족의 어문교육, 소수민족과 외국인의 한어교육에 대한 기준을 제시하였다. 서언에서 이와 같은 내용을 '성질'과 '용도'에서 다음과 같이 제시하였다.

1. 성질
『语法等级大纲』은 규범적인 등급기준과 수준요강이다.
『语法等级大纲』은 세계적인 대외한어교육으로 나아가기 위한 것이다.

2. 주요용도
(1) 대외한어교육의 교육설계(总体设计), 교재편집(教材编写), 강의(课堂教学), 평가(课程测试)를 하는 데 주요기준이 된다.
(2) 중국 국가 급 한어수준고사(HSK 초·중·고등 포함)의 출제의 주요근거가 된다.
(3) 중국 소수민족의 한어교육, 초·중등 어문 교육 및 기타 관계된 기준화 언어 교사의 중요한 참고가 된다.
(4) 대외한어교육과 보통어 4급 문법등급요강 편집 시 해석 및 컴퓨터 어휘 자료집, 문법자료집 틀의 범위가 되고, 중요한 참고가 된다.

---

37) 엄익상, 박용진(2005:134)을 참조.

위의 내용에서 알 수 있듯이 서언에는 적용대상을 직접 제시하지는 않았지만, 비 한어권인 소수민족과 초·중등교육을 받고 있는 중국인(한족) 그리고 모든 외국인임을 간접적으로 언급하였다. 그렇다면 이것을 '한국인 학습자의 중국어 교육에 그대로 적용해도 되는가?'하는 의문을 갖게 된다. 아마도 모든 외국인을 대상으로 하지만 한국인 학습자에게 꼭 맞는다고 할 수는 없을 것이다. 중국어와 한국어가 언어 유형학적으로 다르기 때문에 한국인 학습자에게 『语法等级大纲』을 적용하였을 때 어떠한 한계점이 있는지 살펴보고자 한다. 우선 체계상의 한계점을 중심으로 검토하고, 분석해 보고자 한다.

1. 『汉语水平等级标准与语法等级大纲』의 체제

『汉语水平等级标准与等级大纲』의 제정배경에 대해 吕必松(1990)은 다음과 같이 설명하였다.

> 언어교육의 전 과정과 전체 교육활동을 교육설계(总体设计), 교재편집(教材编写), 강의(课堂教学), 평가(测试)의 네 가지 영역으로 나누었다. 이는 언어교육의 거시적인 인식을 향상시켰고, 맹목성을 감소시켰다. 또한 과학적인 교육체계를 세워서 각 교육활동의 표준화, 세분화의 방향으로의 발전을 촉진시켰다. 또 이런 요구에 부응하기 위해 『汉语水平等级标准与等级大纲』을 제정했다.[38]

대외한어교육의 필요에 의해 제정된 『汉语水平等级标准与等级大纲』

---

38) 吕必松(1990:121)을 참조.

은 1988년에 제정되었고, 이어 1992년에『汉语水平词汇与汉字等级大纲』
이 제정되었다. 또한 1996년에는 이전에 제정된 것을 수정, 보완하여,『语
法等级大纲』을 제정하였다.

이 연구의 대상인『语法等级大纲』은『汉语水平等级标准与语法等级大
纲』로 제정되었는데, 이는 한어 둥급 기준인『汉语水平等级标准』을 바탕
으로 만들어진 문법등급기준이『语法等级大纲』이다.

우선『汉语水平等级标准』[39]을 간단하게 살펴보고,『语法等级大纲』의
원칙과 체계를 살펴보고자 한다.

『标准』의 기본적인 체계는 3등 5급 3요소로 구성되어 있다. 여기서 3
등은 '초 · 중 · 고등'수준이고, 5급은 '1급~5급'이며, 3요소는 '화제내용
(话题内容)', '언어범위(语言范围)', '발화능력(言语能力)'이다. 이들의 관
계를 다음과 같이 제시하였다.

<표 3>[40]『标准』의 기본형식과 주요내용

		话题内容 (화제내용)	语言范围 (언어범위)	言语能力 (발화능력)
초등	1급			
	2급	초등1급의 예) *가장 기본적인 일상생활, 제한적 학습활동, 간단한 사회교제	초등1급의 예) *보통어 전체 성, 운, 조 甲级词: 1033개 甲级字: 800개 甲级语法: 129항목	초등1급의 예) *초보적인 읽기, 듣기, 말하기, 쓰기 능력구비 *초보적인 읽기, 듣기, 말하기, 쓰기 능력구비
중등	3급			
고등	4급			
	5급			

---

39) 이하『标准』로 한다.
40) 刘英林(1995:3),「关于 "汉语水平等级标准" 的几个问题」,『语法等级大纲』, 참조.

<표 3>에서 알 수 있듯이 등급별로 3가지 언어요소에 해당되는 기준을 정성, 정량의 방법으로 제시하였다. 또한 이 기준을 토대로『汉语水平词汇与汉字等级大纲』, 『语法等级大纲』이 제정되었다. 또한 이들 간에도 유기적인 관계를 갖고 있다. 예를 들면, 『语法等级大纲』의 甲级문법에 쓰이는 예의 어휘들은 『词汇等级大纲』의 甲级词로 사용하여 상호 연관성을 지닌다는 것을 의미한다. 이러한 관계를 아래의 <표 4>에서 정량적인 방법으로 제시하였다.

<표 4>[41)]『标准』与『语法等级大纲』, 『词汇等级大纲』, 『汉字等级大纲』

	『标准』	『词汇大纲』		『汉字大纲』		『语法大纲』	
初等	一级标准	甲级词	1033个	甲级字	800种	甲级语法	129项
	二级标准	乙级词	2018个	乙级字	804种	乙级语法	123项
中等	三级标准	丙级词	2202个	丙级字	601种	丙级语法	400点
高等	四级标准	丁级词	3569个	丁级字	700种	丁级语法	516点
	五级标准						
	总计	四级词	8822个	四级字	2905种	四级语法	1168项点

1) 제정 배경

『语法等级大纲』도『标准』의 기본적인 체계를 바탕으로 만들어 졌으나 그 문법 이론체계의 배경은『暂拟汉语语法教学系统』[42)]부터 살펴보아야 한다.

---

41) 刘英林(1995:9)을 참조.

42) 庄文中(1999:348)을 참조.
    『暂拟汉语语法教学系统』을 이하『暂拟系统』로 명함.

『暂拟系统』는 1956년에 한어를 모국어로 하는 학습자를 위해 제정된 최초의 학교문법이다. 이는 학습자들에게 문법학계의 연구 성과를 통일하여 학습시켜야 한다는 인식을 시작으로 제정되었다.

이는 전통문법체계를 따랐으며, 형태론(词法)과 통사론(句法)으로 나누었고, 문장성분을 주어, 술어, 목적어, 한정어, 부사어, 보어로 구분하였다. 또한 단어(词)를 문장의 기본단위로 하여 문장에서 중심어를 분석해내는 '중심어 분석법(中心词分析法)'을 이용하였다[43].

『暂拟系统』의 체계는 이후에 『汉语教科书』에도 대부분 반영되었다. 『汉语教科书』는 중국내에서 최초의 정식 대외한어교육정식 교재로 1958년에 만들어졌다. 이 교재의 가장 큰 성과로는 대외한어 문법체계를 확립시켰다는 것이다. 이 체계 가운데 품사, 문장성분 그리고 문장구분은 『暂拟系统』과 거의 동일하다고 할 수 있다. 하지만 교육실천 경험을 바탕으로 하였으며, 문법항목의 선정과 배열이 보다 과학적이고 합리적이라는데 차이가 있다. 예컨대, 쉬운 것에서 어려운 것, 단순한 것에서 복잡한 것 등으로 배열되었다는 것과 중국어의 문법특징을 외국인 학습자의 모국어와 비교해서 문법항목을 선정하고 해석한 것이 그러하다. 그리고 『汉语教科书』의 체계는 40년간 지속적으로 이어져 내려오면서 대외한어 문법체계의 기반을 마련하였을 뿐만 아니라, 『语法等级大纲』의 문법체계의 기반이 되기도 하였다.

吕文华(1994)는 『语法等级大纲』의 제정에 대해 『语法等级大纲』은 대외한어교육의 경험에 문법연구 성과를 더하고, 대외한어교재와 교육요강의 분석을 통해 제정되었다. 또한 외국인이 중국어 학습 시 나타나는 특징과 규칙에 중국어 문법차체의 특징을 결합하여 제정하였다. 또한 어려운 점과 중요한 것을 충분히 고려하였으며, 외국인 학습자의 등급별 수용

---

43) 吕文华(1994:12)을 참조.

능력과 교육적 요구에 중점을 두었다44)고 하였다.

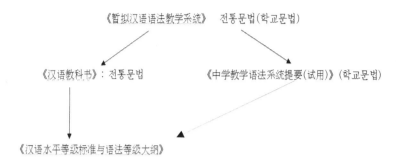

《暂拟汉语语法教学系统》 전통문법(학교문법)

《汉语教科书》: 전통문법   《中学教学语法系统提要(试用)》(학교문법)

《汉语水平等级标准与语法等级大纲》

<그림2> 중국 교육요목의 변천과정

이렇게 제정된 『语法等级大纲』은 시대 변화에 따른 연구 성과를 토대로 『暂拟系统』이 『中学教学语法系统提要(试用)』45)으로 수정, 보완된 내용46)과 외국인 학습자를 위해 추가된 내용47)등을 포함하여 수정, 보완하였다.

2) 제정원칙

『语法等级大纲』의 제정원칙은 连续继承原则, 纳新发展原则, 分级定位原则, 循环递进原则, 系统协调原则, 综合过度原则이고, 이를 근거로 하여 문법내용을 선정하여 제정하였음을 서언에 설명하였다.

---

44) 赵金名(2005:37)을 참조.
45) 이하 『中学教学语法系统提要(试用)』을 『提要』로 명함
46) 예로 语素, 词组, 句群의 교육내용 강화
47) 예로 离合词의 교육내용을 첨가, 회화 문법 교육 내용 첨가

刘英林, 李明(1997)48)은 이들 원칙을 다음과 같이 설명하였다.

1. 连续继承原则49)은 통시적인 연속성과 등급 간의 안정성이 요구 된다.

2. 纳新发展原则50)은 기본적으로 시대에 맞아야하고, 이론연구의 발 전과 실천이 이뤄져야한다.

3. 分级定位原则51)은 3등·4급·5층차의 새로운 대외한어 교육문법 체계 를 세우고, 점진적으로 완성시켜나가야 한다.

4. 循环递进原则52)은 쉬운 것에서 어려운 것으로, 간단한 것에서 복 잡한 것으로, 그리고 중요한 것, 복잡한 것은 간단한 문법항목이 나 문법요소의 뒤에 위치할 것을 요구한다. 또 단계적으로 배열 되어 있는 것은 제2언어교육 습득의 특징과 규칙에 맞아야 한다.

5. 系统协调原则53)은 외적인 체계와 내적인 체계는 서로 연관성을 지녀야 한다는 원칙이다.

6. 综合过度原则54)은 『语法等级大纲』의 제정하고, 수정하는데 8년의

---

48) 刘英林, 李明(1997) 참조.

49) 『汉语教科书』(1958)를 시작으로 40여 년간 대외한어교육의 우수한 전통을 잇는 연속성과 『语法等级大纲』(1988)의 정량적인 등급배열로 상호간에 안정성을 유지하는 것이 여기에 속한다.

50) 교육문법이 『暂拟系统』(1954)에서 『提要)』(1984)로의 발전한 것과 현대 한어 문형의 통계와 분석이 심화 발전하는 것도 여기에 속한다. 또 『语法等级大纲』의 중·고급 단계의 문법교육에 새로운 내용과 요소를 추가한 것도 여기에 속한다.

51) 등급배열시 다른 항목과 다른 내용을 명확히 구분해서 배열하고, 같은 항목과 같은 내용은 그냥 배열한다. 또 '主辅相成'의 원리에 따라 초·중·고등의 모든 등급에 중요부분은 부각시키며, 각각의 특색을 갖추도록 한다.

52) 초·중등과 고등의 등급 사이의 항목은 단계적으로 심화되어야 하고, 중요한 항목의 난이 도는 단계적으로 심화되어야 한다. 또한 각각의 중요한 항목 중에서 어려운 항목과 쉬운 항목들도 단계적으로 심화되어야 한다.

53) 외적인 체계로는 『标准』와 『词汇与汉字大纲』, 『语法等级大纲』, HSK가 서로 연관성을 가져야 하고, 내적인 체계로는 3등4급의 문법항목과 문법요소들 간에 서로 연관성을 가져 야 한다. 그리고 같은 등급의 문법과 어휘, 한자도 서로 연관성을 가져야 한다.

54) 문법등급이 3급에서 5급으로 확장되어 그럴듯한 체계를 갖추었지만, 아직 완전하고 과학 적인 체계는 아니다. 또한 『语法等级大纲』의 제정과 수정도 여전히 일시적인 성격을 띠고 있어서 더욱 더 깊이 있게 꾸준히 연구하여 완성도 있고, 정밀하게 만들어야 한다.

시간을 소비하였으나 여전히 과도적인 등급요강에 속한다는 것을 설명하려고 한다.

이상의 원칙을 바탕으로『语法等级大纲』이 제정되었다. 하지만 이 원칙들은 다소 포괄적이고 추상적인 기준만을 제시했지『语法等级大纲』을 제정한 세부적인 기준은 刘英林(1997)나『语法等级大纲』의 서언뿐 아니라 그 밖의 어느 자료에도 언급되어 있지 않다.

3) 체계

赵金名(2005)은『语法等级大纲』의 체계에 대해 등급별 문법내용이 적절하고 등급구분이 합리적이며, 체계적이고 세부적이다. 또한 중요한 것과 어려운 것을 적절히 다루었으며, 실용적으로 제정되었다. 좀 더 구체적으로는 대상과 용도를 잘 고려했으며, 문법항목의 선정이 잘 소개가 되었다.[55] 고 하였다.『语法等级大纲』의 체계는『标准』에서 제시한 3요소(화제내용, 언어범위, 발화능력)의 기준에 맞는 내용을 3등(초, 중, 고등), 4급(甲, 乙, 丙, 丁级)의 체계에 맞게, 각 등급에 해당하는 문법항목이나 요소가 배열되었다.『语法等级大纲』의 문법 등급도는 다음과 같이 정리할 수 있다.

<표 5> 문법 등급도

初等水平		中等水平	高等水平
甲级문법	乙级문법	丙级문법	丁级문법
129항목(项)	123항목(项)	400요소(点)	516요소(点)

---

55) 赵金名(2005:36)을 참조.

		형태소	형태소
품사	**품사**	**품사**	**품사**
구		구	
			구의 구성
	고정구	고정구	고정구
	고정형식	고정형식	고정형식
문장성분	문장성분	문장성분	
문장분류			
특수문형	**특수문형**	**특수문형**	**특수문형**
의문문			
수 표기법			
강조법	강조법		
동작의 태		동작의 태	
		반어문	반어문
		회화형식	회화형식
복문	**복문**	**복문**	**복문**
			다중복문
			문단

　<표 5>를 살펴보면, 초등수준은 甲级, 乙级문법으로 나뉘었다. 그 중의 甲级은 129개의 문법항목을 가지고, 乙级문법은 123개의 문법항목을 가진다. 중등수준에 해당하는 丙级문법은 400개의 문법요소로 구성되어 있고, 고등수준의 丁级문법은 516개의 문법요소로 구성되어 있다. 또한 전 등급의 문법유형56)으로는 '형태소', '품사', '구', '구의 구성', '고정구',

---

56) 이 연구에서는 문법 등급도에 제시된 문법내용들을 '문법유형'으로 통칭한다. 다른 자료에서는 이들을 '문법항목'으로 명하나 이는 실제 『语法等级大纲』에서의 문법단위인 '문법항목'과 혼란을 막기 위함이다.

'고정형식', '문장성분', '문장분류', '특수문', '의문문', '수 표기법', '강조법', '동작의 태', '반어문', '회화형식', '복문', '다중복문', '문단' 등 18가지의 문법유형으로 구성되어 있다. 또 이들 문법유형의 하부구조로 1168개의 문법항목과 문법요소가 甲, 乙, 丙, 丁级으로 나뉘어서 등급별로 배열되어 있다.

이들 유형 가운데 '품사', '구', '구의 구성', '고정구', '고정형식', '문장성분', '문장분류', '복문'등은 『暫拟系统』, 『提要』, 『汉语教科书』에서 모두 나타났다. 이것으로 이들 유형은 중국어 특징으로 인해서 다뤄는 유형임을 알 수 있다. 또한 '형태소', '문단'은 『暫拟系统』(1956), 『汉语教科书』(1958)에서는 다뤄지지 않았고, 『提要』(1984)로에서 다뤄진 것으로 보아 시대적인 연구 성과로 인해 새로 추가된 내용임을 알 수 있다. 또한 '강조법', '동작의태', '반어문'등은 『汉语教科书』와 『语法等级大纲』에서 다뤄지므로 외국인 학습자를 위한 문법유형임을 알 수 있다. 그리고 '수 표기법', '회화형식', '다중복문'등은 『语法等级大纲』에서만 다뤄지고 있는 항목이다.

『语法等级大纲』 체계를 좀 더 구체적으로 살펴보기 위해 '문법단위', '등급분포 및 등급배열' 그리고 '기술방식'으로 나눠서 살펴보도록 한다.

① 문법단위

『语法等级大纲』의 문법단위57)는 '문법항목(语法项)'과 '문법요소(语法点)'로 나뉜다. 초급단계인 甲, 乙级에서는 '문법항목'을 사용하였으며, 중·고급 단계인 丙级, 丁级에서는 '문법요소'를 사용하였다.

賈甫田(1989)는 『语法等级大纲』에서의 문법항목과 문법요소를 '문법항목'은 전체 문법체계의 유기적인 부분을 범주화하고, 문법범주나 문형

---

57) 이 연구에서 '문법항목'과 '문법요소'를 통칭하여 '문법단위'로 한다.

의 체계를 개괄하는 성격을 지니고 있어 교재 내에서 문법주석으로 다루기는 어렵다. 반면, '문법요소'는 문법항목과 달리 비교적 단순하고 독립성을 지니고 있어서 그 유무에 따라 문법체계에 영향을 끼치지 않으며, 교재에서 주석으로 처리할 수 있다.

『语法等级大纲』의 서언에서는 문법항목과 문법단위에 대한 정의나 구분은 없고, 단지 수정, 보완된 내용58)만을 언급하였다.

그럼 사용된 문법단위의 개념의 이해를 돕기 위해 예를 들어 살펴보면 다음과 같다.

<표 6:예> 문법단위

문법단위	문법항목	문법요소
품사 (명사)	[甲001] 1. 일반명사 妈妈, 教室, 词典, 自行车, 水平, 精神	[丙056] 人群(书本, 车辆, 纸张) [丙057] 一带 [丙058] 上旬(中旬, 下旬)

위의 예에서 [甲001]에서 "妈妈, 教室" 등의 예들은 각각의 문법요소인데 이들은 '일반명사'라는 공통된 특징으로 범주화하여 '문법항목'으로 쓰였다. 하지만 [丙056~058]에서는 각각의 명사들은 어떤 공통된 특징으로 귀납할 수 없으므로 독립된 형식인 '문법요소'로 배열되었다.

이로서 여러 '문법요소'의 공통된 특징을 범주화하여 하나의 문법형식으로 귀납할 수 있는 것은 '문법항목'이 되고, 독립된 형식으로 어느 특정한 범주에 속하지 못하는 것은 '문법요소'로 쓰인다. 그러므로 '문법항목'은 '문법요소'의 상위개념임을 알 수 있다.59)

---

58) 『语法等级大纲』의 서언에 제시된 수정, 보완된 내용.
　　乙级의 '문법요소'를 '문법항목'으로 바꾸면서 甲级의 문법단위와 일치시켜 초등수준의 문법요강을 구성시켰다. 그러므로 乙级의 문법항목의 각각은 기본적으로 해석이 요구되며, 甲级의 문법항목과는 다르다.

② 등급분포 및 등급배열

등급분포에 대해서 呂文华(1992)와 赵金名(2005)의 의견은 다음과 같이 일치하였다.

甲级은 비교적 완전한 체계를 갖추고 있으며, 중국어의 전체적인 내용과 특징을 갖추고 있다. 乙级에서는 甲级문법을 보충(补充), 확대(扩展), 심화(深化)하여 '고정구', '고정형식'을 첨가시켰으며, 그 가운데 일부는 가장 상용적인 내용을 실었다. 丙级에서는 '형태소', '회화형식', '반어문'을 추가하여 한층 더 심화하였다. 丁级은 상대적인 독립성을 가지고 있는 것이 특징적이며, '구의 구성', '다중복문', '문단' 등 고급단계의 문법내용으로 추가하였다. 또한 의사소통의 기능을 강조하기 위해 '단락'과 '복문'을 더 상세하게 설명하고 있다고 하였다. 이와 같은 내용은 <표 5>를 통해서도 잘 나타나 있다. 甲级에서는 기본적이고 전체적인 문법내용들로 구성되어 있다. 예컨대 기본적인 문법유형인 '품사', '문장성분', '문장분류', '특수문' 뿐만 아니라, 중국인 학습자 학교문법 체계는 다루지 않았던 '강조법', '수표기법'까지 배열하여 전체적인 체계를 갖추었다. 乙级에서는 甲级의 내용을 심화, 보충하여 더 세부적인 내용을 다루었고, 甲

---

59) 이미혜(2005:40)에서 문법항목과 문법요소에 대한 정의를 다음과 같이 설명하였다.
문법항목(grammar entries)이란? 문법내용을 교육하기 위해 구체적으로 유형화 한 항목으로서, 단일형태소로 된 구성도 있고, 복합 형태로 이루어진 구성도 있다. 즉, 문법 항목은 문법 교육을 위해 구성된 모든 구체적인 항목을 가리킨다. 문법요소란? 문법적 기능을 담당하는 형태소를 말한다. 선정한 문법요소는 효과적인 교육을 위해 적절한 유형으로 재구성하여 문법 항목을 이룬다라고 설명하였다. 이를 도식화 하면 다음과 같다.

〈그림 3〉 문법 항목의 도출 과정

级에 비해 어휘항목이 훨씬 더 많다.

丙级에서는 학습자에게 조어법(构词法)의 이해를 돕고자 '형태소'를 추가하였으며, 학습자의 의사소통능력 향상을 위해 '반어문', '회화형식'도 추가하였다. 丁级에서는 丙级에 비해 난이도 높은 조어법의 내용을 다룬 '구의 구성'을 추가하였다. 그리고 '문장'의 범위에서 벗어나 '단락'으로 확대한 '다중복문', '단락'을 다루어 의사소통능력과 읽기능력을 향상에 중점을 두었다.

『语法等级大纲』의 등급배열에 대해 赵金名(2005)은 『语法等级大纲』에서 문법항목은 세부적으로 나눠서 열거되어 있다. 이는 단지 문법체계의 특징에 맞춰서 배열된 것일 뿐이지, 교육이나 교재순서도 아니고, 외국인의 중국어 습득 순서도 아니라고 하였다. 이를 통해『语法等级大纲』의 등급배열은 난이도와 습득순서와는 무관하게 전체 문법항목과 문법요소가 각 등급이 배열되어 있으며, 단지 등급이 높아질수록 난이도가 높아질 뿐이지 한 등급내의 배열은 학습단계와 무관하다는 것을 알 수 있다.

등급배열을 좀 더 구체적으로 살펴보면, 학습자가 기본적으로 익혀야 하는 '품사', '복문', '특수문'등은 전 등급에 배열되어 있고, '구', '고정구', '고정형식' '강조법', '반어문', '회화형식' 등은 등급의 난이도에 맞추어서 일부 등급에만 배열되어 있다. 그리고 '문장분류', '의문문', '수표기법'은 甲级에만 배열되어 있다. 이렇게 한 등급에만 배열되어 있는 문법단위를 제외하고, 두 등급이상 분포되어 있는 문법유형들은 전체적으로 등급이 높아질수록 단계적으로 심화되어, 구체적으로 기술하고 있다.

이와 같은 등급배열의 유형을 吕文华(1992)는 '형식중심'에서 '의미중심'으로, '기본용법'에서 '활용된 용법' 또 '규칙적인 것'에서 '불규칙적인 것'으로 구분하여 세 가지로 나누어 제시하였다고 하였다. 이와 같은 구분에 따른 예를 들어보면 <표 7>과 같다.

<표 7:예> 등급배열 유형

유형	甲級	乙級	丙級	丁級
형식중심 ↓ 의미중심 (비교문)	[甲097] 上海比北京热			[丁357] 他比阿Q还阿Q
간단한 것 ↓ 복잡한 것 (동목구)	[甲043] 打电话 买东西 进行讨论 遇到困难	[乙070~071] 대상자목적어 你们要严肃处理 这个问题 행위자목적어: 前边走过来了一 位护士	[丙172] 도구: 我饭量大, 吃大碗 장소: 家里没人, 他整天吃食堂 의존(凭借): 他从小吃父母, 直到现在	
기본 용법 ↓ 활용용법 (인칭대명사)	[甲005] 你(您) 我, 我们 咱们		[丙082] 인칭대명사 활용 欢迎大家来我院参观, 访问 (단수가 복수로 쓰임) 我想去游览, 但是人家不让你去游览 (2인칭이 1인칭으로 쓰임)	

③ 기술방식

『语法等级大纲』의 서언에서 열거형(尽举性), 예시형(举例性), 절충형
(介乎两者之间) 세 가지 유형 기술방식을 언급하고 있다. 열거형으로는
甲, 乙, 丙级의 '부사', '전치사', '접속사'와 丁级의 '고정구', '고정형식'
등이 여기에 속한다. 그리고 예시형에는 丙, 丁级의 '형태소', '회화형식',
甲, 乙, 丙, 丁级의 '이합사' 등이 여기에 속하며, 절충형에는 甲, 乙, 丙,
丁级의 '특수문'이나 '복문'과 같이 단계적으로 나타나는 것 등이 여기에
속한다. 각 유형별로 예를 들어 살펴보면 다음과 같다.

<표 8:예> 『语法等级大纲』의 기술방식

열거형		예시형		절충형	

부정부사	[甲022]
	不, 没(有),
	别
		회화형식	[丙 316]
			说X就X, ..
			说走就走, 别光说不动呀!
			说嫁就嫁, 不要再犹豫了
				특수문	[甲097]
					1.비교문 马比牛跑得快
					2.跟(和, 同)~一样
					  她的年纪跟我一样
					3.有(没有~这么(那么)
					  我说汉语没有他那么好

<표 8:예>에서 '열거형'은 문법단위에 해당하는 내용을 열거한 형식이고, '예시형'은 문법단위에 해당하는 문법내용과 그에 따른 예를 제시하는 형식이다. '절충형'은 예시형에서 문법내용(예로 [丙 316]의 '说X就X, ..')만을 제외하고, 예만 제시한 형식임을 알 수 있다.

2. 『汉语水平等级标准与语法等级大纲』의 한계점

이 장에서는 체계상의 한계점을 '문법단위', '등급분포와 배열', '등급간의 계통성', 그리고 '표현의 일관성과 명확성'으로 구분하여 한국인 학습자의 관점에서 예를 통해 체계상의 어떠한 한계점이 있는지 살펴보고자 한다.

1) 문법단위

『语法等级大纲』에 사용된 문법단위인 문법항목과 문법요소의 정의를 앞에서 살펴보았다. 하지만 『语法等级大纲』에서 사용하고 있는 문법단위가 일반적인 개념과 어떤 부분은 동일하고, 어떤 부분은 그렇지 않았다. 문법항목과 문법요소의 예를 들어 비교해 보면 다음과 같다.

<표 9:예> 문법 단위

	문법항목(语法项)	문법요소(语法点)
A. 동사	[甲009] 일반동사: 看, 写, 打, 参观 [甲010] 동사중첩: 想想, 学习学习, 　　　　　　说一说, 听了听	[丙059] 打量 [丙060] 给予 [丙061] 给以
B. 수 식 구	[甲042] 大操场, 英文课本, 一件衣服 努力(地)工作, 老动的时候	[丙168] 문법기능: 1~4. 주어, 술어, 목적어, 부사어로 쓰 　일 때(생략) 5. 보어로 쓰일 때 　大家玩儿得很快活 　他们打得十分激烈
C. 전환 복문	[乙113]…可是(可)… 他不喜欢体育活动,　可是他喜欢看体育 比赛	[丙366] 虽…但… 他每天上班下班虽匆忙,　但内心里却很 平静

A는 전형적인 문법항목과 문법요소로 쓰인 경우이다.

예로, 조동사 부분의 [甲009]은 각각의 문법요소들을 '일반동사'라는 공통된 특징으로 범주화시킨 '문법항목'이고, [丙059~61]은 독립적인 문법요소들로서 공통된 특징으로 범주화 할 수 없어 단독으로 '문법요소'로 쓰인 예이다. 그러므로 A는 일반적인 개념의 문법단위와 동일하게 쓰인 경우이다.

B는 일반적인 문법항목과 문법요소의 개념이 모호하게 사용된 경우이다.

예로 수식구인 [甲042]는 '大操场', '英文课本', '一件衣服' 등 '수식구'라는 공통된 특징으로 범주화시킨 '문법항목'이고, [丙168] '수식구'는 문법요소로 사용되었으나, 문법 기능들을 소개하고 있어 '문법항목'이 아닌 '문법요소'로 이해하기는 어려워 개념이 모호한 경우라고 할 수 있다.

C는 둘 다 문법요소라 여겨지는 경우이다.

예로 '전환복문'의 [乙113]은 '문법항목'이고, [丙366]는 '문법요소'이다. 하지만 둘 다 동일한 유형으로 모두 문법 요소로 여겨지는 경우이다.

이처럼 예를 통해 살펴보았지만, 실제 사용된 문법단위의 구분이 모호하고, 일관성도 결여되어 있어 실제 교육에 적용함에 있어 혼란을 야기시킬 수 있다.

2) 등급분포와 배열

등급의 분포에 대한 한계점을 呂文华(1994)은 『语法等级大纲』의 등급분포는 기본적으로 전통적인 모델을 갖추고 있으므로 교육실천에 있어서는 모순이 드러난다. 예컨대 甲级단계는 계통성이 비교적 강하고, 문법의 양이 과도하게 많으며, 집중적이고, 반복율이 낮을 뿐 아니라 난이도도 높다. 반면 乙, 丙, 丁级 단계는 일부분은 甲级에서 발전되었으나 대부분이 어휘항목이고, 연관성이 떨어진다고 하였다. 이와 같이 『语法等级大纲』은 甲级에 너무 많은 문법유형을 다루고 있어서 실제로 甲级 사용된 문법유형만으로도 전체적인 중국어 교육이 가능할 정도이다. 또 甲级에서 다루고 있는 문법유형도 많지만 그 문법 유형에서 다루는 문법항목 또한 적지 않아 전반적으로 甲级에 편중되어 있음을 알 수 있다. 이는 중국어를 모국어로 하는 화자에게는 가능하지만, 언어 유형적으로 다른 모국어를 사용하는 한국인 학습자에게는 다소 어려움이 따른다. 한국인 학습자가 어려워하는 '동작의 태'를 예로 살펴보면,

<표 10:예> 동작의 태

[甲116~120]	[丙303~307]
완성태 "了"를 이용하여 기술하였음 변화태 "了"를 이용하여 기술하였음 지속태 "着"를 이용하여 기술하였음 진행태 "正", "在", "正在" 등을 이용하여 기술하였음 경험태 "过"를 이용하여 기술하였음	(1)关于 "着" 　동사+着+동사+着.. (2)关于 "过" 　동작이나 상황의 종료를 나타냄 　형용사+过 (3)关于 "了" 　형용사+了, 명상/수량사+了 　문장 끝의 了

<표 10>에서 '동작의 태'의 전반적인 내용을 甲级에서 다루고 있고, 丙级에서는 '了', '着', '过'의 기능 가운데 일반적이지 않은 내용과 甲级에서 다루지 않은 내용만을 다루고 있다. 또한 5가지의 태 모두 甲级에만 편중되어 있음을 알 수 있다. 실제 '동작의 태'는 한국인 학습자가 많이 어려워하는 부분 중에 하나이다. '동작의 태'는 '상'의 개념을 교육하기 위한 문법항목이지만, 외국어로 영어를 기본적으로 학습하는 한국인 학습자에게는 영어의 시제와 연관시켜 '시제'로 받아들임으로 혼란을 일으킬 수 있는 부분이다. 이러한 문법항목의 모두가 甲级에 편중되어 있는 것은 한국인 학습자의 학습특징과 난이도를 고려해봐야 할 부분이다.

등급 배열의 문제점을 程堂(1989)은 '把'구문은 많은 학습자가 어려워하는 문법항목인데도 불구하고, 甲级에서부터 배열되어 있다고 하였다. 이는 한국인 학습자에게도 해당되는 부분이다. 특히 '把'구문은 통사적 제약많아, 甲级부터 배열되는 것은 다소 어려움이 있다. 또 이와 상반된 예로 '是구문', '有구문', '연동문' 등은 학습자들이 쉽게 알고, 이해할 수 있는 내용인데도 불구하고, 甲, 乙, 丙级에 나누어서 배열하였다. 한국인 학습자에게도 마찬가지로 어렵지 않게 받아들이는 항목 중의 하나이기 때문에 많은 등급으로 나눠 배열될 필요는 없다고 여겨진다. 이상의 등급

분포와 배열상의 문제점을 呂文华(1994)는 등급분포와 배열이 학습자의
의사소통능력 향상 여부에 기준을 두지 않고, 지식체계를 기반으로 하여
체계의 완성도에만 중점을 두고 제정했다고 했다. 이로서『语法等级大纲
』의 등급배열이나 분포가『暂拟系统』의 체계에 영향을 받았고, 또 일부
는『暂拟系统』가『提要』로 수정, 보완된 내용을 그대로 받아들여『语法
等级大纲』이 수정, 보완되었기 때문에 의사소통 능력향상에 중점을 두기
보다는 전체적 체계를 갖추는데 중점을 두어 학습자에 대한 고려가 부족
함을 알 수 있다.

3) 등급 간의 계통성

문법단위들이 甲, 乙, 丙, 丁级 등급 가운데 어떤 것은 한 등급에 국한
되었는가 하면, 어떤 것은 전 등급 혹은 일부 등급에 배열되어 있다.『语
法等级大纲』의 단계별접근법(循环递进原则)에 의해 난이도가 쉬운 것에
서 어려운 것으로 간단한 것에서 복잡한 것으로 배열하였고, 중요하고
복잡한 문법현상은 단순한 것 뒤에 배열되었다. 하지만 일부 항목에서는
등급이 높아질수록 단계적으로 심화될 때 계통성에 있어서 한계점이 나
타났다. 예로 살펴보면,

<표 11:예> 겸어문

[甲094]	[乙080]
1.사역의미 　晚上我请你吃饭 　老师让我再读一遍课文 2.애증(爱憎)의미 　领导经常表扬他工作认真 3.호칭, 인정(认定)의미	1.첫번째 동사가 '是'인 무주어겸어문 　是谁收集的这些材料? 2.이중목적어문에서 간접목적어가 겸어 　送一块蛋糕给姥姥吃 3.겸어문식 연동문 (兼语句套连动句) 　老师让我们用中文写一封信

我们都说他是学生 4.첫번째 동사 '有', '没有'인 경우 　有人找你 　今天没有人来参观	

　'겸어문'에서 [甲094]는 대체적으로 '의미'에 중점을 두어 나누었다. 예로 '사역, 애증, 호칭' 등의 의미로 나누어 내용들을 기술하였다. 하지만 [甲094], 4번의 경우는 의미와 무관하게 '통사적인 구조'에 중점을 두어 첫 번째 동사가 '有', '没有'로 사용하였을 경우를 나타내었으며 1~3에서와 같이 의미에 대해서는 전혀 언급하지 않았다.

　[乙080]은 동일한 '겸어문'의 문법유형인데도 [甲094]과 달리 '의미'에 중점을 두지 않고 '통사적 구조'에 중점을 두고 기술하였다.

　이 예를 통해 같은 문법유형임으로 [甲094]에서 [乙080]로 등급이 높아짐에도 어떠한 연계성 의해 심화되었는지 알 수 없으며, 또한 [甲094]의 동일한 문법항목에서도 다른 기준으로 기술되는 것을 보아 등급간에 계통성에 있어서 일부 한계점을 드러난다. 그러므로 등급의 단계가 심화되면서 좀 더 체계적이고 단계적으로 배열하고 기술한다면, 중국어교육에 적용하기가 용이하리라 여겨진다.

4) 표현의 일관성 및 명확성

　앞서 『语法等级大纲』의 체계에서 살펴보았듯이 전 등급에 배열되는 문법단위가 있는가 하면, 일부 등급에만 배열되어 있는 경우도 있다. 일단 한 등급이상 배열해야 하는 경우에는 물론 계통성도 있어야 하지만 기본적으로 동일한 문법항목이나 문법요소를 표현하는데 있어 반드시 동일한 용어를 사용하여야 한다. 또한 명확하고 규정된 내용으로 일관성 있게 기술해야 한다. 하지만 이런 부분에서 일부 한계점을 드러냈다. 우선 등급별로 같은 문법유형인데도 다른 용어나 표현을 하는 경우를 예로 살펴보면 다음과 같다.

<표 12: 예> 동작의 태

급	甲级		丙级
구분	동작의 태		
문법항목	[甲116] 完成态	[甲117] 变化态	[丙305] 关于 "了"
설명	동작의 완성을 나타내는 동태조사 "了"를 나타내었다.	이미 변화가 발생한 경우의 어기 조사	형용사+了 명사, 수량사+了 문미+了
예	午饭我只吃了一碗面条。	我现在是大学生了。 她的病好了。 天冷了，你要多穿(一)点儿衣服。	她的头发又白了许多。 天气已经晴了三天了。

'동작의 태' 가운데 '了'와 관계 된 문법항목으로 [甲116], [甲117]과 문법요소 [丙305]가 있다. [甲116]에서 '了'는 동사 뒤에서 동작의 완료를 나타내는 '완료태(完成态)'로 쓰였고, [甲117]는 문장 끝에 어기조사로 쓰여서 상황변화를 나타내는 '변화태(变化态)'로 쓰였다. [丙305]의 '형용사+了'도 [甲117]의 '天冷了, 你要多穿(一)点儿衣服'와 동일한 형태로 똑같이 상태변화를 나타내는 '변화태(变化态)'로 쓰였으나 '변화태(变化态)'가 아닌 "关于'了'"로 제시하였다. 여기서 두 가지의 문제점을 발견할 수 있다.

첫째, [丙305]에서 사용한 '了'도 [甲117]와 같은 용법으로 상태변화를 나타내는 '변화태'인데도 불구하고, "关于'了'"로 표현하여 표현상의 일관성에 문제점이 있다.

둘째, [甲117]의 '변화태'에서 제시된 예문 중 '天冷了, 你要多穿(一)点 儿衣服'에서 '冷'를 술어로 쓴 형용사술어문이다. 또 [丙305]에 사용된 '형용사술어문'이나 '명사술어문'의 경우 모두 동작과 무관한 것들이다. 즉, 형용사나 명사 술어가 '동작'을 표현한다는 것은 맞지 않기 때문이다. 하지만 이들 모두 '동작의 태'에 하부구조에 있는 것은 부적합하다고 여 겨진다. 그 밖에 문법단위를 기술할 때 명확하게 규정된 내용으로 이뤄져 야 한다. 그렇지 못한 경우는 『语法等级大纲』의 적용상에 있어 어려움이 따른다. 여기에 대해서 吕文华(1992)도 다음의 같이 예로 설명하였다.

<표 13:예> 정도 보어

[甲级80]
1~3) 생략 4)形+多了 　这篇课文容易多了 5)动+得+形 　他写得好, 我写得不好 　她写得整齐, 我写得不整齐

위의 내용에서는 得를 쓴 것과 쓰지 않을 것으로 구분할 수 있다. 하지 만 이 가운데 5.'他写得好'와 '写得整齐'는 의미상으로 '정도'의 의미라기 보다는 '평가'나 '묘사'의 의미를 나타내고 있다. 乙, 丙, 丁级에서도 [甲 级80]와 동일한 유형을 나타내고 있다. 이는 '정도보어'[60]인지, '상태보 어'[61]인지 고려해봐야 할 문제라고 하였다. 위의 예는 한국인 학습자에게

---

60) 贺晓平(1999)에서는 정도보어에 대해 다음과 같이 설명하였다.
　程度补语是位于述语形容词之后, 对形容词表示的性质所达到的程度进行补充说明的 句法成分.
61) 贺晓平(1999)에서는 상태보어에 대해 다음과 같이 설명하였다.
　状态补语是指位与述语动词之后, 对动词或动词所联系的动元的状态进行描述的句法 成分。其形式标志是在动词和补语之间有一个结构助词 "得"。

도 어려운 것 중의 하나이다. 이에 대해 김충실(2006:152)은 한국어에는 중국어의 보어와 대응되는 문장성분이 없다. 중국어의 보어는 한국어의 목적어 혹은 보조동사에 대응된다. 두 언어의 이론 특성으로 인하여 한국인 학습자들이 구조조사 '得'을 어렵게 여기는 조사 중의 하나이다. 어떤 문장에 '得'를 어떻게 써야 하며, 문장의 어느 자리에 써야 하는지 모른다고 하였다. 이 같은 예의 내용은 끊임없이 변화 발전하는 이론문법의 연구 성과들을 교육에 적용하는 과정에 나타나는 문제점들이다. 이론문법의 연구성과를 교육에 적용시키기 위해서는 공통적으로 통일시키거나, 규정하여 문법내용을 명확히 할 필요가 있다. 한국인 학습자에게도 마찬가지로 학습특징을 고려하여 혼란을 일으킬 수 있는 부분의 문법내용은 명확하게 구분하고, 학습자에게 맞게 규범화해야 할 것이다.

『语法等级大纲』는 한어 학교문법의 체계와 대외한어교육체계를 바탕으로 만들어졌다. 하지만 시대 변화에 따른 연구 성과를 도입하고, 또한 외국인 학습자를 고려하여 수정, 보완이 이루어졌다. 하지만 다양한 용도와 광범위한 적용대상을 위해 제정된 기준이어서, 한국인 학습자를 중심으로 살펴보니 다음과 같은 체계상으로 한계점을 드러냈다.

첫째, 문법단위인 문법항목과 문법요소가 일반적인 개념에 맞지 않게 사용된 부분이 있다는 것이다. 이는 교육상에 적용 시 혼란을 일으킬 수 있다.

둘째, 등급 분포에 있어서 甲级에 문법항목에 편중되어 있고, 또한 등급배열에 있어서도 일부는 단계적으로 배열되어 있지 않는 부분이 있다.

셋째, 등급 간의 계통성에 있어서 일부는 같은 문법항목인데도 기술하는 기준이 다르며, 일부는 등급이 높아질수록 단계적이고 체계적으로 심화되지 않았다.

넷째, 문법내용을 기술하는 데 있어서 일부는 동일한 문법내용인데도 다른 용어를 사용하였고, 또 교육에 적용시키기에 명확하게 규정되지 않은 내용들도 있다.

이상의 한계점을 기초로 하고, 좀 더 세부적으로 한국인 학습자의 언어 습득 유형과 학습특징에 관한 연구가 이뤄져 한국인 학습자를 위한 문법 등급 기준이 마련되었으면 하는 바램 가져본다.

3. 『国际大纲(语法)』와 『新HSK大纲(语法)』의 비교분석

전 세계적으로 중국에 대한 관심이 높아지면서 중국어에 대한 열기도 더욱 더 높아지고 중국어 학습자도 기하급수적으로 증가하고 있는 추세이다. 중국 정부는 이런 수요를 충족하기 위해 2003년에 "汉语桥工程"을 반포하였다. 이 정책은 국제 중국어 보급정책으로 세계 곳곳에 공자 학원을 설립하고, 교사를 파견하여 외국인 중국어 학습자를 중국으로 유치하던 방식에서 벗어나 세계 각국으로 찾아가서 중국어를 보급하는 방식으로 진행되고 있다. 2005년에는 「汉语国际推广的形势及对教师培养的新要求」가 발표되었는데, 그 가운데 2번째 항목인 "2005년 이후 중국어 보급의 주요 성과"에서 다음과 같은 내용이 발표되었다.[62]

ⓐ 공자학원을 선두로 한 중국어 국제화 보급 체계를 설립했다.
ⓑ 공자학원 총본부의 설립을 지속적으로 증가시켰다.
ⓒ 인터넷, 방송, 광고로 공자학원 운영 시작했다.

---

62) 马箭飞(国家汉办副主任/孔子学院总部副总干事)(2009.3.29),「汉语国际推广的形势及对教师培养的新要求」참조. 상해외국어대학에서 개최된 '新增汉语国际教育硕士专业学位研究生培养单位评审工作会议' 보고서.

ⓓ 국제 중국어 교육기준을 확립했다.

ⓔ 중국어를 국제적으로 보급하는 교사단체 결성을 강화했다

ⓕ 중국어 국제 보급 기지를 건설했다.

ⓖ 교재 개발과 보급을 강화했다.

ⓗ 새로운 중국어 평가를 개발했다.

ⓘ 상품화로 부각했다.

　한국인 학습자의 중국어 교육 관점에서 주목해야 할 부분은 "ⓓ국제 중국어 교육기준 확립"과 "ⓗ새로운 중국어 평가 개발"이다. 여기서 말하는 "국제 중국어 교육기준"은 国家汉语国际推广领导小组办公室에서 제정한 『国家汉语能力标准』[63], 『国际汉语教师标准』[64], 『国际大纲』이고, "새로운 중국어 평가"는 '新汉语水平考试(이하 新HSK)'이다. 이 가운데 『国际大纲』은 2008년에 『国家汉语能力标准』을 토대로 하여 제정된 '중국어 교육요목'으로 중국어 교과과정의 목표와 내용에 대해 정리하고 기술하였다. 이 요목은 중국어 교육기관과 교사가 강의를 계획하고, 중국어 능력을 평가하며, 교재를 편찬할 때 근거 기준으로 사용하게 된다. 이전의 요목들과 달리 특징적인 것은 제정 목적이 전 세계 외국인 중국어 학습자의 중국어 지식과 기능을 동시에 학습하여 종합적인 중국어 의사소통 능력을 향상시킨다는 것이다. '新HSK'는 2009년에 『国家汉语能力标准』과 국제 언어평가 연구의 최근 성과에 근거하여 제정된 '중국어능력

---

63) 『国家汉语能力标准』은 2007년에 제정되었으며, 국제 중국어교육의 지도적인 역할을 하는 기준이다. 이 기준은 외국인 중국어 학습자가 중국어를 학습하는데 필요한 지식과 의사소통능력에 대해 기술하였다. 그리고 그 용도는 국제 중국어교육 요목을 제정하고, 교재를 편찬하며, 중국어 학습자의 언어능력을 평가하는 근거 기준으로 쓰이게 된다. 또한 '회화 이해·표현능력', '서면어 이해·표현능력'으로 구분하고, 그 기준을 제시하여 학습자의 듣기, 말하기, 읽기, 쓰기의 능력이 종합적으로 향상될 수 있게 구성되었다.

64) 『国际汉语教师标准』는 2008년에 제정되었으며, 공자학원에 파견할 중국어 교사를 배양하기 위한 제정된 기준이다.

표준화 시험'이다. 이 평가는 "교육과정과 결합된 평가(考教结合)"를 원칙으로 삼고, "평가를 통해 교육과 학습을 촉진한다(以考促教, 以考促学)"는 목적으로 제정되었다. 또한 평가의 객관성, 정확성 그리고 학습자의 현재 수준에 중점을 두어, 학습자를 북돋을 수 있는 책략과 중국어 능력 향상에 주력하였다.[65]

이를 통해 『国际大纲』은 외국인 중국어 학습자의 중국어 교육에 중요한 기준이 되고, '新HSK'는 단순히 평가의 의미만을 지녔던 '旧HSK'와 달리 교육과정과 결합된 평가임을 알 수 있다. 따라서 중국어 교육요목에도 중요한 의미를 지닌다고 할 수 있다. 또한 이들은 적절한 중국어 교육요목이 아직 없고, 대부분 HSK의 성적으로 학습자 수준을 평가하는 한국인 학습자의 중국어 교육에도 많은 영향을 줄 것으로 여겨진다. 따라서 이 연구는 『国际大纲』과 『新HSK大纲』을 연구대상으로 삼고, 이 가운데 외국인 중국어 학습자의 정확하고 유창한 중국어 구사의 기준이 될 수 있는 '문법요목'[66]을 연구범위로 한다. 여기에 해당되는 중국어 교육문법 요목 『国际大纲(语法)』은 2008년에 제정되었고, 2009년에 교육과정과 결합된 평가 요목인 『新HSK大纲(语法)』이 제정되었다. 이들 두 요목이 차례로 제정되면서 전체 요목의 등급체계 변화와 함께 문법요목에도 변화가 있었다. 이는 중국어 교육문법체계의 변화와 연관성이 있다고도 할 수 있다. 이러한 관점에서 본고는 두 문법요목의 체계변화를 통해 중국어 교육문법체계의 변화를 살펴보고자 한다.

『国际大纲』과 『新HSK大纲』의 체계변화를 살펴보기 위해 이론적 배경과 구성체계를 먼저 살펴보고자 한다. 그리고 『国际大纲(语法)』과 『新HSK大纲(语法)』의 비교를 통해 등급체계와 문법항목의 상이점을 분석

---

65) 国家汉办/孔子学院总部(2009:서문), 『新汉语水平考试大纲 HSK一级』 참조.
66) 여기서 문법요목은 『国际大纲(语法)』과 『新HSK大纲(语法)』이다.

하여 문법체계의 변화를 살펴보고자 한다.

① 『国际大纲』과 『新HSK大纲』의 이론적 배경

『国际大纲』의 서문에 "『国际大纲』은 『国际汉语能力标准』과 『유럽공통참조기준(CEFR)』 등 국제적으로 공인된 언어능력 기준을 참고하였다."고 제시하였다. 그리고 『新HSK大纲』의 서문에도 『유럽공통참조기준』과의 대응관계를 제시함으로서 체계상의 상관성을 나타내고 있다. 이를 통해 『国际大纲』과 『新HSK大纲』 모두 『CEFR』을 참고하여 제정되었음을 알 수 있다. 정윤철(2010:2)에 따르면 『CEFR』은 2001년 유럽의회가 유럽 연합국의 공통적인 언어교육을 위해 제정한 지침으로 『国家汉语能力标准』에도 일정한 영향을 미쳤다. 이러한 각도에서 볼 때, '新HSK'는 『国家汉语能力标准』과 『CEFR』의 토대 위에서 연구되고 개발되었음을 추론할 수 있다고 하였다. 이와 같은 의견을 바탕으로 하여 이들의 상관관계를 도식화하면 다음과 같다.

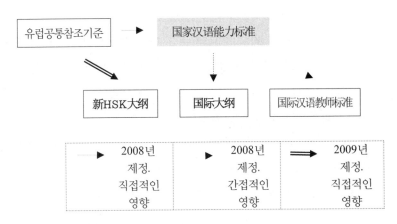

<그림 4> 『国际大纲』과 『新HSK大纲』의 이론배경 관계도

<그림 4>를 통해 『国家汉语能力标准』은 『CEFR』의 직적접인 영향을 받았다. 이는 다시 『国际大纲』과 『国际汉语教师标准』이 제정될 때 기준이 되었으므로 이들 두 요목도 『CEFR』의 간접적인 영향을 받았다고 할수 있다. 이후 2009년에 『新HSK大纲』은 『CEFR』과 등급체계가 일치되고, 이들의 등급관계도가 서문에 제시됨으로서 『CEFR』의 직접적인 영향을 받았다고 할 수 있다. 이것으로서 국제 중국어 교육정책에 『CEFR』이 미치는 영향은 『国际大纲』에서 『新HSK大纲』으로 변화된 등급체계를 통해서도 잘 알 수 있다. 2008년에 제정된 『国际大纲』은 '의사소통능력 향상'이라는 공통된 목적을 가진 『CEFR』과 함께 '언어기능'을 강조하여 제시되었다. 하지만 6급체계인 『CEFR』과 달리 5급체계로 제정되었다. 이는 기존 대외한어교육 및 旧HSK의 지침이 되고 있는 『汉语水平等级标准』의 분류 등급과 맞추려는 의도로 보인다.[67] 반면 2009년에는 『新HSK大纲』이 『CEFR』과 동일하게 6급체계로 제정되고, 언어의 기능적인 부분까지도 제시되었다. 이는 다시 말해서 중국어 교육에서 『CEFR』을 통해 외적으로는 중국어의 국제화라는 큰 목표를 실현하기 위해 각국 간의 수준 등급의 호환성과 교육 과정의 표준화 등을 고려하였고[68], 내적으로는 외국인 중국어 학습자의 언어지식과 기능을 종합하여 의사소통능력을 향상시키고자 하는데 주된 목적이 있다고 볼 수 있다.

② 『国际大纲』의 구성 체계

『国际大纲』의 전체 목적은 "외국인 중국어 학습자로 하여금 중국어의

---

67) 정윤철(2010:12) 참조.
  『汉语水平等级标准』의 구성체계는 '3等(初等, 中等, 高等)5级(1~5级)'이다.
  여기서 『汉语水平等级标准』은 1996년에 国家对外汉语教学领导小组办公室에서 제정한 『语法等级大纲』 가운데 중국어 등급 기준을 말한다.
68) 앞의 논문(2010: 23) 참조

언어지식과 기술을 동시에 학습하여 학습목적을 강화하고, 스스로 학습과 공동학습의 능력을 배양하여, 효과적인 학습책략을 형성하고, 최종적으로 언어의 종합적인 능력을 구비하는데 있다."69)이다. 이 목적에 근거하여 『国际大纲』을 전체 5등급으로 나누고, 등급별 목표도 구체적으로 제시되었다. 또한 전체적으로 '언어지식, 언어기능, 책략, 문화지식'의 네 분야로 나누고, 이들 분야별 내용은 다시 등급별로 제시되었다. 이들은 유기적인 관계를 통해 외국인 학습자가 중국어를 종합적으로 활용할 수 있게 구성하였다.

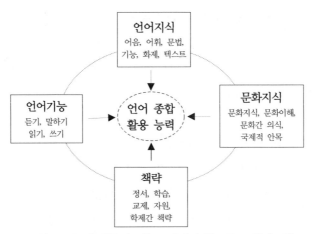

<그림 5> 국제 중국어교육 교과과정 목표구조 관계도70)

<그림 5>에서 '언어지식, 언어기능'은 등급별 목표가 세목별로 제시가 되어있지만, '책략, 문화의식'은 교육내용으로 제시되었다. 등급별 목표는 교사가 참고하여 학습자의 수준에 맞게 교육하게 된다. 이 가운데 '문법요목'이 포함된 '언어지식'의 '문법' 1급을 예로 살펴보면 다음과 같다.

---

69) 『国际大纲』(2008:서문) 참조.
70) 앞의 책(2008:서문)에서 인용

지 식	목표 기술
1급 목표	·학습자가 관계하고 있는 사람이나 일상생활에서 기본 언어재료를 이해하므로 비교적 정확하게 간단한 문장을 표현하고, 외우고, 베껴 쓸 수 있게 한다. ·중국어를 배우는 흥미와 자신감을 배양하기 시작한다. ·교사의 지도하에 초보적으로 간단한 학습책략, 의사소통책략, 자원책략, 학제간 책략을 접하게 한다. ·중국 문화를 이해하기 시작하고, 초보적인 문화간의식과 국제적 시야를 가질 수 있게 한다.
문법	[이해와 파악] 1. 기본어순 2. 상용문형, 일반의문문과 '不'를 사용한 부정문 3. 상용명사, 수사, 양사 4. 인칭대명사, 지시대명사 5. 사람과 사물을 기술하는 기본표현방식 6. 상용동사. 형용사와 정도부사
어음, 한자 어휘, 기능, 화제, 텍스트 생략	

<표 2>의 '언어지식' 1급은 제시된 등급별 목표에 근거하여 '어음, '어휘, 문법, 기능, 화제, 텍스트'등 세부적으로 구분되었다. 그리고 <표 14>은 이 가운데 '문법' 1급에 해당되는 기준을 소개한 것이다.

③『新HSK大纲』의 구성 체계

『新HSK大纲』은 중국어가 모국어가 아닌 학습자가 생활, 학습, 업무에 있어 중국어 교제능력을 평가하고자 하는 데 중점을 두었다. 따라서 '旧HSK'와 달리 '의사소통능력 향상'이라는 목적에 부합하기 위해 '구두시험'과 '필기시험'으로 구분시켰고, '구두시험'은 3급(초·중·고급)체계

---

71)『国际大纲』(2008:3-4) 참고.

이고, '필기시험'은 6급(1~6급)체계이다. 그리고『新HSK大纲』의 서문에 『国际大纲』과『CEFR』의 등급별 대응관계가 다음과 같이 제시되었다.

<표 15> 『国际大纲』과『CEFR』의 등급관계도[72]

新HSK	어휘량	国家汉语能力标准	CEFR
HSK 6급	5000及以上	5급	C2
HSK 5급	2500		C1
HSK 4급	1200	4급	B2
HSK 3급	600	3급	B1
HSK 2급	300	2급	A2
HSK 1급	150	1급	A1

<표 15>는 '新HSK'의 등급과『国际汉语能力标准』,『CEFR』과의 관계뿐만 아니라 등급별 어휘량도 함께 제시되었다. 여기에 해당되는 어휘는『新HSK大纲』의 '어휘요목(『新HSK大纲(词汇)』'에서 상세히 다루고 있고, '문법요목(『新HSK大纲(语法)』)'도 함께 다루고 있다. 그러나『新HSK大纲(语法)』에서 문법항목은 1급부터 3급까지만 제시되었다. 이는 <표 17>에서 다루기로 한다.

『新HSK大纲』의 서문에 제시된 등급별 기준을 소개하면 다음과 같다.

· 新HSK 1급 : HSK 1급을 통과한 학습자는 간단한 중국어 어휘와 문장을 이해하고 사용할 수 있으며, 구체적인 교제가 가능하고, 중국어를 학습할 수 있는 능력을 구비한다.
· 新HSK 2급 : HSK 2급을 통과한 학습자는 중국어로 익숙한 일상 화제를 간단하고, 직접적으로 교제할 수 있다.

---

72) 国家汉办/孔子学院总部(2010:1),『新汉语水平考试大纲 HSK一级』에서 인용.

- 新HSK 3급 : HSK 3급을 통과한 학습자는 중국어로 생활, 학습, 업무 등의 기본적인 교제의 임무를 완수 할 수 있다. 또한 중국에서 여행할 때 직면하게 되는 대부분의 교제에 대응할 수 있다.
- 新HSK 4급 : HSK 4급을 통과한 학습자는 중국어로 비교적 광범위한 화제에 대해 논의할 수 있고, 비교적 유창하게 중국인과 교류할 수 있다.
- 新HSK 5급 : HSK 5급을 통과한 학습자는 중국어 간행물을 읽을 수 있고, 영화나 TV를 시청할 수 있으며 중국어로 강연할 수 있다.
- 新HSK 6급 : HSK 6급을 통과한 학습자는 수월하게 정보를 듣고, 읽고 이해할 수 있으며 회화나 서면어의 중국어로 자기의 의견을 유창하게 표현할 수 있다.

1) 『国际大纲(语法)』과 『新HSK大纲(语法)』의 비교분석

① 등급체계의 상이점

앞에서도 언급했듯이 『国际大纲(语法)』와 『新HSK大纲(语法)』의 등급체계는 다르다. 『国际大纲(语法)』는 『国际汉语能力标准』과 동일하게 5등급 체계이며, 등급별 목표에 따라 문법항목이 배열되었다. 『新HSK大纲(语法)』의 기준인 『新HSK大纲』은 『CEFR』과 같이 전체 6등급 체계이다. 하지만 『新HSK大纲(语法)』는 문법항목이 3급까지만 배열되어 있다. 우선 『国际大纲(语法)』의 등급체계는 전체 5등급은 다음과 같다.

<표 16> 『国际大纲(语法)』의 문법등급 분포도

1급 문법	2급 문법	3급 문법	4급 문법	5급 문법
<이해와 파악> 1.기본어순 2.상용문형 3.일반의문문 4.수사,상용양사 5.인칭대명사 6.지시대명사 7.상용정도부사 8.사람·사물을 기술하는 기본 표현방식 9."不"를 사용한 부정문	<이해와 파악> 1.시간, 장소, 방향의 기본 표현 방식 2.인민폐, 금액 3.부사어, 한정어의 기본 구조와 기능 4.특수의문문 5.존재의표현 방식 6.바람의 표현방식	<이해와 파악> 1.상용전치사 2.기본비교문 3.사건이나 행위의 진행표현 기술방식 4."了"의 기본용법 5."没有"의 부정문 6.상용조동사	<이해와 파악> 1.상용시간부사 2.조사"过"의 용법 3.시량보어 4.동량보어 5.'是-的구문'의 용법 6.겸어문 7.상용복문	<이해와 파악> 1.결과보어 방향보어 가능보어 정도보어 2.'把구문' 3.피동의미의 표현 4.각종복문
1.동사술어문 (是, 有)	1.시간명사 (년, 월, 일·주·시간)	1.전치사 (공간위치: 从, 向 从-到-)	1.시간부사 (还, 已经, 再 又, 就才)	1.결과보어 (일반형용사 "完, 到, 好' 부정식)
2.일반의문문 (吗, 吧, 呢)	2.금액	2.진행표현	2.'조사了'	2.결과보어가능식
3.형용사술어문	3.명사술어문 (시간, 금액)	3. '조사着'	3.'조사过'	3.상용가능보어
4.명사술어문 (연령/출신지)	4.시간부사어	4. 존현문	4.시량보어	4.방향보어 (단순, 복합방향 보어, 파생 용법, 가능식)
5."不" 부정문	5.장소부사어	5.'조사了'	5.동량보어 (次, 遍, 趟)	5.정도보어
6.명령문(请+동사)	6.소속관계표현	6."没有"부정문	6.비교문	6.把구문
7.감탄문	7.방위사	7.동등 표현	7.겸어문	7.피동의미표현 (의미상피동문, 被자문)

8.인칭대명사 (복수형인칭대 명사, 지시대 명사)	8.의문대명사 의문문	8.비교문	8.특수문 '是~ 的구문' (시간, 장소, 방식강조)	8.각종복문
9.정도부사부사 어(很)	9.존재표현 (在, 是, 有)	9.부사 "最"	9."怎么了"의 문문	
10.수사	10.거리표현(离)	10.이중목적어구문	10.복문	
11.상용양사 (个·名)	11.바람표현 (要, 想)	11.연동문		
12.접속사(和)	12."的"구조	12.선택의문문		
	13.동사중첩	13.정반의문문		
	14. 상용양사 (件, 条, 块, 张, 斤)	14."怎么" 의문방식		
	15.범위부사부사 어(都/也)	15."怎么样, 好吗, 可以吗, 行吗"의문문		
		16.조동사: "能, 会, 可以, 应该, 愿意"		
		17.전치사 (대상: 跟, 给)		

<표 16>는 전체 5등급으로 등급별 기준에 따라 필요한 문법항목만 제시되었다. 그리고 『新HSK大纲(语法)』과 비교하기 위해 『国际大纲(语法)』 3급까지의 등급체계를 중점적으로 살펴보기 위해 구분하여 표시하였다.

3급까지 두 등급에 배열된 문법항목은 '명사술어문' 뿐이라는 것이다.

1급은 기본적인 표현으로 쓰이는 '동사·명사·형용사술어문'이 분포되어 있고, 이를 구성하는 기본 품사인 '인칭대명사, 정도부사부사어

"很", 수사, 양사 "个, 名" 등이 제시되었다. 또한 이들 문장의 부정 형태인 '不부정문'과 "请"으로 표현한 명령문, "吗, 吧, 呢"로 표현하는 일반의문문이 제시되었다. 따라서 1급은 기본적인 문장과 이들의 의문과 부정을 표현하기 위한 문법항목들로 배열되어 있음을 알 수 있다. 2급은 '시간 표현'을 하기 위한 명사술어문(시간)과 함께 '시간명사(년, 월, 일, 주, 시간), 시간부사어, 조동사 "要, 想"을 사용한 바람표현'이 제시되었다. 그리고 금액과 관련된 '돈 단위'와 '명사술어문(금액)'이 제시되고, 방향과 장소를 표현하기 위한 '방위사, 장소부사어, 존재표현(在, 是, 有), 전치사 "离"를 사용한 거리표현'도 다루었다. 또한 1급보다 난이도가 높은 '동사중첩, 상용양사 "件, 条, 块, 张, 斤", 범위부사부사어 "都/也", "的"을 사용한 소속관계, 의문대명사 의문문'등이 제시되었다. 3급은 사건이나 진행표현을 기술하기 위한 '진행표현, 조사着, 조사了'와 함께 이를 부정할 때 사용되는 '没有부정문'이 제시되었다. 그리고 기본적인 비교를 표현하기 위한 '부사 "最", 비교문'이 제시되었으며, 대상을 나타내는 전치사 "跟, 给"과 함께 '동등표현'도 다루었다. 그 밖에도 2급보다 난이도를 높인 '전치사 "从, 向, 从~到~", 조동사 "能, 会, 可以, 应该, 愿意"'와 동사술어문에서 확대된 '연동문, 이중목적어 구문, 존현문'이 제시되었고, '怎么의문방식, 怎么样, 好吗, 可以吗, 行吗의문문, 정반의문문, 선택의문문' 등의 의문문도 제시되었다. 3등급 체계로 구성된 『新HSK大纲(语法)』의 등급체계를 살펴보면 다음과 같다.

新HSK 1급	新HSK 2급	新HSK 3급
1. 인사, 작별 2. 간단한 자기소개 (성명, 연령, 주소, 가정, 취미, 능력 등) 3. 감사, 사과 4. 수량표현 5. 시간(분, 시간, 년, 월, 일, 요일) 6. 간단한 기술(날씨, 방위, 크기, 양 등) 7. 간단한 질문에 대한 답 (쇼핑, 교통 등) 8. 표현, 간단한 요구, 요청에 대한 이해(학습, 일 등) 9. 간단한 감정 표현	1. 인사, 작별 2. 간단한 자기소개 (성명, 연령, 주소, 가정, 취미, 능력 등) 3. 감사, 사과, 환영 4. 수량표현, 순서 5. 시간(분, 시간, 년, 월, 일, 요일, 일, 현재, 과거, 미래 등) 6. 간단한 기술(날씨, 방위, 크기, 양, 옳고 그름, 심경, 색깔 등) 7. 간단한 질문에 대한 답 (쇼핑, 교통, 진찰, 운동, 오락 등) 8. 표현, 간단한 요구, 요청에 대한 이해 (학습, 일 등) 9. 간단한 감정 표현, 관점 10. 다른 이의 관점에 대한 질문 11. 건의 12. 비교 13. 원인 해석	1. 인사, 작별 2. 간단한 자기소개(성명, 연령, 주소, 가정, 취미, 능력, 성별, 호칭, 외모, 성격 등) 3. 감사, 사과, 환영, 축하 4. 수량표현, 순서 5. 시간(분, 시간, 년, 월, 일, 요일, 일, 현재, 과거, 미래 등) 6. 간단한 기술(날씨, 방위, 크기, 양, 옳고 그름, 심경, 색깔, 계절 등) 7. 간단한 질문에 대한 답 (쇼핑, 교통, 진찰, 운동, 오락 등) 8. 표현, 간단한 요구, 요청에 대한 이해 (학습, 일 등) 9. 간단한 감정 표현, 관점 10. 다른 이의 관점에 대한 질문 11. 건의 12. 비교, 선택 13. 원인 해석 14. 강조, 감탄 표현 15. 정도, 빈도표현 16. 경고, 권고, 위로, 격려 17. 논리관계 표현
1.대명사 인칭대명사: 我, 你, 他, 她, 我们, 你们, 他们, 她们 지시대명사: 这, 这儿, 那, 那儿 의문대명사: 谁, 哪(哪儿),	1.대명사 인칭대명사: 我, 你, 他, 她, 我们, 你们, 他们, 她们 지시대명사: 这, 这儿, 那, 那儿 의문대명사: 谁, 哪(哪儿),	1.대명사 인칭대명사: 我, 你, 他, 她, 我们, 你们, 他们, 她们, 您, 它, 它们, 大家, 自己 지시대명사: 这, 这儿, 那, 那儿, 每, 这么, 那么, 其他

73) 밑줄이 그어진 항목은 등급이 높아지면서 새로 추가된 어휘들이고, 진하게 표기된 것은 새로이 추가된 문법항목들이다.

什么, 多少, 几, 怎么, 怎么样	什么, 多少, 几, 怎么, 怎么样	의문대명사: 谁, 哪(哪儿), 什么, 多少, 几, 怎么, 怎么样, 为什么
2.수사: 시간, 연령, 금액, 번호	2.수사: 시간, 연령, 금액, 번호, 순서, 중량	2.수사: 시간, 연령, 금액, 번호, 순서, 중량, 길이, 어림수
3.양사: 수사 뒤에 사용 (这, 那 뒤에 사용)	3.양사: 수사 뒤에 사용 这, 那, 几, 每 뒤에 사용	3.양사: 수사 뒤에 사용 这, 那, 几, 每 뒤에 사용
4.부사	4.부사	기타: 他坐了一会儿 快一点儿
부정부사: 不	부정부사: 不, 没, 别	4.부사
정도부사: 很, 太	정도부사: 很, 太, 非常, 最	부정·긍정부사: 不, 没, 别, 一定, 必须
범위부사: 都	범위부사: 都, 一起	
5.접속사: 和	시간부사: 正在, 已经, 就	정도부사: 很, 太, 非常, 最, 更, 越, 特别, 多(么), 极, 几乎
6.전치사: 在(결과보어로 쓰임)	어기부사: 也, 还, 真	
	빈도부사: 再	범위부사: 都, 一起, 一共, 只
7.조동사: 会, 能	5.접속사: 和, 因为~, 所以~, 但是	시간부사: 正在, 已经, 就, 先, 才, 一直, 总是, 马上
8.조사		
구조조사: 的	6.전치사: 在(결과보어로 쓰임) 从, 对, 比, 向, 离	어기부사: 也, 还, 真, 终于, 其实, 当然
어기조사: 了, 吗, 呢		
9.진술문: 긍정문, 부정문 (不, 没)	7.조동사: 会, 能, 可以, 要, 可能	빈도부사: 再, 又, 经常
10.의문문	8.조사	6.접속사: 和, 因为~, 所以~, 但是, 虽然, 而且, 然后, 如果, 一边, 或者, 还是
吗, 呢, 谁, 哪, 哪儿, 什么, 多少, 几, 怎么, 怎么样	구조조사: 的, 得	
	어기조사: 了, 吗, 呢, 吧	7.전치사: 在, 从, 对, 比, 向, 离, 跟, 为, 为了, 除了, 把, 被, 关于
11.명령문: 请	동태조사: 着, 了, 过	
12.감탄문: 太	9.감탄사: 喂	8.조동사: 会, 能, 可以, 要, 可能, 应该, 愿意, 敢
13.특수문:	10.동사중첩	
'是자문'	11.진술문: (긍정문, 부정문: 不, 没)	9.조사
'有자문'		구조조사: 的, 得, 地
'是~的자문'(시간, 장소, 방식 강조)	12.의문문:	어기조사: 了, 吗, 呢, 吧
	吗, 呢, 吧,谁, 哪, 哪儿, 什么, 多少, 几, 怎么, 怎么样, 为什么, 多	동태조사: 着, 了, 过
14.동작의 태: "在~ 呢" 동작의 진행		10.감탄사: 喂, 啊
	정반의문문	11.동사중첩
	好吗?	12.진술문
	13.명령문: 请, 别, 不要	(긍정문, 부정문: 不, 没, 别)
	14.감탄문: 太, 真	13.의문문
	15.특수문:	

	'是자문' '有자문' '是~的자문'(시간, 장소, 방식 강조) 비교문 16.동작의 태: "在~呢" 동작의 진행 "正在" 동작의 진행 "了", "过" 동작의 완성 "要~了" 동작(변화)발생하려함 "着"동작(상태)의 지속	吗, 呢, 吧 谁, 哪, 哪儿, 什么, 多少, 几, 怎么, 怎么样, 为什么, 多 정반의문문 好吗?, 对吗?, 可以吗? 선택의문문 14.명령문: 请, 别, 不要 15.감탄문: 太, 真, 多么(多), 极了 16.특수문 '是자문' '有자문' '是~的자문'(시간,장소,방식강조) 비교문 :比, 和(跟)~一样, 没有 (有)~那么(这么) '把자문' 피동문 연동문 존현문 겸어문 17.동작의 태 "在~呢" 동작의 진행 "正在" 동작의 진행 "了", "过" 동작의 완성 "要~了" 동작(변화)발생하려함 "着" 동작(상)의 지속

<표 17>에서 『新HSK大纲(语法)』는 『国际大纲(语法)』에서 다루었던 '문장분류', '품사', '특수문' 등을 대부분 다루고 있다. 그러나 조사 "了, 着, 过"로 제시되었던 것이 '동작의 태'으로 변경되어 제시되었다.

구체적으로 '문장분류'에서 '진술문, 의문문, 명령문, 감탄문'은 1급부터 전 등급에 모두 분포되어 있고, 등급이 높아질수록 '의문대명사 의문문'에 새로운 의문대명사가 추가되거나, '정반의문문, 선택의문문'이 새

로이 추가되었다. '품사'인 '대명사, 수사, 양사, 부사, 접속사, 전치사, 조동사, 조사'등은 1급부터 전 등급에 분포되어 있다. 그 중 '수사, 양사, 부사, 접속사, 전치사, 조동사'는 등급이 높아질수록 새로운 어휘가 추가되었고, '시간, 어기, 빈도, 긍정부사', '조사(동태조사)' 등의 문법항목이 추가되었다. '문장성분'은 전치사 "在"가 문장 내에서 결과보어로 쓰인 예74)만을 제시하고, 그 밖에는 전혀 언급되지 않았다. '특수문'에서 '是자문, 有자문, 是~的자문'은 1급부터 전 등급에 분포되었고, 2급에서는 '비교문'이 새로 추가되었으며, 3급에서 '把자문, 피동문, 연동문, 존현문, 겸어문'이 새로 추가되었다. '동작의 태'에서 '동작의 진행'은 1급부터 전 등급에 다루었고, '了, 过의 완성', '着의 동작 지속', '要~了 동작의 발생(변화)'는 2, 3급에 모두 제시되었다. 특징적인 것은 "了"는 1급에서 '어기조사'로, 2급에서 '어기조사', '동태조사'로 구분하여 제시되었다. 이것으로 문법항목이나 문법항목에 해당되는 어휘들이 난이도에 따라 2급과 3급에 새로 추가되어 등급이 구분되었을 알 수 있다.

이상의 분석을 토대로 『国际大纲(语法)』과 『新HSK大纲(语法)』의 등급체계에 다소 차이가 있음을 알 수 있다. 그 상이점을 정리하면 다음과 같다.

첫째, 『国际大纲(语法)』는 전체 5등급에 문법항목이 배열되어 있다. 반면, 『新HSK大纲(语法)』는 3급까지만 배열되어 있다. 이후에 6급까지 더 제정을 할지, 3급까지만 제시한 것인지는 『新HSK大纲(语法)』에는 전혀 언급되어 있지 않다.

둘째, 『国际大纲(语法)』 1급은 기본적인 표현과 문장분류와 관련된 문법항목들을 중점적으로 다루었고, 2, 3급으로 높아지면서 시간, 방향 등을 표현하기 위한 문법항목과 사건, 행위 진행을 기술하기 위한 문법항목

---

74) 『新HSK大纲(语法:一级)』(2009:33), 예 "我住在北京。"만 제시함.

들이 제시되었다. 그리고 대부분의 문법항목이 한 등급에만 배열되어 있다. 반면 『新HSK大纲(语法)』은 기본적인 '품사, 문장분류, 특수문, 동작의 태'가 1급부터 3급까지 전 등급에 배열되어 있어 두 요목의 등급체계의 배열방식에 차이가 있음을 알 수 있다.

셋째, 『国际大纲(语法)』는 대부분의 문법항목이 한 등급에 배열되어 등급이 높아질수록 문법항목이 새로이 추가되었다. 반면 『新HSK大纲(语法)』는 1급에 배열되는 문법항목은 전 등급에 배열되었으며, 등급이 높아질수록 난이도에 따른 어휘나 문법항목이 새로 추가되었다. 예로 '품사'와 '문장유형'의 대부분은 "어휘"가 새로 추가되었고, '동작의 태'와 '특수문'은 "문법항목"이 새로 추가되었다.

② 문법체계의 상이점

『国际大纲(语法)』의 문법체계는 전통적인 문법체계와 달리 각 등급의 목표에서 요구되는 문법항목만을 제시하여 기능 위주의 문법체계를 형성하였다. 이 요목의 문법체계를 『新HSK大纲(语法)』와 비교하기 위해 1급~3급, 4급~5급으로 구분하여 정리하면 다음과 같다.

<표 18> 『国际大纲(语法)』 문법체계[75]

분류	1급~3급의 문법체계	4급~5급의 문법체계
품사	동사중첩, 조동사(能, 会, 可以, 应该, 愿意), 인칭 · 지시 · 의문대명사, 방위사, 수사, 접속사(和), 전치사(跟, 给), 부사(最), 상용양사(个, 名, 件, 条, 块, 张, 斤)	시간부사 (还, 已经, 再-又, 就-才)

---

75) 〈표 18〉은 문법체계는 전통적인 방식으로 분류하고 있는 1996년에 중국에서 내 · 외국인 학습자를 위해 제정된 '중국어문법교육요목'인 『语法等级大纲』의 기준에 근거하여 분류하였다.

문장 성분		· 부사어: 정도부사 부사어, 시간부사어, 장소부사어, 범위부사어 (也, 都)	· 보어: 시량보어, 동량보어(次, 遍, 趟), 결과보어(일반형용사, 完, 到, 好), 결과보어가능식, 상용가능보어, 정도보어, 방향보어(단순,복합, 파생용법 가능식)
문장 분류	[술어성질에 따른 분류]: 동사술어문, 형용사술어문, 명사술어문 (연령, 출신지,시간,금액)		
	[용도에 따른 분류]: · 의문문: 일반의문문, 의문대명사의 문문, 선택의문문, 정반의문문, "怎么"를 사용한 의문문, "怎么了"를 사용한 의문문, "怎么样"를 사용한 의문문 · 명령문: 请+동사 · 감탄문: 真, 太 · 부정문: "不"를 이용한 부정문, "没有"를 이용한 부정문		
	[구조에 따른 분류]: 구: '的자 구문'	문장: 1) 복문 2) 각종복문	
특수문	존현문, 비교문, 연동문	비교문, 겸어문, 是…的구문 把자문,피동문(의미상피동문포함)[76]	
동작 의태	진행형, "着"의 용법, "了"의 용법,	"过"의 용법, "了"의 용법	
표현 방식	소속관계표현(명사/대명사+的+명사) 존재표현 (有, 是, 在), 거리표현 (离), 바람표현 (要, 想), 동등표현(跟, 和… 一样), 금액표현, 사건진행 표현		

---

76) 표현항목의 '피동표현'과 중복된다.

<표 18>에서 『国际大纲(语法)』를 '품사, 문장성분, 문장분류, 특수문, 동작의 태, 표현방식'의 기준에 따라 분류하였다. 이 중에 1급부터 3급까지의 문법체계를 중점적으로 분석하면 다음과 같다.

'품사'는 전통적인 문법체계를 따르고 있는 『语法等级大纲』와 같이 '명사, 형용사, 동사, 수사, 조사, 감탄사, 의성사' 등을 모두 다루지 않고, 단지 동사에서 '동사의 중첩, 조동사', 명사의 '인칭 · 지시 · 의문대명사, 방위사'만을 다루었다. 그러나 부사는 '정도 · 시간 · 범위부사'의 문장 내 기능이 상세하게 제시되었다. 이것으로 실제 의사소통에서 중요한 의미 기능을 하는 품사가 중점적으로 제시되었음을 알 수 있다.

'문장성분' 중에 '관형어, 주어, 목적어'는 다루지 않고, 1급에서 3급까지는 '정도부사가 부사어로 쓰인 경우, 시간부사어, 장소부사어, 범위부사어'를 다루었다. 그리고 중국어의 특징이 잘 반영되어 있고, 외국인 학습자에게 난이도가 비교적 높은 '결과보어, 정도보어, 시량보어, 동량보어, 방향보어, 결과보어 가능식, 상용가능보어'는 4, 5급에 제시되었다.

'문장분류'는 기능별로 구분한 '술어의 성질에 따른 분류, 용도에 따른 분류, 구조에 따른 분류' 모두를 다루었다.

'특수문'은 『语法等级大纲』과 거의 동일하게 제시되었고, 그 중에 '有자문, 是자문'은 특수문이 아닌 '존재표현'으로 제시되었다는 것이 특징이다. 그리고 1급부터 3급까지는 '존현문, 비교문, 연동문'이, 4급부터 5급까지는 '비교문, 겸어문, 是~的구문, 把자문, 피동문(의미상피동문 포함)' 등이 제시되었다.

'동작의 태'는 『语法等级大纲』에서 제시된 '완료태, 지속태, 경험태, 진행태, 변화태'와는 달리 조사 "了, 着, 过"로 구분되었다. 이 가운데 '조사 了'는 '완료태'와 '변화태'의 예문을 소개하고 있어 이들 내용이 포함되어 있음을 알 수 있다.

'표현방식'은 의사소통 능력 향상이라는 목적으로 의미기능에 중점을 둔 특징적인 항목이다. 예로 '존재표현"有, 是, 在", 거리표현 "离", 바람표현 "要, 想", 동등표현 "跟, 和~一样 / 跟·和~(不)一样+형용사", 금액표현, 사건진행표현 "正~呢", 피동표현(의미상피동문 포함)' 등이 있다.

이것으로『国际大纲(语法)』은 실제 의사소통에서 필요한 기능 중심의 항목만을 다루었음을 알 수 있다. 그리고 외국인 학습자가 어려워하거나 혼란스러워 할 수 있는 문법항목을 구체적이고, 상세하게 분류하여 다루었음을 알 수 있다.[77] 그렇다면『新HSK大纲(语法)』와의 비교범위에 포함되는 3급까지의 문법체계는 '기본적인 품사 (동태조사 了, 着), 문장성분(부사어), 표현항목, 구조가 간단한 특수문'이 중점적으로 제시되었다. 반면 4급에서 5급까지는 의미기능이 다양한 '부사, 조사(동태조사 过), 난이도가 높고 구조가 복잡한 보어, 특수문, 복문'등이 중점적으로 제시되었다. 따라서『国际大纲(语法)』3급까지의 문법체계는 기본적이고, 구조가 간단하며 난이도가 낮은 항목의 문법항목으로 구성되어 있음을 알 수 있다.

『新HSK大纲(语法)』의 문법체계도『国际大纲(语法)』과 동일한 기준에 따라 분류하여 다음과 같이 정리하였다.

<표 19>『新HSK大纲(语法)』문법체계

분류	『新HSK大纲(语法)』의 문법체계(1급~3급)
품사	대명사(인칭, 지시, 의문 대명사), 수사(시간, 연령, 금액, 번호, 순서, 중량, 길이, 어림수) 부사(부정·긍정, 정도, 범위, 시간, 어기, 빈도부사) 조사(구조, 어기, 동태조사), 양사, 접속사, 조동사
문장성분	없음(1급: 전치사 "在"의 결과보어용법만 제시)

77) 위수광(2010:55-56) 참조.

문장분류	[술어성질에 따른 분류]: 없음 [용도에 따른 분류] ·진술문(긍정, 부정: "不" "没有") ·의문문: 일반의문문, 의문대명사의문문, 정반의문문 ·명령문: 请, 别, 不要 ·감탄문: 太, 真, 多么(多), 极了 [구조에 따른 분류] 구의 "的" 구문, 복문, 각종복문에 대한 언급이 없음
특수문	有자문, 是자문, 是~的구문, 비교문, 把자문, 피동문, 연동문, 존현문, 겸어문,
동작의 태	"在~呢", "正在": 동작의 진행 "了", "过": 동작의 완성 "要~了": 동작(변화)이 발생하려함 "着": 동작(상태)의 지속
표현방식	없음

<표 19>를 통해서 『新HSK大纲(语法)』의 '품사, 특수문, 동작의 태'는 『国际大纲(语法)』와 거의 유사하게 제시되었고, '문장성분, 문장분류, 표현방식'에 차이가 있음을 알 수 있다.

'품사'는 『国际大纲(语法)』와 거의 동일하다. 물론 세부적으로는 '부사, 수사'에 해당되는 어휘들이 새로 추가되었다. '문장성분'은 모두 다루지 않았고, 단지 전치사 "在"를 제시할 때 '결과보어'로 사용된 예(我住在北京)만이 제시되었을 뿐이다. '문장분류'는 『国际大纲(语法)』의 '용도에 따른 분류'에 해당되는 것만 제시되었다. 하지만 '부정문'으로 제시되던 것이 '진술문(긍정, 부정문)'으로 수정되어 제시되었다. '명령문'과 '감탄문'은 『国际大纲(语法)』에서 보다 어휘가 새로 추가되었다. '특수문'은 『国际大纲(语法)』에서 '동사술어문'과 '존재표현'으로 제시되었던 '是자문, 有자문'이 다시 '특수문'으로 포함되면서 『语法等级大纲』과 거의 동

일하게 다루어졌다. 특히 『国际大纲(语法)』의 4, 5급에서 제시되던 난이도 높은 특수문들이 『新HSK大纲(语法)』의 3급에 거의 모두 다루어졌다. '동작의 태'의 '진행형'은 『国际大纲(语法)』와 같이 "在~呢", "正在"(동작의 진행) 로 동일하게 제시되었다. 그러나 『国际大纲(语法)』에서 조사 "了, 着, 过"만으로 제시되었던 것이 『新HSK大纲(语法)』에서 조사 "了", "过"는 '동작의 완성'으로, 조사 "着"는 '동작(상태)의 지속'으로, "要~了"는 '동작(변화)이 발생하려 함'으로 변화되었다. 이것으로 의미기능에 중점을 두고 보완되었음을 알 수 있다. 그리고 『新HSK大纲(语法)』의 '동작의 태'에 해당되는 문법항목은 『语法等级大纲』에서 제시된 '완료태', '지속태', '경험태', '진행태', '변화태'와 유사함을 알 수 있다.

이상 동일한 기준으로 『国际大纲(语法)』과 『新HSK大纲(语法)』의 문법체계를 비교분석해 보았다. 『新HSK大纲(语法)』은 동일한 기준으로 제정되었음에도 불구하고 1년 전에 제정된 『国际大纲(语法)』의 문법체계와는 다소 차이가 있었다. 이상의 분석을 토대로 두 요목 문법체계의 상이점을 정리하면 다음과 같다.

<표 20> 『国际大纲(语法)』과 『新HSK大纲(语法)』 문법체계의 비교

분류	『国际大纲(语法)』의 1급~3급	『新HSK大纲(语法)』의 1급~3급
품사	동사중첩, 조동사, 인칭·지시·의문대명사, 방위사, 수사, 접속사, 전치사(跟, 给), 부사(最), 상용양사	대명사(인칭, 지시, 의문 대명사), 수사(시간, 연령, 금액, 번호, 순서, 중량, 길이, 어림수), 부사(부정·긍정, 정도, 범위, 시간, 어기, 빈도부사), 조사(구조, 어기, 동태조사), 양사, 접속사, 조동사
문장 성분	·부사어: 정도부사 부사어, 시간부사어, 장소부사어, 범위부사어 (也, 都)	없음(1급: 전치사 "在"의 결과보어용법만 제시)

문장 분류	[술어성질에 따른 분류]: 동사술어문, 형용사술어문, 명사술어문 (연령, 출신지, 시간, 금액)	없음
	[용도에 따른 분류]: · 의문문: 일반의문문, 의문대명사의문 문, 선택의문문, 정반의문문, "怎么" 를 사용한 의문문, "怎么样"를 사용 한 의문문 · 명령문: 请+동사 · 감탄문: 真, 太 · 부정문: "不"를 이용한 부정문, "没 有"를 이용한 부정문	[용도에 따른 분류] · 진술문(긍정, 부정: "不" "没有") · 의문문: 일반의문문, 의문대명사의 문문, 정반의문문 · 명령문: 请, 别, 不要 · 감탄문: 太, 真, 多么(多), 极了
	[구조에 따른 분류]: 구: '的자 구문'	없음
특수문	有자문, 是자문, 존현문, 비교문, 연동문	有자문, 是자문, 是~的구문, 비교문, 把 자문, 피동문, 연동문, 존현문, 겸어문,
동작 의태	진행형, "着"의 용법, "了"의 용법,	"在~呢", "正在": 동작의 진행 "了", "过": 동작의 완성 "要~了": 동작(변화)이 발생하려함 "着": 동작(상태)의 지속
표현 방식	· 소속관계표현(명사/대명사+的+명사), 존재표현 (有, 是, 在), 거리 표현 (离), 바람표현 (要, 想), 동등 표현 (跟, 和~ 一样), 금액표현, 사건진행표현	없음

<표 20>는 『国际大纲(语法)』과 『新HSK大纲(语法)』의 1급부터 3급까지 문법체계를 비교한 것이다. 이를 분석하면 '품사'는 거의 동일하나, 『新HSK大纲(语法)』의 '부사, 수사, 접속사, 조동사'등은 더 많은 어휘를 다루고 있다. '문장성분'은 『国际大纲(语法)』에서 '부사어'를 중점적으로 다루었으나, 『新HSK大纲(语法)』에서는 "在"가 결과보어로 쓰인 예를 제외하고, 다른 문장성분은 전혀 언급되지 않았다. '문장분류'에서 『国际大纲(语法)』는 '술어성질에 따른 분류', '용도에 따른 분류', '구조에 따른

분류'로 구분하여 제시한 반면『新HSK大纲(语法)』는 '용도에 따른 분류'만을 다루었다. '특수문'은『国际大纲(语法)』에서 기본적인 것(有자문, 是자문, 존현문, 비교문, 연동문)만을 제시한 반면『新HSK大纲(语法)』는 난이도 높은 특수문을 모두 다루었다. '동작의 태'에서『国际大纲(语法)』는 어휘기능을 중점적으로 다루었고, "过"는 3급 이하에서 다루지 않았다. 반면『新HSK大纲(语法)』는 '동작의 태'에 해당하는 문법항목을 모두 다루었다. 그리고『国际大纲(语法)』의 가장 큰 특징인 '표현방식'의 문법 항목들은『新HSK大纲(语法)』에서 일반적인 문법항목으로 제시되고, '표현항목'으로 다루어지지 않았다.

이상의 분석을 통해『国际大纲(语法)』의 5등급에 제시된 전체 문법체계가『新HSK大纲(语法)』의 3등급에 거의 대부분이 다루어졌음을 알 수 있다.

4. 『新HSK大纲(语法)』의 체계

지금까지『国际大纲(语法)』과『新HSK大纲(语法)』의 비교 분석을 통해『新HSK大纲(语法)』은『国际大纲(语法)』과 동일한 기준으로 제정되었음에도 등급배열과 문법체계에 다소 차이가 있음을 알 수 있다. 바꿔 말하면 외국인 학습자를 위한 중국어 교육문법체계의 일부가 변화되었다고도 할 수 있다. 단순한 평가 기준이 아닌 "교육과정과 결합된 평가(考教结合)"을 원칙으로 제정된『新HSK大纲(语法)』의 체계변화는 외국인 중국어 학습자의 교육문법체계에도 중요한 의의를 갖는다고 할 수 있다. 이 절에서는 두 요목의 비교분석 자료를 토대로『国际大纲(语法)』과 달리『新HSK大纲(语法)』에서 등급체계와 문법체계의 변화를 구체적인 예를 통해 살펴보고자 한다.

1) 등급체계의 변화

『新HSK大纲(语法)』의 전체 3등급에 제시된 대부분의 문법항목은 『国际大纲(语法)』의 전체 5등급에 분포되어 있다.[78] 바꿔 말하면, 이는 『国际大纲(语法)』의 5등급에 분포된 대부분의 문법항목들이 3등급으로 분포되었다고도 할 수 있다. 따라서 『新HSK大纲(语法)』의 대부분 문법항목은 『国际大纲(语法)』에서 보다 낮게 등급배열 되었고, '연동문, 존현문'만이 동일등급에 배열되었다. 그리고 등급이 높게 배열 된 문법항목은 없다. 그렇다면 『新HSK大纲(语法)』의 3등급 체계로 제정되면서 낮은 등급으로 배열된 『国际大纲(语法)』의 문법항목들을 구체적으로 살펴보면 다음과 같다.

<표 21> 『国际大纲(语法)』에서 등급조정된 『新HSK大纲(语法)』의 문법항목

新HSK 1급	国际 등급	新HSK 2급	国际 등급	新HSK 3급	国际 등급
都(범위부사)	2	没(부정부사)	3	把자문	5
在(전치사: 결과보어)	5	正在(시간부사)	3	피동문	5
会, 能(조동사)	3	已经, 就(시간부사)	4	겸어문	4
的(구조조사)	2	也(어기부사)	3		
了(어기조사)	3	还, 真(어기부사)	4		
没(부정문)	3	从, 向(전치사)	3		
의문대명사 의문문	2	会, 能, 可以(조동사)	3		
'是~的자문(특수문)	4	着, 了(동태조사)	3		
"在~呢"동작의 진행	3	过(동태조사)	4		
(동작의 태)		비교문	4		
		"要~了"(동작의 태)	4		

78) 〈표 16〉 참조.

<표 21>의 문법항목들 모두『国际大纲(语法)』에서도 제시된 문법항목들이다. 하지만 오른쪽에 제시된『国际大纲(语法)』의 등급과 달리『新HSK大纲(语法)』에서 더 낮게 배열되었다. '新HSK 1급'의 문법항목은 대부분『国际大纲(语法)』에서 2~3급에 배열되었고, '新HSK 2급'의 문법항목은 주로 3~4급에 배열되었다. 그리고 '新HSK 3급'의 문법항목은 주로 5급에 배열되었던 문법항목이다. 특히 두 요목 3급에 분포되어 있는 문법항목들을 비교해보면 그 차이는 크다.『国际大纲(语法)』의 3급은 사건이나 진행표현을 기술하기 위한 '진행표현', 조사"着", 조사"了"와 이를 부정할 때 사용되는 "没有"부정문, 비교문 등이 제시되었고, 대상을 나타내는 전치사 "跟, 给"과 함께 '동등표현'을 다루는 수준이었다. 그러나 '新HSK 3급'은『国际大纲(语法)』5급에서 다루었던 '특수문(把자문, 피동문, 겸어문)'과 모든 '동작의 태'[79]의 항목이 제시되면서 같은 3급이지만 난이도의 차이가 있음을 알 수 있다. 게다가『国际大纲(语法)』4급에 제시된 '是~的자문'은 '是자문'과 함께 '新HSK 1급'에 배열되었다. 이들은 모두 "是" 사용하지만 문장 내에서 기능이 다르기 때문에 중국어 교육에서 선후관계를 고려해야 할 항목임에도 불구하고, 모두 '新HSK 1급'에 배열되어 있어 학습자의 혼란을 더욱 야기 시킬 수 있다. 또 '是~的자문'은 '이미 발생했음'을 나타낸다. 이는 이와 유사한 의미기능을 하는 동태조사 "了"(新HSK 2급)와도 상관관계를 고려해서 배열해야 할 필요가 있다고 여겨진다.

이상에서 살펴본 등급체계 변화와 문제점은『国际大纲(语法)』5등급 체계와『新HSK大纲(语法)』3등급 체계의 상관성 부족에 의한 것이라고 여겨진다. 정윤철(2010: 22)에 따르면 교육 설계라는 측면에서 볼 때, 교육 요목의 제정이 선행된 후 이를 기반으로 평가가 개발되기 마련이지만

---

79)『新HSK大纲』의 2급부터 모두 배열되었음.

현재 중국의 경우에는 '新HSK'를 먼저 6급 체계를 표방하였기 때문에 교육요목이 변화되지 않는다면 평가와 교육 요목 간의 불균형성이 생겨 불편함을 초래할 수 있다. 그러므로 교육 요목과 평가의 통일성 확보를 위해 평가가 역으로 교육 요목에 영향을 주는 현상이 생길 수 있을 것이라고 하였다. 이런 각도에서 볼 때 중국어 교육요목은 『新HSK大纲』과 동일하게 6등급 체계로 변화하게 될 것이다. 그렇다면 전체 3등급으로 제정되었는지 아니면 6등급 가운데 3급까지만 제정되었는지 정확히 알 수는 없는 『新HSK大纲(语法)』은 외국인 중국어 학습자를 위해서 『新HSK大纲』 체계와 함께 동일한 등급체계로 제시되는 것이 더 효율적이리라 여겨진다.

2) 문법체계의 변화

<표 20>에서 두 요목의 문법체계를 비교해 보았다. 이 비교를 통해 『新HSK大纲(语法)』는 『国际大纲(语法)』보다 문법항목이나 어휘가 새로이 추가되었음을 알 수 있었다. 또한 일부 문법항목은 내용이나 제시 유형이 수정되기도 하고, 누락된 문법항목도 있었다. 그럼, 『国际大纲(语法)』에서 보완, 수정, 누락된 『新HSK大纲(语法)』의 문법항목들을 구체적인 예를 통해 살펴보면 다음과 같다.

<표 22> 『国际大纲(语法)』에서 보완, 수정, 누락된 『新HSK大纲(语法)』의
문법항목

보완된 문법항목(내용)	누락된 문법항목(내용)
·부사-부정(別), 긍정(一定, 必须) 정도(更, 特别, 多(么), 极, 几乎) 범위(一起, 一共, 只)	·동사, 형용사, 명사술어문 ·이중목적어 구문 ·문장성분

시간(正在, 先, 一直, 总是, 马上)	결과보어가능식, 상용가능보어.
어기(终于, 其实, 当然), 빈도(经常)	방향보어(단순, 복합, 파생용법가능식),
· 접속사(因为~所以, 但是, 虽然, 而且,	정도보어, 동량보어, 시량보어 등
然后, 如果, 一边, 或者, 还是)	· 표현항목
· 전치사(在, 对, 比, 跟, 为, 为了, 除了,	· 부가의문문
把, 被, 关于)	· 범위부사(也)
· 조동사 (可能, 敢)	· 조동사(想)
· 구조조사 (得, 地)	
· 감탄사 (喂, 啊)	
· 명령문 (别, 不要)	
· 감탄문 (多(么), 极了)	

수정된 문법항목(내용)	
· 양사: 종류 소개(个, 本, 名 등)	→ 구문 소개(一个, 3本, 一双鞋 등)
· 还 : 시간부사	어기부사
· 真 : 정도부사	어기부사
· 부정문	진술문(긍정, 부정)
· 진행표현	"在~呢", "正在" : 동작의 진행
· 조사 "了, 着, 过"	"了", "过" : 동작의 완성
	"要~了": 동작(변화)이 발생하려함
	"着": 동작(상태)의 지속

『国际大纲(语法)』에서 『新HSK大纲(语法)』으로 '보완'된 것은 대부분이 허사에 해당되는 어휘들이다. 예로 '부사'의 경우는 '부정·긍정·정도·범위·시간·어기·빈도부사'가 새로운 어휘와 함께 문법항목이 보완되었고, '접속사, 전치사, 조동사, 구조조사, 감탄사, 명령문, 감탄문'에서도 새로운 어휘가 보완되었다.

'수정'된 부분은 예만 제시하던 '양사'가 학습자가 문장을 효율적으로 활용할 수 있는 구문으로 제시되었다. 그리고 '부정문'은 긍정과 부정을 포함한 '진술문'으로 제시되었다. '동작의 태'에서 '진행표현'과 '조사 了, 着, 过'로 제시되던 것이 '동작의 진행"在~呢, 正在"', '동작의 완성"了, 过"', '동작(변화) 발생하려함 "要~了"', '동작(상태)의 지속"着"'으로 제시되어 의미기능이 더욱 보완되었음을 알 수 있다. 그 밖에 부사 "还, 真"은 명칭이 수정[80])되었다.

'누락'된 문법항목은 '용도에 따른 문장종류(동사·형용사·명사술어문)'와 의미기능과 관련된 '표현항목, 이중목적어구문, 문장성분, 부가의문문, 범위부사 也, 조동사 也' 등이 있다. 특히 문장성분 중에 외국인 학습자에게 난이도가 높고, 『国际大纲(语法)』에서 특징적으로 상세하게 제시되었던 보어 즉 '결과보어가능식, 상용가능보어, 방향보어(단순, 복합, 파생용법, 가능식), 정도보어, 동량보어, 시량보어'등이 모두 누락되었다.

『新HSK大纲(语法)』에서는 주로 다양한 의미기능을 하는 어휘와 문법항목이 보완되고, 단지 어휘만 제시하던 문법항목은 구문으로 상세하게 제시되면서 교육문법 체계가 다양한 의미기능에 중점을 두고 변화되었음을 알 수 있다.

동일한 기준에 의해 제정된 『国际大纲』과 『新HSK大纲』이 『CEFR』을 근거로 하여 등급체계가 변화됨을 살펴보았다. 이는 국가 간의 수준등급의 호환성과 교육과정의 표준화를 고려하고, 의사소통능력 향상에 비중이 커지면서 『新HSK大纲』이 6등급 체계로 바뀌고, 구두시험과 필기시험으로 분리되었다. 또한 『新HSK大纲』의 '교육과정과 결합된 평가(考教结合)'라는 원칙을 통해 중국어 교육요목과 연관된 평가임을 알 수 있었다.

---

80)　　　　　<표 23> 『新HSK大纲(语法)』에서 명칭이 변경된 어휘

	『国际大纲(语法)』	『新HSK大纲(语法)』
还	시간부사: 예) 玛丽还在看电视。 他们还没下班呢。	어기부사: 예) 他还没起床。
真	정도부사: 예) 布朗真忙。	어기부사: 예) 你的字写得真漂亮!

〈표 23〉의 부사 "还, 真"은 제시된 예를 통해서 유사한 의미기능을 함을 알 수 있다. 그러나 일관성 있게 제시되지 않아 문법교육에 있어 혼란을 야기 시킬 수 있는 부분이라 여겨진다.

이것으로 외국인 중국어 학습자의 의사소통 능력향상에 기준이 되는 『国际大纲(语法)』에서 『新HSK大纲(语法)』으로 체계변화는 중국어 교육문법체계 변화와 연관성을 갖는다는 것을 알 수 있었다. 이런 관점에서 이 연구는 『国际大纲(语法)』와 『新HSK大纲(语法)』의 등급체계와 문법체계의 비교를 통해 중국어 교육문법체계의 변화를 분석해 보았다.

우선 등급체계는 거의 대부분이 한 등급에 배열되어 있고, 등급이 높아질수록 문법항목이 추가된 『国际大纲(语法)』와 달리 『新HSK大纲(语法)』 1급의 문법항목은 전 등급에 배열되고, 등급이 높아질수록 어휘나 문법항목이 추가되었다. 그리고 『新HSK大纲(语法)』의 전체 3등급에 제시된 문법항목이 『国际大纲(语法)』 전체 5등급에 거의 대부분이 포함된다. 즉, 『国际大纲(语法)』 5등급의 문법항목이 3등급으로 분포되었다고도 볼 수 있다. 이 가운데 일부는 동일 등급에 배열되었으나 대부분이 낮은 등급으로 배열되었다. 등급별로 살펴보면, '新HSK 1급'의 문법항목은 대부분 『国际大纲(语法)』에서 2~3급에 배열된 항목이고, '新HSK 2급'의 문법항목은 주로 3~4급에 배열된 항목이다. 그리고 '新HSK 3급'의 문법항목은 주로 5급에 배열된 문법항목이다. 특히 '특수문(把자문, 피동문, 겸어문)'과 대부분의 '동작의 태'가 제시됨으로 『国际大纲(语法)』의 3급과 난이도에 차이가 있음을 알 수 있었다.

다음으로 『新HSK大纲(语法)』의 문법체계는 『国际大纲(语法)』에서 일부 어휘나 문법항목이 보완되거나, 내용과 제시 유형이 수정되거나, 누락된 문법항목도 있었다. '보완'된 것은 대부분이 허사에 해당되는 어휘들이다. 예로 '부사'의 경우는 '부정 · 긍정 · 정도 · 범위 · 시간 · 어기 · 빈도부사'와 '접속사, 전치사, 조동사, 구조조사, 감탄사, 명령문, 감탄문'에 어휘가 새로 보완되었다. '수정'된 부분은 '양사'가 예만 제시되던 것이 구체적인 구문으로 제시되었다. 그리고 '부정문'은 '진술문(긍정, 부정)'으로 제시되고, '동작의 태'도 의미기능이 더욱 보완되었다. '누락'된 문법항목으로 '용도에 따른 문장종류(동사·형용사·명사술어문)'와 의미기능과 관련된 '표현항목, 이중목적어구문, 문장성분, 동사중첩, 부가의문문, 범위부사 也, 조동사 也' 등이 있다. 특히 외국인 학습자에게 난이도가 비교적 높은 '보어'가 모두 누락되었다. 이 누락된 문법항목에 대해서는 외국인 학습자의 특징과 교육문법체계에 대한 연구를 통해 다시 재고해 보아야 할 것이다.

이상의 내용을 통해 『国际大纲(语法)』이 『新HSK大纲(语法)』으로 제정되면서 문법체계는 보다 다양한 의미기능에 중점을 두고 변화되었음을 알 수 있다. 그러나 『新HSK大纲(语法)』는 6등급인 『新HSK大纲』과 등급의 차이로 인해 난이도상의 불균형, 문법항목 간의 상관관계, 문법항목의 누락, 문법항목의 일관성에 문제가 발생할 수 있다고 여겨진다. 이러한 문제를 해결하기 위해서는 『新HSK大纲(语法)』이 『新HSK大纲』과 동일한 6등급 체계로 갖추어야 할 것이다. 또한 앞에서 지적된 문제에 대해서도 지속적인 연구가 이루어져야 하며, 이러한 연구를 통해 중국어 교육문법에 기준이 되는 중국어 교육문법요목이 마련될 수 있고, 보다 과학적이고 효율적인 문법교육이 질 수 있다고 여겨진다.

III

중국어 교육요목의 의사소통 기능항목 연구

    전 세계적으로 중국어 학습자가 급속히 증가하면서 외국인 중국어 학습자에 대한 많은 관심을 갖게 되었다. 더불어 중국어교육의 목적 또한 외국인 학습자 중심으로 바뀌어 가고 있다. 따라서 외국인 학습자의 의사소통능력 향상이라는 중국어교육의 목적이 더욱더 부각되고, 중국어 교육현장에서는 이러한 목적을 반영하고자 하는 노력이 이루어지고 있다. 중국에서는 '对外汉语教学'에서 '国际汉语教学'로 범위를 확대시키고, 国家汉办에서는 『国际大纲』[81])을 제정하여 체계적이고 실용적인 중국어 교육을 표방하고 있다. 하지만 한국에서는 한국인 학습자를 위한 중국어 교육을 총괄할 수 있는 큰 틀이 제시되어있지 않다. 다시 말해서 중국어 교육현장에서 한국인 중국어 학습자를 위한 기준인 중국어 교육요목이 필요성은 많이 제기되고 있으나 없는 실정이다. 거의 대부분의 학습자가 수업의 교과목을 맡은 교수가 설정한 목표와 교재에 따라 수업이 진행되고 일정한 학습시간에 따라 주관적인 판단으로 新HSK를 치르고, 급수에 따라 중국어수준을 평가 받고 있다. 물론 新HSK의 등급과 의사소통능력

---

81) 『国际大纲』은 『国际汉语能力标准』을 기준으로 제정되었다. 이 장에서는 『国际汉语能力标准』은 언급하지 않고, 『国际大纲』만으로 기술하도록 한다.

이 비례하는 것도 아니다. 이와 같은 현상은 학습자와 교사가 공동으로 체감하고 있는 현실이다. 그렇다면 한국의 중국어 교육현장에 객관적인 기준인 중국어 교육요목을 적용하려고 하면 한국에서 선두적인 역할을 하는 중국어 평가 기준인 新HSK의 6등급 체계를 따를 것인지, 5등급체계인 『国际大纲』을 적용할 것인지 어려움이 있다. 따라서 이 연구에서는 『国际大纲』과 '新HSK'의 토대가 되었던 『CEFR』[82])에서 제시한 의사소통 기능항목을 분석하고, 『CEFR』와 『国际大纲』의 의사소통 항목간의 연계성을 분석해 보고자 한다. 이 연구는 향후 한국인 학습자에게 적절한 의사소통 기능항목을 선정하는 데 토대가 될 것이다.

중국어 교육요목인 『国际大纲』의 의사소통 기능항목과 『国际大纲』와 '新HSK'의 참고기준이 되었던 『CEFR』의 의사소통 기능항목을 논의의 대상으로 삼았다. 논의 과정으로 첫째, 『国际大纲』와 참고기준이 되었던 『CEFR』의 의사소통 능력 기능항목을 비교해 보고자 한다. 둘째, 『国际大纲』와 『CEFR』의 상호 연계성을 검토해 보고자 한다. 이런 분석을 통해 한국인 학습자에게 적절한 의사소통 기능항목 설정의 토대를 마련해 보고자 한다.

1. 교육요목간의 의사소통 기능항목 비교

2008년 国家汉办에서는 전 세계 외국인 중국어 학습자를 위해 중국어 교육요목 『国际大纲』을 제정하였다. 이는 의사소통능력 향상이라는 목표[83])를 가지고 있는 5등급 체계로 제정되어 있고, 능력기술방식도 기술

---

82) 『CEFR』을 기준을 삼은 이유는 『国际大纲』(5등급)과 『新HSK大纲』(6등급)가 제정에 중요한 참조기준이 되었으므로 이 연구의 연구 대상으로 삼았다.

되어 있다. 그리고 서문에 『CEFR』을 참고하여 제정되었다고 하였으나 어떻게 5등급으로 구분되었고, 『CEFR』과 어떤 관계를 갖는지에 대해서는 전혀 언급되지 않았다. 이후 2009년 『新HSK大纲』이 제정되었는데 「新HSK大纲」의 서문에도 『CEFR』과의 관계를 아래의 표만을 제시하였다.

<표 24> 『CEFR』, 「新HSK大纲」, 『国际汉语能力标准』 관계도

新HSK	어휘량	国际汉语能力标准	CEFR
HSK(六级)	5000及以上	五级	C2
HSK(五级)	2500		C1
HSK(四级)	1200	四级	B2
HSK(三级)	600	三级	B1
HSK(二级)	300	二级	A2
HSK(一级)	150	一级	A1

이상의 내용을 통해 『国际大纲』과 『新HSK大纲』은 등급에 차이는 있으나 모두 『CEFR』을 기준으로 제정되었음을 알 수 있다. 『CEFR』은 중국어 교육요목이 제정되는 중요한 토대가 된 요목으로 전 유럽의 언어교육을 위한 수업계획, 교육과정 요목, 시험, 교재 등을 개발하기 위한 공통 기반을 마련한 것이다. 이는 의사소통을 목적으로 언어를 사용하는 학습자가 배워야 하는 내용과 효과적인 의사소통 행위를 하기 위해 개발해야 하는 지식과 기능이 포괄적으로 기술되어 있다. 또한 능력수준도 규정되

---

83) 『国际大纲』의 서문에 목표를 다음과 같이 제시하였다.
국제 중국어 교육과정의 궁극적인 목표를 학습자로 하여금 중국어 언어 지식과 구사능력을 학습하는 동시에 학습 목표를 한층 더 강화하고 자주적인 학습 태도와 협력학습 능력을 기르며, 효과적인 학습 전략을 세워, 최종적으로 언어의 종합운용 능력을 갖추게 하는데 있다. 『国际汉语能力标准』을 기준으로 『国际大纲』이 제정되었다.

어 있어서 평생 동안 학습과정의 단계마다 학습 진척을 측정할 수 있다. 따라서 여러 나라 교육기관들 사이의 협력을 강화하고 용이하게 하며, 언어능력의 상호 인정에 필요한 확고한 기반을 마련하는데 목적이 있다. 또한 학습자와 교사, 어학과정 개발자, 시험주관자, 교육행정관청의 노력이 이 참조기준에 자리를 잡고 조정되어야 한다는 목적을 제시하였다. 『CEFR』에서 다목적, 융통성, 개방성, 역동성, 사용에 편리함, 비독단적84) 등 충족시켜야 하는 기준으로 아래와 같이 여섯 등급으로 제시되었다.

<표 25> 『CEFR』의 단계

A		B		C	
기초적인 언어사용		자립적 언어사용		숙달된 언어사용	
A1	A2	B1	B2	C1	C2
Breakthrough	Waystage	Threshold	Vantage	Effective Operational Proficiency	Mastery

이상의 여섯 단계의 수준을 살펴보면, 학습영역을 초급단계(A), 중급단계(B), 고급단계(C)로 나누었던 기존의 분류를 다시 높거나 낮은 단계로 전개됨을 알 수 있다.

---

84) 「CEFR」(2010:10)에 다음과 같은 기준을 제시하였다.
　　다목적: 언어학습의 가능성을 계획하고 준비할 때 아주 다양한 목적과 목표설정에 유용해야 한다.
　　융통성: 상이한 조건과 상황에서도 사용하도록 개작할 수 있어야 한다.
　　개방성: 체계를 확장하고 개량하는 데 적합해야 한다.
　　역동성: 사용 경험에 대한 반응으로써 지속적으로 발전시킬 수 있어야 한다.
　　사용에 편리함: 사용자가 쉽게 이해하고 사용할 수 있는 형태로 작성되어야 한다.
　　비독단적: 변경할 수 없어서는 안 되고, 경쟁 관계에 있어 여러 가지 언어학적 이론이나 학습 이론 중 전적으로 한 이론이나 오직 한 가지만 잇는 교수이론적 접근 방식에 얽매여 있어서는 안 된다.

이 장에서는 외국어 교육에 있어서는 공인된 요목인 『CEFR』을 기준으로 『国际大纲』의 의사소통기능을 등급별로 비교해보고자 한다. 『CEFR』에서는 총괄적인 척도로 제시한 의사소통기능을 제시하였고, 『国际大纲』에서는 의사소통 기능과 화제를 함께 제시하였다. 등급별로 정리하여 비교하면 다음과 같다.

<표 26> 요목 간의 의사소통기능 항목 비교

『CEFR』		『国际大纲』		
등급	의사소통 기능	등급	의사소통기능	화제
A1	구체적인 욕구 충족을 지향하는 익숙한 일상적 표현들과 아주 간단한 문장들을 이해하고 사용할 수 있다. 자신과 다른 사람을 소개할 수 있으며, 다른 사람들에게 신상에 대하여(예를 들어 어디에 사는지, 어떤 사람을 알고 있는지, 어떤 물건을 가지고 있는지)묻고, 이런 종류의 질문에 답할 수 있다. 대화상대자가 천천히 분명하게 말하고 도와 줄 준비가 되어 있으면, 간단한 방식으로 의사소통을 할 수 있다.	1	1. 인사, 감사, 사죄, 이별 등에 관한 상용 의사소통 방법을 익힐 수 있다 2. 신체 언어 또는 실물 등에 의존하여 일상생활에 가장 기본적인 표현을 완성한다.	1. 가장 기본적이고 간단한 의사소통 용어를 이해한다. 2. 신상정보, 가족상황, 취미 등 개인 생활과 밀접한 관계가 있는 간단한 화제를 익힌다. 3. 숫자, 시간, 날짜, 화폐 등 일상생활과 밀접한 관계가 있는 간단한 화제를 익힌다.
A2	아주 직접적으로 중요한 분야(예를 들어 신상, 가족, 물건사기, 업무, 가까운 주변 지역에 관한 정보)와 관련된 문장과 자주 사용되는 표현들을 이해할 수 있다. 반복적으로 단순한 상황에서 일반적이고 익숙한 문제	2	1. 인사, 감사, 사죄, 이별 등 상용 의사소통 기능을 운용할 수 있다. 2. 물음, 소개, 설명 등의 상용 의사소통 기능을 이해하여 간단한 수준에서 운용	1. 개인 또는 가정 생활과 밀접한 관계가 있는 일부 화제 에 익숙해진다. 2. 일상생활 또는 취미와 관계있는 화제에 익숙해진다. 3. 학교생활 또는 직장

	에 대해서 간단하고 직접적인 정보교환으로서 의사소통을 할 수 있다. 간단한 수단으로 자신의 출신과 교육, 직접적인 주변지역, 직접적인 욕구와 관련된 것들을 기술할 수 있다.		할 수 있다. 3. 일상생활에 필요한 간단한 의사소통을 완성할 수 있다.	생활과 관계있는 간단한 화제에 대해 초보적인 수준에서 익힌다.
B1	명확한 표준어를 사용하며 업무, 학교, 여가 시간 등과 같이 익숙한 것들이 주제가 될 때, 요점을 이해할 수 있다. 해당언어 사용 지역을 여행하면서 마주치는 대부분의 상황들을 극복할 수 있다. 익숙한 주제와 개인적인 관심 분야에 대해 간단하고 조리 있게 표현할 수 있다. 경험과 사건에 대해 보고할 수 있고, 꿈과 희망, 목표를 기술할 수 있으며, 계획과 견해에 대해 짤막하게 근거를 제시하거나 설명할 수 있다.	3	1. 각각 다른 상황에 알맞게 익숙해진 의사소통 기능 아이템을 운용할 수 있다. 2. 설명, 서술, 묘사 등의 상용 의사소통 기능을 이해하여 간단하게 표현할 수 있다. 3. 일반적인 일상생활과 학습 및 직업 등의 영역에 관련된 의사소통을 완성할 수 있다.	1. 일상생활 또는 취미와 관계있는 화제에 한층 더 익숙해진다. 2. 주변환경, 공부, 직업과 관계있는 화제에 대해 초보적인 수준에서 익힌다 3. 비교적 간단한 수준의 중국 일반사회 생활과 문화와 관계있는 화제에 대해 배운다.
B2	구체적이거나 추상적인 주제를 다루는 복합적인 텍스트의 주요 내용을 이해할 수 있다. 또한 자신의 전문 분야에서 전문 토론도 이해한다. 쌍방 간에 큰 노력 없이 원어민과 자연스러운 대화를 할 수 있을 만큼 준비 없이도 유창하게 의사소통을 할 수 있다. 폭 넓고 다양한 주제에 대해 분명하고 상세하게 의사 표현할 수 있고, 시사문	4	1. 익숙해진 의사소통 기능 아이템을 알맞게 운용할 수 있다. 2. 감정, 태도, 주장 등을 효과적으로 표현할 수 있다. 3. 학습, 직업, 사교 등의 영역에 관련된 의사소통을 완성할 수 있다.	1. 사회생활 방면의 화제에 한층 더 익숙해진다. 2. 풍속, 습관, 과학, 문화, 문학예술 등의 화제에 대해 익힌다. 3. 중국의 오늘과 세계적인 핫이슈 화제에 대해 배운다.

	제에 대한 입장을 설명하고 다양한 가능성들의 장단점을 제시할 수 있다.		
C1	수준 높고 비교적 긴 텍스트의 폭넓고 다양한 주제를 이해하고 내포된 의미도 파악할 수 있다. 준비 없이도 유창하게 의사 표현할 수 있으며, 이때 확연히 드러나게 어구를 찾는 일이 별로 없다. 사회생활과 직업생활, 대학교육과 직업교육에서 언어를 효과적으로 유연하게 사용할 수 있다. 복합적인 사안에 대해 분명하고 체계적이며 상세하게 의사를 표현할 수 있으며, 이때 텍스트 연결을 위한 다양한 수단을 적절하게 사용할 수 있다.	5	1. 익숙해진 의사소통 기능 아이템을 통합 운용할 수 있다. 2. 의사소통에 필요에 따라 새로운 언어 표현 형식과 의사소통 기능을 더 깊이 공부하고 익힌다. 3. 직업이나 사교 등의 영역에 관련된 의사소통을 완성할 수 있다.	1. 중국의 오늘과 세계적인 핫이슈 화제에 대해 한층 더 익숙해진다. 2. 이미 익힌 화제의 내용들을 통합하여 운용할 수 있다.
C2	읽거나 듣는 것을 거의 모두 힘들이지 않고 이해할 수 있다. 문어와 구어로 된 다양한 자료에서 나온 정보를 요약할 수 있으며, 이때 그 근거와 설명을 조리 있게 재구성할 수 있다. 준비 없이도 아주 유창하고 정확하게 의사를 표현할 수 있고, 복합적인 사안을 다룰 때에도 비교적 섬세한 의미 차이를 구별하여 표현할 수 있다.			

위의 표에서 제시한 두 요목의 의사소통기능을 등급별로 살펴보면 다음과 같다.

『CEFR』은 6등급 체계로 나누며 등급별로 의사소통 기능항목을 구분하고, 화제는 포함하여 분류하였다. 반면 『国际大纲』은 5등급으로 나누고, 의사소통기능항목과 화제를 구별하여 제시하였다. 여기서 등급구분은 『CEFR』의 토대로 제정된 『国际大纲』이지만 등급 체계에 차이가 있음을 알 수 있다. 구체적으로는 『CEFR』는 초급, 중급, 고급의 단계에 맞게 난이도가 조절되어 있다. 초급단계(A1~A2)는 기본적으로 일상생활에서 필요한 표현을 중심으로 제시하였고, 중급단계(B1~B2)는 표준어로 일상에서 확대된 의사소통 활동에서 요구되는 구체적이고, 추상적인 의사소통과 관련된 표현을 제시하였다. 고급단계(C1~C2)는 수준 높고 다양한 주제를 이해하고 표현할 수 있도록 하며, 원어민과 유창하게 표현할 수 있는 의사소통 기능을 제시하였다. 반면 『国际大纲』는 초급단계(1~2급)는 『CEFR』와 유사하게 일상생활에서 필요한 기본적인 표현을 이해하고 표현하는 기능과 화제를 제시하였다 . 중급단계(3~4급)는 『CEFR』 보다 간단한 일상에서 필요한 의사소통 표현이나 감정과 문화에 관련된 주제를 제시하였다. 『国际大纲』의 고급단계(5급)는 의사소통기능과 화제는 중급단계와 큰 차이를 없었다. 또한 『国际大纲』은 6급이 없으므로 실제 『CEFR』의 C2에 해당되는 의사소통기능항목과 주제가 다루어지지 않았다고 할 수 있다.

2. 교육 요목간 의사소통기능 항목의 연계성

이 장에는 앞서 살펴본 두 요목에서 제시한 의사소통 기능항목을 세부적으로 살펴보고, 이들 요목들 간의 연계성을 분석하고자 한다. 이는 한국인 학습자에게 적합한 의사소통 기능항목 선정을 위해 선행되어야 할 필수적인 단계라고 할 수 있다. 이 장에서 기술을 할 때 『CEFR』(2010:38)에서 제시한 의사소통적 활동을 '수용, 상호행위, 산출'의 기술을 토대로 한다. 따라서 대상과 체계가 유사한 『CEFR』과 『国际大纲』을 전체적으로 의사소통기능을 중심으로 등급별로 제시된 항목들을 '수용, 상호행위, 산출'로 구분하여 이들 두 요목간의 계속성과 계열성85)을 기준으로 의사소통 기능항목의 연계성을 중점적으로 분석하기 위해 『CEFR』과 『国际大纲』의 의사소통기능항목을 등급별로 정리하면 다음과 같다.

---

85) 김윤정(2006)에서 간접인용 한 자료임

　 Tyler(1494)는 학습 경험 조직의 원천으로 계속성, 계열성, 통합성의 세 가지를 주장하였다. 여기서 '계속성'은 내용의 조직에 있어서 동일한 경험의 요소가 어느 정도 계속 반복되어야 한다는 것으로 어떤 교육 목표가 학습자의 행동 속에 실현되기 위해서는 그 목표가 지시하는 지식이나 과정이나 행동 양식이 어느 기간 동안 계속 반복되어야 한다는 것이다. '계열성'은 선행된 경험이나 내용을 기초로 하여 다음 경험이나 내용이 전개되어 점차적으로 깊이와 넓이를 더해 가는 것을 의미한다. 교육내용을 조직할 때 어느 것을 먼저 가르치고 어느 것을 나중에 가르치는가에 관한 것으로서 학습 지도의 순을 결정하는 것, 즉 교육과정의 서열을 말한다. '통합성'은 수평적 조직을 위한 원칙으로 여러 학습의 장에서 얻어진 학습의 경험들이 서로 단절되지 않고 상호 연결 통합됨으로서 보다 효과적인 학습과 성장을 촉진할 수 있어야 한다는 것이다. 이 연구에서는 계속성과 계열성에 관해서만 다루기로 한다.

　 『国际大纲』에서 의사소통기능항목과 화제를 구분하여 제시하였으나 실로 혼용되어 있어서 명확하게 구분되어 제시되지 않았다. 예로 화제가 의사소통기능에 제시되었고, 의사소통기능이 화제에 제시되어 되어 있다.

<표 27> 『CEFR』과 『国际大纲』의 의사소통활동 별 비교

『CEFR』		『国际大纲』	
등급	의사소통기능	등급	의사소통기능
A1	【수용/상호행위】 간단한 문장들을 이해하고 사용 【산출】 구체적인 욕구 충족을 지향하는 익숙한 일상적 표현	1	【수용】 가장 기본적이고 간단한 의사소통 용어를 이해 【수용】 상용 의사소통 방법을 익힘 【산출】 일상생활에 가장 기본적인 표현을 완성
A2	【수용】 직접적으로 중요한 분야와 관련된 문장과 자주 사용되는 표현이해 【산출】 간단한 수단으로 자신의 출신과 교육, 직접적인 주변지역, 직접적인 욕구와 관련된 것들을 기술 【상호행위】 반복적으로 단순한 상황에서 일반적이고 익숙한 문제에 대해서 간단하고 직접적인 정보교환	2	【수용/상호행위】 물음, 소개, 설명 등 상용 의사소통기능을 이해하고, 간단한 수준에서 운용 【산출】 일상생활에 필요한 간단한 의사소통을 완성 【상호행위】 상용 의사소통 기능을 운용
B1	【수용】 명확한 표준어를 사용하며 익숙한 주제의 요점을 이해 【산출】 익숙한 주제와 개인적인 관심 분야에 대해 간단하고 조리있게 표현 【산출】 경험과 사건에 대해 보고할 수 있고, 꿈과 희망, 목표를 기술 【산출】 계획과 견해에 대해 짤막하게 근거를 제시하거나 설명 【상호행위】 해당언어 사용 지역을 여행하면서 마주치는 대부분의 상황들을 극복	3	【수용/산출】 설명, 서술, 묘사 등의 상용 의사소통 기능을 이해하여 간단하게 표현 【상호행위】 일반적인 일상생활과 학습 및 직업 등의 영역에 관련된 의사소통 완성 【상호행위】 각각 다른 상황에 알맞게 익숙해진 의사소통 기능 아이템을 운용

B2	【수용】 구체적이거나 추상적인 주제를 다루는 복합적인 텍스트의 주요 내용이해 【수용】 자신의 전문 분야에서 전문 토론도 이해 【산출】 폭 넓고 다양한 주제에 대해 분명하고 상세하게 의사 표현 【산출】 시사문제에 대한 입장을 설명하고 다양한 가능성들의 장단점을 제시 【상호행위】 쌍방 간에 노력 없이 원어민과 자연스럽고 유창하게 의사소통	4	【상호행위】 익숙해진 의사소통 기능 아이템을 운용
C1	【수용】 수준 높고 비교적 긴 텍스트의 폭넓고 다양한 주제를 이해, 내포된 의미도 파악 【산출】 준비 없이도 유창하게 의사 표현 【산출】 사회생활과 직업생활, 대학교육과 직업교육에서 언어를 효과적으로 유연하게 사용 【산출】 복합적인 사안에 대해 분명하고 체계적이며 상세하게 의사표현 【산출】 텍스트 연결을 위한 다양한 수단을 적절하게 사용	5	【산출】 의사소통에 필요에 따라 새로운 언어 표현형식과 의사소통 기능을 심화 【상호행위】 이미 익힌 화제의 내용들을 통합하여 운용 【상호행위】 익숙해진 의사소통 기능 아이템을 통합 운용
C2	【수용】 읽거나 듣는 것을 거의 모두 쉽게 이해 【산출】 문어와 구어로 된 다양한 자료에서 나온 정보를 요약가능하고 근거와 설명을 재구성. 【산출】 준비 없이도 아주 유창하고 정확하게 의사를 표현, 복합적인 사안을 비교적 섬세한 의미 차이를 구별하여 표현		

우선 두 요목의 의사소통기능을 살펴보면, <표 27>에서 『CEFR』은 6등급 체계이고 <표 26>에서 제시한 대로 기초적 언어상용 단계(A)는 기본적이고 간단한 문장을 이해하고, 표현하고, 상호작용을 할 수 있는 기준을 제시하였다 자립적 언어사용의 단계(B)는 익숙한 주제나 구체적이고 추상적인 주제에 대해 이해하고 표현하고 상호작용을 할 수 있게 제시하였다. 숙달된 언어사용(C)는 수준 높고 폭넓고 다양한 주제에 대해 이해하고 상세하고 유창하게 표현하며, 복합적인 사안에 대해 섬세한 의미 차이도 구별하게 제시하였다. 『CEFR』은 등급이 높아짐에 따라 거의 대부분이 언어능력별 수용, 산출, 상호행위가 모두 제시되고, 체계적으로 심화되어서 계열성 높다고 할 수 있다. 또한 낮은 단계의 수준에 도달해야 할 능력기준과 높은 단계를 수행해야 할 능력기준과 유기적인 관계를 갖고 있어 계속성도 높다고 할 수 있다. 반면 『国际大纲』은 5등급 체계로 등급별로 수용, 산출, 상호행위가 모두 제시되지 않았다. 그리고 『CEFR』의 A단계에 해당하는 1,2급에서는 기본적인 의사소통을 이해하고 표현할 수 있는 기본적인 의사소통이 가능하게 제시되었다. 『CEFR』의 B단계에 해당되는 3,4급은 상용 의사소통 기능을 이해하고 표현하며 일상생활에서의 상호행위가 가능하게 제시되었다. 그러나 『CEFR』의 C단계에 해당하는 5급은 상대적으로 새로운 표현형식과 의사소통 기능의 심화단계로 기존에 알고 있는 주제를 통합 운영하도록 제시되었다. 이를 통해서 『国际大纲』은 『CEFR』와 달리 등급이 높아짐에 따라 등급별 수용, 산출, 상호행위가 골고루 제시되지 않고, 단계별로 심화되지 않았음을 알 수 있다. 예로 1급의 【산출】 '일상생활에 가장 기본적인 표현을 완성'과 2급의 【산출】 '일상생활에 필요한 간단한 의사소통을 완성'은 "기본적인"과 "간단한"만의 정도의 차이만 있을 뿐 거의 동일함을 알 수 있다. 그리고 4급의 의사소통기능항목이 3급의 의사소통기능항목과 거의 동일하다는 것을 알 수 있었다. 따라서 『国际大纲』은 『CEFR』과 비교해 보았을 때 등급이 높아질수록 의사소통기능의 계열성이 높지 않다고 할 수 있다.

『CEFR』는 수용, 산출, 상호행위에 해당되는 기준별로 심화되고 체계적으로 제시되었다. 반면 『国际大纲』은 1급에서 3급까지는 '수용', '산출', '상호행위'가 등급에 따른 차이를 가지고 제시되었으나 4급부터는 '상호행위'만, 5급에서는 '산출'과 '상호행위'만을 다루어서 등급별로 의사소통기능이 유기적이 관계를 지니지 못하고 있음을 알 수 있었다. 이를 통해 『国际大纲』은 『CEFR』과 비교해 보았을 때 등급이 높아질수록 계속성도 낮다고 볼 수 있다. 구체적으로 살펴보면 『CEFR』의 A, B, C단계에서 제시한 목표에 적절하게 세부적인 기준들도 상세하게 제시되었다. 반면 『国际大纲』은 등급별로 수용, 산출, 상호 행위를 골고루 제시하지 않고, 일부 등급(1~3급)은 일부 표현으로만 구분할 뿐 거의 동일하며, 3급의 수준인 B1과 유사하다. 그러나 일부 등급(4~5급)은 계속성을 지니지 못하고, 계열성에 있어서도 유기적인 관계를 갖지 못하고 있음을 알 수 있다. 또한 『国际大纲』에서 4~5급의 난이도는 실제 『CEFR』에서 제시한 언어능력의 대부분이 언급되지 않아서 연계성이 낮다고 할 수 있다. 그렇다면 『国际大纲』에서 제시한 의사소통 기능항목을 실제 한국인 학습자 중국어교육에 적용하게 되면 실질적으로 중국인과 자유롭게 의사소통을 하기에 어려움이 있고, 자신의 의사를 표현하고 복잡한 사안을 접했을 때는 문제를 해결할 수 있는 수준에 이르기도 쉽지 않다고 할 수 있다. 또한 중국어교육에서 중요한 평가 기준인 『新HSK大纲』도 『CEFR』을 토대로 제정되어, 6급으로 구분되어 있어, 『CEFR』와 비슷한 난이도로 평가가 시행되고 있다고 볼 수 있는데 중국어 교육요목은 6급에 없다. 그렇다면 이는 평가(新HSK大纲)와 동일한 등급체계로 이루어져야 할 것이다.

『国际大纲』과 『CEFR』에서 제시한 의사소통 기능항목을 비교해보고, 이들 요목간의 의사소통 기능항목간의 연계성을 분석해서 다음과 같은 결론을 얻을 수 있었다.

첫째, 『CEFR』는 초급(A1-A2), 중급(B1-B2), 고급(C1-C2)의 단계에 맞게 초급단계에서는 기본적으로 일상생활에서 필요한 표현을, 중급단계에서는 구체적이거나 추상적인 의사소통과 관련된 표현을, 고급단계에서는 수준높고 다양한 주제를 원어민과 유창하게 표현할 수 있는 의사소통 기능을 제시하였다. 반면 『国际大纲』는 초급단계(1~2급)은 일상생활에서 필요한 기본적인 표현과 이해를, 중급단계(3~4급)에서는 비교적 간단한 일상에서의 필요한 표현을 제시하였으나, 고급단계(5급)는 의사소통기능항목이 중급단계와 큰 차이를 보이지 않았고 6급이 다루어지지 않았다.

들째, 『CEFR』과 『国际大纲』을 의사소통적 활동 중심인 '수용, 상호행위, 산출'로 분류하여 계열성과 계속성을 기준으로 하여 연계성을 분석한 결과, 『CEFR』은 등급이 높아짐에 따라 거의 대부분이 언어능력별 수용, 산출, 상호행위가 모두 제시되고, 체계적으로 심화되어서 계열성이 높을 뿐만 아니라 낮은단계에 도달해야 할 능력기준과 높은 단계를 수행해야 할 능력기준이 유기적인 관계를 갖고 있어 계속성도 높음을 알 수 있었다. 반면 『国际大纲』은 등급별로 수용, 산출, 상호 행위를 골고루 제시되지 않았고, 일부 등급(1~3급)은 일부 표현으로만 구분할 뿐 거의 동일하며, 3급의 수준인 B1과 유사하였다. 또한 일부 등급(4~5급)에서는 계속성을 지니지 못하고, 계열성에 있어서도 유기적인 관계를 갖지 못함을 알 수 있었다.

셋째, 『国际大纲』을 한국인 학습자의 중국어 교육에 적용하게 되면 실질적으로 중국인과 자유롭게 자신의 의사를 표현하고 복잡한 사안을 접했을 때는 문제를 해결할 수 있는 단계에 이르기는 어렵다고 볼 수 있다. 또한 중국어교육에서 중요한 평가 기준인 『新HSK大纲』도 『CEFR』을 토대로 제정되어, 6급이다. '新HSK'도 『CEFR』와 비슷한 난이도로 평가가 시행되고 있으므로 중국어 교육요목은 6급에 해당되는 기준이 반드시 필요하다고 여겨진다.

3. 교육요목간의 의사소통 기능항목과 화제의 연계성

한국인 학습자를 위한 중국어 교육에 대한 연구로는 한·중 대조분석 연구나 한국인 학습자 오류분석 연구가 대부분이다. 86) 중국어 교육 중의 교육요목, 교육과정, 교재, 평가 등에 대한 연구가 이루어지고는 있으나 아직 미비한 상황이며, 연구 성과도 교육과정에 아직 잘 반영되지 못하고 있는 실정이다. 그러다 보니 중국어 교육은 교육기관이나 교사의 재량에 따라 혹은 교재에 따라 교육이 진행되고 있으며, 통일된 학습자의 수준을 평가할 객관적 기준도 마련되지 못하고 있는 실정이다. 따라서 대부분이 新HSK 급수로 학습자의 수준을 평가하고 있다. 이에 한국인 중국어 학습자들은 의사소통 능력향상이라는 목적을 수행해야 하는 동시에 중국어 수준을 인정받기 위해서는 新HSK를 응시해야하는 부담도 안고 있다.

위수광(2010)은 "교육과정과 결합된 평가(考教结合)"를 원칙으로 삼았고, "평가에 의해 가르치고, 평가에 의해 배운다(以考促教, 以考促学)"[87]는 목적으로 제정된 『新HSK大纲(语法)』이 중국어 교육요목인 『国际大纲(语法)』과 동일한 참고기준인 『CEFR』[88]으로 제정되었음에도 불구하고 등급배열과 문법체계에 다소 차이가 있음을 지적하였다.[89] 이를 통해

---

86) 박은미외 2명(2012)을 참조.

87) 国家汉办/孔子学院总部(2010:서문) 참조

88) 『CEFR』을 기준으로 선정한 이유는 『国际大纲』(5등급)과 『新HSK大纲』(6등급)의 제정에 중요한 참조기준이 되었으므로 이 연구의 연구 대상으로 삼았다.

89) 『CEFR』은 6등급 체계이고, 이를 토대로 『国际大纲』(2008)은 5등급 체계이며, 『新HSK大纲』(2009)은 6등급 체계이다.

중국 国家汉办에서 제정된 평가와 교육요목과의 연관성이 결여됨을 알수 있다. 그러나 분명한 것은 한국인 학습자의 중국어 교육에서는 의사소통을 향상시킬 수 있으면서 평가(新HSK)와 유기적인 관계를 갖는 기준 잣대가 필요하다는 것이다. 이러한 필요성에 따라 이 연구에서는 한국어 학습자가 의사소통 상황에 맞는 의미를 적절하게 표현할 수 있도록 하기 위해서 수준별 의사소통 기능항목 및 화제를 선정해 보고자 한다. 단, 이 연구는 新HSK 연계성을 지닌 중국어 교육요목의 등급체계와 그에 따른 의사소통기능항목과 화제를 선정하여 효율적이고 체계적인 중국어 교육이 이루어지도록 하는데 목적이 있다. 이 연구는 실제 의사소통 기능에 맞는 문법항목, 어휘항목을 선정하는 데 중요한 근거가 될 수 있으며, 향후 중국어 교육요목을 제정하여 한국인 중국어 학습자의 의사소통능력을 제고시킬 수 있는 중요한 토대를 마련할 수 있을 것이다.

전 세계 외국인 학습자의 중국어 교육을 위해 제정된 중국어 교육요목인 『国际大纲』의 의사소통기능항목 및 화제와 『国际大纲』과 중국어 주요 평가기준인 『新HSK大纲』 제정의 참고기준이 되었던 『CEFR』[90])의 의사소통 기능항목 및 화제를 대상으로 한다. 또한 국내 유일한 중국어 교육요목으로 교육과학기술부에서 편찬한 『중·고등학교 중국어 의사소통 기능 교육요목』[91])도 논의의 대상으로 삼는다. 『중·고등학교 중국어 요목』은 초급 중국어 한국인 학습자를 대상으로 제정된 유일한 중국어

---

90) 『CEFR』은 유럽의 외국어학습자를 위한 참조기준이면서, 현재는 중국에서 제정된 『国际大纲』과 『新HSK大纲』의 참조기준이 되었을 뿐만 아니라 국제 통용 한국어 교육에도 기준이 되고 있어 현재 전 세계 많은 외국어 교육의 참조기준으로 많이 반영되고 있다. 따라서 이 연구에서도 『CEFR』를 참조 기준을 토대로 하여 진행하였다.
   김선정외 1명(2011:262)는 '국제 통용 한국어교육 표준 모형 개발'의 경우 『CEFR』의 분지적 접근법을 활용하여 적용 단계에서 각 등급의 변이형을 설정할 수 있도록 하고 있어 전개된 교육과정상에서 하급의 하위등급을 세분화할 수 있도록 배려하고 있다고 하였다.

91) 이하 『중·고등학교 제2외국어과 선택과목 교육과정 개정 시안 연구 개발-중국어-중국어 의사소통 기능 교육요목』을 『중·고등학교 중국어요목』으로 명함.

교육요목이므로 이 연구에서는 한국인 학습자의 특징을 고려하고자 함께 연구대상으로 포함시켰다.

논의 과정으로는 첫째, 『国际大纲』와 『CEFR』 그리고 『중·고등학교 중국어요목』의 의사소통 기능항목과 화제를 비교하여 연계성을 분석하고자 한다.

둘째, 『国际大纲』과 『CEFR』의 토대 위에 『중·고등학교 중국어요목』에 한국인 학습자요구분석을 반영한 연구 성과를 반영하여 초보적이나마 한국인 중국어 학습자에게 적절한 의사소통 기능항목과 화제를 선정해 보고자 한다.

교육요목에서 제시하고 있는 의사소통 기능항목은 중국어로 의사소통을 수행하기 위해서 반드시 학습해야 할 내용을 항목화 한 것이다. 그리고 의사소통 기능항목을 활용할 수 있는 의사소통 상황별 주제가 화제이다.

이 연구의 대상인 세 요목은 비록 적용대상과 의사소통 기능항목 그리고 화제의 제시방법에 차이가 있으나, 한국인 학습자의 중국어교육에 적용할 수 있는 적절성을 지녔다고 판단되어, 동일한 기준으로 『国际大纲』, 『CEFR』, 『중·고등학교 중국어요목』에서 제시한 의사소통 기능 및 화제를 비교 분석하고자 한다. 우선, 적용대상과 의사소통항목과 화제의 제시방법으로, 『国际大纲』은 전 세계 모든 외국인 중국어 학습자를 대상으로 하였고, 5등급 체계로 의사소통 기능항목과 화제를 구분하여 제시하였다. 『CEFR』은 유럽의 여러 외국어에 적용할 수 있는 공통된 요목으로 모든 외국어학습자를 대상으로 하였으며, 6등급 체계로 의사소통 기능항목과 화제를 따로 제시하지 않고, 의사소통 기능항목에 화제를 포함시켜 제시하였다. 『중·고등학교 중국어요목』은 국내 중·고등학교 초급 학습자를 대상으로 제정하였으며, 등급 구분 없이 의사소통에서 필요한 기본 표현만을 범주화하고 그에 해당하는 화제를 제시하였는데 의사소통 기능항목을 5개 범주, 55개 의사소통 기능항목으로 나누어 제시하였다.

이 장은 위수광(2013)에서 중국어 교육에서 중요한 평가기준인『新 HSK大纲』도『CEFR』을 토대로 제정되었으며, 6등급으로 구분되어 있다. 그리고『CEFR』와 비슷한 난이도로 평가 시행되고 있으므로 중국어 교육요목은 6등급에 해당되는 기준이 반드시 필요하다고 여겨진다는 의견을 반영하여, 요목들을 6등급의 기준에 맞춰서 비교분석하고자 한다. 구체적으로『CEFR』의 6등급 체계에『国际大纲』의 의사소통 기능항목과 화제를 구분한 방법으로 정리하여 분석하고자 한다. 의사소통 기능항목이 구분되어 있지 않고, 초급단계로만 구성된『중·고등학교 교수요목』의 화제도『国际大纲』와『CEFR』의 의미기능과의 일치 여부에 따라 재배열하여, 다음과 같이 정리해 보았다.

<표 28> 교육요목간의 의사소통기능항목 및 화제 비교

『CEFR』			『国际大纲』			『중·고등학교 중국어요목』
등급	의사소통기능	화제	등급	의사소통기능	화제	화제
A1	【수용/상호행위】간단한 문장들을 이해하고 사용【산출】구체적인 욕구 충족을 지향하는 익숙한 일상적 표현	·상호간 소개 ·신상(거주지, 어디에 사는지, 어떤 사람을 알고 있는지, 어떤 물건을 가지고 있는지)	1	【수용】가장 기본적이고 간단한 의사소통 용어를 이해【수용】상용 의사소통 방법을 익힘【산출】일상생활에 가장 기본적인 표현을 완성	·인사, 감사, 사죄, 이별 등 ·신상정보, 가족상황, 취미 등 ·숫자, 시간, 날짜, 화폐 등	·대인 관계 표현 인사, 소개, 작별, 이름, 나이, 생년월일, 연락처, 국적, 거주지, 초대, 약속, 축하, 기원, 환영
A2	【수용】직접적으로 중요한 분야와 관련된 문장과 자주 사용	신상, 가족, 물건사기, 업무, 가까운 주변지역에 관한	2	【수용/상호행위】물음, 소개, 설명등 상용 의사소통기능을 이	·인사, 감사, 사죄, 이별 등 ·개인이나	·묘사 및 설명 표현 사람, 사물, 사실 경험, 비교,

	되는 표현이해 【산출】간단한 수단으로 자신 의 출신과 교육, 직접적인 주변 지역, 직접적인 욕구와 관련된 것들을 기술 【상호행위】반 복적으로 단순 한 상황에서 일 반적이고 익숙 한 문제에 대해 서 간단하고 직 접적인 정보교환	정보		해하고, 간단한 수준에서 운용 【산출】일상생활 에 필요한 간단 한 의사소통을 완성 【상호행위】상용 의사소통 기능 을 운용	가정생활 과 관계 된 화제 ·일상생활 또는 취미 와 관계있 는 화제 ·학교생활, 직장생활 과 관계된 간단한 화제	선택, 추측, 가 설, 말 전하기 ·생활관련 표현 물건사기, 전 화, 시간, 날 씨, 길묻기, 교 통, 학교실생 활, 교실중국 어, 식사, 취 미, 건강, 인 터넷
B1	【수용】명확한 표준어를 사용 하며 익숙한 주 제의 요점을 이해 【산출】익숙한 주제와 개인적 인 관심 분야에 대해 간단하고 조리 있게 표현 【산출】경험과 사건에 대해 보 고할 수 있고, 꿈과 희망, 목 표를 기술 【산출】계획과 견해에 대해 짤 막하게 근거를 제시하거나 설명 【상호행위】해 당언어 사용 지 역을 여행하면	업무, 학교, 여가 시간, 여행, 꿈, 희 망, 목표	3	【수용/산출】설 명, 서술, 묘사 등의 상용 의 사소통 기능을 이해하여 간단 하게 표현 【상호행위】일반 적인 일상생활 과 학습 및 직 업 등의 영역에 관련된 의사소 통 완성 【상호행위】각각 다른 상황에 알 맞게 익숙해진 의사소통 기능 아이템을 운용	·일상생활, 취미 ·주변 환경, 공부, 직업 ·중국 사회 생활, 문화	

	서 마주치는 대부분의 상황들을 극복				
B2	【수용】 구체적이거나 추상적인 주제를 다루는 복합적인 텍스트의 주요 내용이해 【수용】 자신의 전문 분야에서 전문 토론도 이해 【산출】 폭 넓고 다양한 주제에 대해 분명하고 상세하게 의사표현 【산출】 시사문제에 대한 입장을 설명하고 다양한 가능성들의 장단점을 제시 【상호행위】 쌍방 간에 노력 없이 원어민과 자연스럽고 유창하게 의사소통	폭넓고 다양한 주제 시사문제	4	【상호행위】 익숙해진 의사소통 기능 아이템을 운용	·감정, 태도, 주장 ·사회생활 (학습, 직업, 사교) ·풍속, 습관, 과학, 문화, 문학예술 등 ·중국의 오늘과 세계적인 핫이슈	·감정 및 의사표현 감사, 사과, 희로애락, 만족, 불만, 동의, 칭찬, 감탄, 격려, 위로, 책망, 승낙, 거절, 확인, 의외, 반문 ·지시 및 명령표현 명령, 금지, 요청, 부탁, 충고, 제안, 건의, 재촉
C1	【수용】 수준 높고 비교적 긴 텍스트의 폭넓고 다양한 주제를 이해, 내포된 의미도 파악 【산출】 준비 없이도 유창하게	사회생활과 직업생활, 대학교육과 직업교육 복합적인 사안	5	【산출】 의사소통에 필요에 따라 새로운 언어 표현형식과 의사소통 기능을 심화 【상호행위】 이미 익힌 화제의 내용들을 통합하	·직업, 사교 ·중국의 오늘과 세계적인 핫이슈	

	의사 표현 【산출】 사회생활과 직업생활, 대학교육과 직업교육에서 언어를 효과적으로 유연하게 사용 【산출】 복합적인 사안에 대해 분명하고 체계적이며 상세하게 의사표현 【산출】 텍스트 연결을 위한 다양한 수단을 적절하게 사용			여 운용 【상호행위】 익숙해진 의사소통 기능 아이템을 통합 운용	
C2	【수용】 읽거나 듣는 것을 거의 모두 쉽게 이해 【산출】 문어와 구어로 된 다양한 자료에서 나온 정보를 요약 가능하고 근거와 설명을 재구성 【산출】 준비 없이도 아주 유창하고 정확하게 의사를 표현, 복합적인 사안을 비교적 섬세한 의미 차이를 구별하여 표현	복합적인 사안			

<표 28>의 내용은 의사소통 기능항목을 다루고 있는 『国际大纲』과 『CEFR』, 『중·고등학교 중국어요목』의 의사소통 기능과 화제 연계성을 구체적으로 나누어서 살펴보고자 한다.

1) 의사소통 기능항목의 연계성

의사소통 기능항목에 대한 분석을 위수광(2013)은 『国际大纲』과 『CEFR』의 의사소통 기능항목을 비교 분석하고 이들 간의 연계성을 분석하여 다음과 같은 결론을 제시하였다.[92]

첫째, 『CEFR』의 초급(A1-A2), 중급(B1-B2), 고급(C1-C2) 단계별로 초급단계에서는 기본적으로 일상생활에서 필요한 표현을, 중급단계에서는 구체적이거나 추상적인 의사소통과 관련된 표현을, 고급단계에서는 수준 높고 다양한 주제를 원어민과 유창하게 표현할 수 있는 의사소통 기능을 제시하였다. 반면 『国际大纲』는 초급단계(1-2등급)은 일상생활에서 필요한 기본적인 표현을, 중급단계(3-4등급)에서는 비교적 간단한 일상에서의 의사소통에 필요한 표현을 제시하였다. 그러나 고급단계(5등급)에서는 의사소통 기능항목이 중급단계와 큰 차이가 없으며, 고급단계(6등급)은 존재하지 않는다.

둘째, 『CEFR』과 『国际大纲』의 의사소통적 언어능력을 '수용', '상호행위', '산출(표현)'[93]로 구분하고 이들의 계열성과 계속성을 기준으로 살펴본 결과, 『CEFR』은 등급이 높아짐에 따라 거의 대부분이 언어능력

---

92) 교육요목 간의 의사소통 기능항목의 연계성에 대해서 『중·고등학교 중국어요목』은 의사소통 기능항목을 제시하지 않았으므로, 『CEFR』과 『国际大纲』의 연계성을 분석한 위수광(2013)의 연구결과를 적극 반영하였다.

93) 『CEFR』(2010:17)에서 의사소통적 언어능력을 '수용', '산출(표현)', '상호행위'로 구분지어 제시하였고, 위수광(2013)에서도 이를 참고하여 분석함.

별 '수용', '산출(표현)', '상호행위'가 모두 제시되고, 체계적으로 심화되어서 계열성이 높을 뿐만 아니라 아랫 단계의 수준에 도달해야 할 능력기준과 윗 단계를 수행해야 할 능력기준과 유기적인 관계를 갖고 있어 계속성도 높음을 알 수 있다. 반면『国际大纲』은 등급별로 '수용', '산출(표현)', '상호 행위'에 해당되는 내용을 골고루 제시되지 않고, 일부 등급(1-3등급)은 일부 표현으로만 구분할 뿐 거의 동일하며, 3등급의 수준인 B1과 유사하다. 또한 일부 등급(4-5등급)도 계속성을 지니지 못하고, 계열성에 있어서도 유기적인 관계를 갖지 못하고 있음을 알 수 있다.

2) 의사소통 화제에 대한 연계성

<표 28>에서 의사소통 상황을 제시한 화제를 살펴보면,『国际大纲』,『CEFR』,『중·고등학교 중국어요목』모두 화제를 다루고 있지만 화제 제시방법이 모두 다르다.『CEFR』의 화제는 의사소통 기능항목과 함께 제시하였고,『国际大纲』는 화제를 의사소통 기능항목과 구분하여 제시하였다. 이들은 동일한 기준에서 분석하기 위해서 <표 28>에서는 의사소통 기능항목과 화제를 구분하고 내용을 간추려서 정리 하였다.『중·고등학교 중국어요목』의 화제는 초급자를 대상으로 하였으나 동일한 기준에서 분석하기 위해『CEFR』와『国际大纲』화제의 일치여부에 따라 6등급으로 구분하여 재배열하였다.

<표 28>에서 세 요목의 화제를 분석해 보면, 초급단계는 일상에서 기본적으로 필요한 화제(인사, 신상, 가족 등)를 주로 제시하였고, 중급단계는 가정 이외의 학교생활, 사회생활, 취미 등의 화제를 제시하였다. 고급단계는 다양하고 깊이 있는 주제를 제시하였다. 전반적으로 단계별로 반복하고, 심화시키므로 계속성과 계열성을 지녔다고 할 수 있다. 그렇다면

『CEFR』과 이를 참조하여 제정된 『国际大纲』의 화제는 어느 정도 연계성을 갖는지, 『중·고등학교 중국어요목』의 화제와도 연계성이 있는지 분석하여 정리하면 다음과 같다.

첫째, 『国际大纲』은 『CEFR』의 B1에서 제시하고 있는 '업무, 학교생활 등'이 2~4급에 계속적으로 제시되어 있지만, '여행, 꿈, 희망, 목표, 시사 문제 등'은 다루어지지 않았다. 『CEFR』의 C2와 대응되는 『国际大纲』의 6급이 없을 뿐만 아니라, 『CEFR』의 C2에 해당되는 다양한 화제 '시사문제, 대학교육, 직업교육, 복잡한 사안 등'의 다양한 화제가 『国际大纲』에서는 제시되지 않았다. 반면 『国际大纲』의 4~5급에서 '풍속, 습관, 과학, 문화예술, 중국의 핫이슈, 세계의 핫이슈 등'을 중점적으로 다루고 있다.

이를 통해 연계성을 갖고 제정된 두 요목의 화제가 초보단계에서는 거의 유사하나 중급, 고급단계에서는 연계성이 낮음을 알 수 있다.

둘째, 『CEFR』은 A(초급), B(중급), C(고급)에 맞춰 단계적으로 난이도가 단계별로 높아진 것을 알 수 있다. 반면 『国际大纲』에서는 계속성은 지니되 계열성은 지니지 못함을 알 수 있다. 다시 말해서 『国际大纲』에서 의사소통의 화제가 계속적으로 다루어지고 있지만, 난이도가 단계적으로 높아지지 않았고, 화제도 4~5급에서는 주로 중국 문화와 시사적인 핫이슈만을 제시함으로서 계속성과 계열성이 적절한 조화를 이루지 못했음을 알 수 있다.

셋째, 『중·고등학교 중국어요목』은 초급단계의 중·고등학교 학습자를 대상으로 제정되었다. 하지만 <표 28>에서 『国际大纲』과 『CEFR』의 기준에 따라 재배열한 결과 초급단계에만 국한되지 않고 중급의 화제도 다루고 있음을 알 수 있다. 실제 일반인(대학생포함)을 대상으로 한 『国际大纲』의 4등급까지 배열되어서 난이도가 『国际大纲』의 초급보다 조금 높음을 알 수 있다.

4. 의사소통 기능항목과 화제 선정

한국인 학습자가 중국어로 정확하면서 유창하게 의사소통 하고자 하는 목적을 달성하기 위해서는 우선 학습자 수준에 맞는 의사소통 기능과 화제가 선정되고, 그에 따른 어휘와 문법항목도 선정되면 중국어 교육과정에 반영할 수 있을 것이다. 다시 말해서 중국어 의사소통 기능항목과 화제의 선정은 한국인 학습자의 의사소통능력을 제고시킬 수 있을 뿐만 아니라 중국어 교육요목에 반영되어야 할 기본적인 체계라고 할 수 있다. 따라서 초보적이나마 한국인 학습자에게 적절한 의사소통 기능항목과 화제를 선정해 보고자 한다. 선정방법으로는 한국인 학습자에게 적용 가능한 요목들을 토대로 하고, 한국인 학습자의 특징이 반영된 연구 성과를 반영하여 선정해 보고자 한다.

<표 28>을 통해 2장에서 한국인 중국어 학습자에게 적용할 수 있는 요목의 의사소통 기능항목과 화제를 검토하고 분석해 보았다. 중국어 교육요목의 참조기준이 된『CEFR』은 계속성과 계열성이 높음을 알 수 있었고,『国际大纲』은 중국어 평가 체계와 달리 5등급 체계이고, 계속성과 계열성이 높지 않음을 알 수 있었다. 또한 한국인 중·고등 중국어 초급 학습자를 대상으로 제정된『중·고등학교 중국어요목』은 의사소통 기능항목 없이 화제만을 제시하였으며, 다른 요목과 비교한 결과 중급단계의 화제도 함께 다루고 있음을 알 수 있었다.

이상의 분석을 토대로 하고, 한국인 학습자의 특징이 잘 반영된 요목에 관한 연구를 살펴보면, 임승규(2010:233)는 교육요목 설계는 중국어 실질적 효율성을 제고시키는 데 있어 핵심적인 과제라고 지적하면서,『중·고등학교 중국어요목』을 한국의 고등학교 중국어 학습자와 중국에서 초급 중국어를 배우는 어학연수생을 대상으로 초급 중국어 의사소통기능에 관

한 학습자 요구분석을 위한 설문조사를 실시하고 분석하여 '언어기능'을 중심으로 고등학교 초급중국어 의사소통기능 교육요목 설계를 기초자료를 제안하였다. 구체적으로 한국과 중국에 있는 한국인 중국어 학습자 요구분석을 바탕으로 10개 범주, 44개 기능항목으로 구성된 '초급 중국어 의사소통기능 교육요목 기초자료'를 다음과 같이 제안하였다.

<표 29> 초급 중국어 의사소통기능 교수요목 기초자료[94]

범주	의사소통기능항목
1. 사실적 정보 전달 및 획득	1) 판정(정의)하기 2) 물어보기2 (정보습득) 3) 물어보기3 (신원, 소유확인) 4) 대답하기2 (확인)
2. 태도(의견) 표현과 획득: 동의 등	5) 동의하기 6) 반대의견 말하기 7) 부인하기
3. 태도(의견) 표현과 획득: 양상	8) 능력여부 말하기 9) 능력여부 묻기 10) 동의(허락) 구하기 11) 금지표현하기
4. 태도(의견) 표현과 획득: 의지	12) 희망(소망) 표현하기 13) 희망(소망) 묻기 14) 의지(의도) 표현하기
5. 태도(의견) 표현과 획득: 감정	15) 기쁨(좋아함) 표현하기 16) 불쾌함(싫어함) 표현하기 17) 기쁨(좋아함), 불쾌함(싫어함) 묻기 18) 감사표현하기

---

94) 임승규(2010:253-254)에서 인용함.

6. 태도(의견) 표현과 획득: 도의	19) 사과(미안함) 표현하기 20) 용서(관용) 표현하기 21) 찬성표현하기 22) 느낌(감상) 표현하기 23) 아쉬움 표현하기
7. 어떤 일의 완성과 제의	24) 제의하기 표현 25) 부탁(요청)하기 표현 26) 제의나 요청 수락하기 표현 27) 거절하기 표현 28) 경고(제지)하기 표현 29) 도와주기 표현 30) 도움 요청하기 표현
8. 사회적 교제	31) 상대방의 주의끌기 표현 32) 인사하기 표현 33) 안부 묻기 34) 대화 걸기 표현 35) 사람 소개하기 표현 36) 소개에 대하여 응답하기 표현 37) 축하하기 표현 38) 헤어지기 표현
9. 담화 중 보상책략	39) 전체적으로 다시 말해달라고 할 때 표현 40) 부분적으로 다시 말해달라고 할 때 표현 41) 천천히 말해달라고 할 때 표현
10. 전화하기	42) 시작하기 표현 43) 통화할 대상 찾기 44) 메시지 남기기

『중·고등학교 중국어요목』과의 <표 29>가 가장 큰 차이로는 한국과 중국이라는 다른 환경에서 한국인 학습자를 대상으로 학습자 요구분석을 반영했다는 것과 '담화 중 보상책략' 범주를 새로이 반영했다는 것이다. 이는 기존 요목의 구성내용이나 기능범주 면에서 단방향적 의사소통활동 을 중심으로 구성되었던 것을 의사소통활동의 상호작용을 전제로 하여

반영한 것이라고 하였다. 또한 학습자 요구분석을 통해 언어 환경이 모국 어 혹은 목표어임에 상관없이 목표어를 배워 수행하고자 하는 언어기능 이 일치함을 발견하고는 이에 언어기능도 언어구조와 마찬가지로 일정 정도 보편성을 지니고 있다는 결과도 제시하였다. 이와 같이 한국인 학습 자의 특징을 수렴한 연구 결과를 반영하여 한국인 중국어 학습자를 위한 중국어 교육의 기준이 되는 의사소통 기능항목과 화제를 선정해 보고자 한다. 선정기준은 『国际大纲』의 서문에 제시된 원칙인 '과학성, 실용성, 적절성, 보편성' 에 근거하여 선정하고자 한다. 선정 방법은 언어기능의 보편성을 지니고 계속성과 계열성이 높은 『CEFR』의 체계를 기준으로 한다. 이는 중국어교육에서 주요한 평가기준인 『新HSK大纲』와 동일한 체계이므로 6등급 체계로 하는 것이 적절하다 여겨진다.95) 또한 전 세계 외국인 중국어 학습자를 대상으로 国家汉办에서 제정한 『国际大纲』을 적극 반영하고,『중・고등학교 중국어요목』에 한국인 학습자 요구분석을 수렴한 임승규(2010)의 연구 성과를 반영하여, 의사소통의 상호작용에 중점을 둔 한국인 학습자에게 적절한 의사소통 기능항목과 화제를 선정 하면 다음과 같다.

<표 30> 한국인 학습자를 위한 의사소통 기능항목 및 화제

등급	의사소통 기능	화제
1	【国际大纲】	
	・가장 기본적이고 간단한 의사소통 용어를 이해(수용) ・상용 의사소통 방법을 익힘(수용) ・일상생활에 가장 기본적인 표현을 완성(산출)	・인사, 감사, 사죄, 이별 등 ・신상정보, 가족상황, 취미 등 ・숫자, 시간, 날짜, 화폐 등
		중・고등학교 교육요목(요구분석)
		1. 어떤 일의 완성과 제의

---

95) 위수광(2013:143) 참조.

		1) 제의하기 표현
		2) 부탁(요청)하기 표현
		3) 제의나 요청 수락하기 표현
		4) 거절하기 표현
		5) 경고(제지)하기 표현
		6) 도와주기 표현
		7) 도움 요청하기 표현
		2. 사회적 교제
		1) 상대방의 주의끌기 표현
		2) 인사하기 표현
		3) 안부 묻기
		4) 대화 걸기 표현
		5) 사람 소개하기 표현
		6) 소개에 대하여 응답하기 표현
		7) 축하하기 표현
		8) 헤어지기 표현
2		【国际大纲】
	·물음, 소개, 설명등 상용 의사소통기능을 이해하고, 간단한 수준에서 운용(수용/상호행위) ·일상생활에 필요한 간단한 의사소통을 완성(산출) ·상용 의사소통 기능을 운용(상호행위)	인사, 감사, 사죄, 이별 등 ·개인이나 가정생활과 관계된 화제 ·일상생활 또는 취미와 관계있는 화제 ·학교생활, 직장생활과 관계된 간단한 화제
		중·고등학교 교육요목(요구분석)
		1. 사실적 정보 전달 및 획득 1) 판정(정의)하기 2) 물어보기2 (정보습득) 3) 물어보기3 (신원, 소유확인) 4) 대답하기2 (확인) 2. 태도(의견) 표현과 획득: 동의 1) 동의하기 2) 반대의견 말하기 3) 부인하기 3태도(의견) 표현과 획득: 도의 1) 사과(미안함) 표현하기 2) 용서(관용) 표현하기

		3) 찬성표현하기
		4) 느낌(감상) 표현하기
		5) 아쉬움 표현하기
3	【国际大纲】	
	· 설명, 서술, 묘사 등의 상용 의사소통 기능을 이해하여 간단하게 표현(수용/산출)	· 일상생활, 취미
		· 주변 환경, 공부, 직업
		· 중국 사회생활, 문화
	· 일반적인 일상생활과 학습 및 직업 등의 영역에 관련된 의사소통 완성(상호행위)	중·고등학교 교육요목(요구분석)
	· 각각 다른 상황에 알맞게 익숙해진 의사소통 기능 아이템을 운용(상호행위)	1. 태도(의견) 표현과 획득: 양상
		1) 능력여부 말하기
		2) 능력여부 묻기
		3) 동의(허락) 구하기
		4) 금지표현하기
		2. 태도(의견) 표현과 획득: 의지
		1) 희망(소망) 표현하기
		2) 희망(소망) 묻기
		3) 의지(의도) 표현하기
	【CEFR】	
	· 경험과 사건에 대해 보고할 수 있고, 꿈과 희망, 목표를 기술(산출)	· 업무, 학교, 여가 시간, 여행
		· 꿈, 희망, 목표
	· 계획과 견해에 대해 짤막하게 근거를 제시하거나 설명(산출)	
	· 해당언어 사용 지역을 여행하면서 마주치는 대부분의 상황들을 극복(상호행위)	
4	【国际大纲】	
	· 익숙해진 의사소통 기능 아이템을 운용 (상호행위)	· 감정, 태도, 주장
		· 사회생활(학습, 직업, 사교)
	· 구체적이거나 추상적인 주제를 다루는 복합적인 텍스트의 주요 내용이해(수용)	· 풍속, 습관, 과학, 문화, 문학예술 등
		· 중국의 오늘과 세계적인 핫이슈
	· 자신의 전문 분야에서 전문 토론이 이해(수용)	중·고등학교 교육요목(요구분석)
	· 폭 넓고 다양한 주제에 대해 분명하고 상세하게 의사 표현(산출)	태도(의견) 표현과 획득: 감정
		1) 기쁨(좋아함) 표현하기
	· 시사문제에 대한 입장을 설명하고 다양	2) 불쾌함(싫어함) 표현하기

	한 가능성들의 장단점을 제시(산출)	3) 기쁨(좋아함), 불쾌함(싫어함) 묻기 4) 감사표현하기
	【CEFR】	
	· 쌍방 간에 노력 없이 원어민과 자연스 럽고 유창하게 의사소통(상호행위)	· 폭넓고 다양한 주제 · 시사문제
5	**【国际大纲】**	
	· 의사소통에 필요에 따라 새로운 언어 표 현형식과 의사소통 기능을 심화(산출) · 이미 익힌 화제의 내용들을 통합하여 운용(상호행위) · 익숙해진 의사소통 기능 아이템을 통합 운용(상호행위)	· 직업, 사교 · 중국의 오늘과 세계적인 핫이슈
	【CEFR】	
	· 수준 높고 비교적 긴 텍스트의 폭넓고 다양한 주제를 이해, 내포된 의미도 파 악(수용) · 준비 없이도 유창하게 의사 표현(산출) · 사회생활과 직업생활, 대학교육과 직업 교육에서 언어를 효과적으로 유연하게 사용(산출) · 복합적인 사안에 대해 분명하고 체계적 이며 상세하게 의사표현(산출) · 텍스트 연결을 위한 다양한 수단을 적 절하게 사용(산출)	· 사회생활과 직업생활, · 대학교육과 직업교육 · 복합적인 사안
6	**【CEFR】**	
	· 읽거나 듣는 것을 거의 모두 쉽게 이해 (수용) · 문어와 구어로 된 다양한 자료에서 나 온 정보를 요약가능하고 근거와 설명을 재구성.(산출) · 준비 없이도 아주 유창하고 정확하게 의 사를 표현, 복합적인 사안을 비교적 섬 세한 의미 차이를 구별하여 표현(산출)	· 복합적인 사안

<표 30>은 언어의 보편성에 입각하여『CEFR』을 기준으로 하고,『国际大纲』을 토대로 하였고, 한국인 학습자의 적절성을 고려하여 학습자 요구분석을 수용하기 위해『중·고등학교 중국어요목(요구분석)』96)을 적극 반영하여 한국인 학습자를 위한 의사소통 기능항목 및 화제를 초보적으로나마 선정해 보았다.

앞에서『国际大纲』과『CEFR』와의 연계성을 분석하였을 때 초급단계는 유사하나 중·고급단계로 갈수록『国际大纲』은 계열성이 높지 않고, 등급의 난이도도 낮았다. 게다가 5급까지만 제시되고 6급은 제시되지 않았으며 화제 또한 중국문화, 시사적인 주제 이외에 구체적인 의사소통 기능항목이나 화제가 제시되지 않았다. 이 점을 보완하여 <표 30>의 중·고급단계(3~6급)에서는『国际大纲』을 기준으로 하고『CEFR』의 의사소통 기능항목과 화제를 적극 수렴하였다. 그리고 한국인 학습자 요구분석을 토대로 한『중·고등학교 중국어요목(요구분석)』에서 제시된 화제들은『国际大纲』와 유사성을 고려하여 등급별로 포함하여 배열하였다.

<표 30>을 등급별로 구체적으로 살펴보면, 초급단계인 1,2급은『国际大纲』와『CEFR』의 언어능력과 화제가 거의 동일하므로『중고등학교 교육요목(요구분석)』에서 일치한 화제만을 추가하였다. 중급단계인 3,4급부터는『国际大纲』와『CEFR』에서 제시한 언어능력은 차이를 보였다. 따라서 3급은『国际大纲』에서는 언급되지 않고,『CEFR』에서 제시된 '경험, 계획, 견해, 언어사용 지역의 확대된 부분'과 이에 해당되는 화제 '업무, 학교, 여가, 여행, 꿈, 희망, 목표'등을 보완하였다. 4급도『国际大纲』에서는 언급되지 않고,『CEFR』에서만 제시된 '원어민과 자연스럽고 유창한 의사소통 기능항목'을 보완하고, 이에 해당되는 화제 '다양한 주제,

---

96)『중고등학교 교육요목(요구분석)』는『중·고등학교 중국어요목』을 대상으로 학습자 요구분석를 결과를 반영한 임승규(2010)가 제시한 연구결과 <표 29>를 이름.

시사문제'를 4급에서 보완하였다. 고급단계인 5, 6급에서 가장 많이 보완하였다. 5급에서는 『国际大纲』에서 언급되지 않고, 『CEFR』에서만 제시된 '수준 높고 긴 텍스트의 다양한 주제의 이해, 대학교육, 직업교육에서의 언어 사용, 복합적인 사안에 대해 체계적이고 상세하게 표현 등'의 의사소통 기능항목을 보완하였고, 이에 해당되는 화제 '사회생활, 직업생활, 대학교육, 직업교육, 복합적인 사안'도 5급에 보완하였다. 6급에서는 『国际大纲』의 6급이 없으므로 『CEFR』 6급에 해당되는 의사소통기능과 화제를 모두 포함시켰다. 그리고 의사소통 기능항목도 '읽거나 듣는 것 모두 이해할 것, 문어와 구어로 된 다양한 자료의 정보를 요약이 가능하고, 근거와 설명의 재구성, 준비 없이 유창하고 정확하게 의사표현하고 복합적인 사안을 섬세한 의미차이를 구별하여 표현할 것'등을 모두 포함시켰다. 이는 중국인과 유창하게 의사소통 하고자 하는 한국인 학습자에게는 필요한 단계라고 여겨 적극 수용하였다. 또한 이에 해당하는 화제인 '복잡한 사안'도 그대로 수용하였다. 이와 같은 기준과 방법으로 한국인 학습자에게 적절한 의사소통 기능항목과 그에 해당되는 화제를 분석하여 초보적이나마 선정해 보았다.

한국인 중국어 학습자가 의사소통 상황에 맞는 의미를 적절하게 표현할 수 있도록 하기 위해서 한국인 학습자에게 적절한 등급체계와 그에 따른 의사소통 기능항목과 화제를 선정하여 효율적인 중국어 교육이 이루어질 수 있도록 하는데 목적을 두었다. 연구대상은 『国际大纲』, 『CEFR』, 『중·고등학교 중국어요목』의 의사소통 기능항목과 화제들의 비교를 통해 연계성을 분석하고, 이들 요목의 기준과 내용을 토대로 한국인 중국어 학습자에게 적절한 의사소통 기능항목과 화제를 초보적으로 선정하여 다음과 같은 결론을 얻을 수 있었다.

첫째, 『国际大纲』은 『CEFR』을 참조로 제정되었음에도 불구하고 의사소통 영역과 화제에 있어서 연계성이 낮았다. 그리고 한국인 중국어 학습자의 중국어 교육에 적용할 수 있는 의사소통 기능항목과 그에 준하는 화제가 선정과 제시가 절실히 요구됨을 알 수 있다.

둘째, 『国际大纲』와 『CEFR』은 상호 연계성을 갖고 제정되었지만 의사소통 기능항목과 화제가 초보단계에서는 주제가 거의 유사하나 중·고급단계에서는 연계성을 낮고, 등급이 높아질수록 계속성과 계열성이 적절한 조화를 이루지 못함을 알 수 있었다. 또한 초급 수준의 『중·고등학교 중국어요목』에서 제시된 의사소통 기능항목과 화제가 실제 『国际大纲』의 4급까지 배열됨을 알 수 있었다. 이로써 교육요목간의 연계성이 낮고, 『중·고등학교 중국어요목』의 난이도는 『国际大纲』의 초급보다 높음을 알 수 있다.

셋째, 이상의 분석을 토대로 한국인 학습자를 위한 의사소통 기능항목과 화제의 선정은 『国际大纲』의 원칙인 '과학성, 실용성, 적절성, 보편성'에 따랐다. 보편성을 지닌 『CEFR』을 참고로 하고, 외국인 중국어 학습자를 대상으로 과학적으로 제정된 『国际大纲』의 토대위에 한국인 학습자 요구분석을 적극 반영하고, 의사소통의 상호작용에 중점을 두어 의사소통 기능항목과 화제를 초보적으로 선정하였다.

초보적으로 선정된 한국인 학습자를 위한 의사소통 기능항목과 화제는 아직 완전한 체계는 아니지만, 외국어의 보편성을 지닌 『CEFR』의 토대 위에 중국어 특징과 외국인 학습자의 특성을 잘 반영한 『国际大纲』 그리고 한국인 학습자의 요구분석을 반영함으로서 향후 한국인 학습자에게 적절한 의사소통 기능항목을 선정하는 데 기초를 마련하고자 하였다.

IV

표현중심의 교육문법 체계 연구

한국인 중국어 학습자의 목적은 중국어를 자유롭게 구사하는 것이다. 그러므로 다양한 학습과 활동을 통해 자신의 생각, 상황, 사건 등 다양한 정보를 중국어 규칙에 맞게 표현하기를 원한다. 따라서 중국어의 정확한 규칙을 익히고, 어휘를 익히게 된다. 하지만 적절한 언어 상황에서 정확하게 표현하기 위해서는 규칙의 정확성과 어휘의 적절성 등을 고려해야 한다. 실제 문법시간에 많은 규칙과 현상에 대해서 배운다. 하지만 학습자들은 이미 학습한 문법규칙을 언제 활용해야하는지, 어떻게 적용해야 할 지 몰라서 실제 중국어를 구사할 때 어려움을 겪거나 오류를 범하게 된다. 외국인 학습자에게 문법교육은 중국어를 잘 구사하기 위한 하나의 수단이자 도구이다. 그러므로 외국인을 대상으로 하는 교육문법은 의사소통적 능력 배양을 고려한 통일된 체계성을 가진 문법이어야 한다.[97] 이러한 관점에서 중국어 학습자가 의사소통 상황에서 표현하고자 하는 의미를 적절한 표현구조(규칙, 문법)를 통해 구사할 수 있어야 한다. 이를 위해서는 이에 대한 지식이 요구된다고 볼 수 있다.

한국인 학습자가 의사소통 상황에서 표현하고자 하는 표현중심 문법체

---

97) 백봉자(2001)를 참조.

계의 필요성 관점에서 중국어 교육문법 체계의 연구 성과들을 검토하고
자 한다. 구체적으로 중국어보다 앞서 연구되고 있는 한국어 교육문법
체계에서 표현중심의 문법과 관련된 논의들을 살펴보고자 한다. 그리고
중국어 교육에 사용되고 있는 교육문법 요목과 몇몇 교육문법저서의 체
계는 살펴보고 그 특징도 검토해보고자 한다. 이를 토대로 현행 중국어
교육문법 체계에 반영된 이해중심의 문법과 표현중심 문법의 비교를 통
해 표현중심 문법으로 설정할 수 있는 이해중심의 문법항목들을 예로 제
시하고, 표현중심 문법체계에 관한 인식을 확고히 하고자 한다. 이를 통
해 한국인 학습자의 중국어 의사소통능력을 배양할 수 있는 표현중심의
문법체계의 토대를 마련고자 하며 나아가 실용적이고 효율적인 교육문법
체계를 마련하고자 하는 데 목적이 있다.

1. 표현중심 교육문법의 필요성

언어기능에서 듣기, 읽기, 쓰기, 말하기에서 듣기와 읽기는 이해중심의
기능이고 쓰기와 말하기는 표현중심의 기능이다. 이와 같은 맥락에서 교
육문법에서도 '이해중심 문법'과 '표현중심 문법'으로 구분할 수 있다.
중국어를 모국어로 하는 중국인의 사유방식은 언어형식과 거의 동일하기
에 문법교육의 목적은 이미 할 줄 아는 말에 대한 이론적 지식을 더 체계
화 하여 이해하기 위한 것이다. 이를 '이해중심 문법'이라고 할 수 있다.
반면 중국어를 학습하는 한국인 학습자는 중국어의 규칙이 머릿속에 내
재되어 있지 않을 뿐 아니라, 중국어로 사유할 수 있는 능력을 가지고
있지 않다. 그러므로 중국어를 분석하고 이해하는 것도 중요하지만 더
중요한 것은 학습자가 의미를 정확하게 표현할 수 있는 것이다. 이는 학

습자가 전달하고자 하는 의미 즉 내용에 적절한 표현형식을 찾는 것으로 이를 '표현중심 문법'이라고 할 수 있다.98) 이에 대해서 卢福波(2002:52)도 문법교육은 관점을 달리하면 방법도 달라질 수 있다고 지적하면서 다음과 같은 두 가지 관점을 제시하였다.

첫째, 이해(解码)를 중심으로 형식에서 의미로의 관점이다. 이는 문법의 구조와 구조를 구성하는 성질, 기능 문법관계 및 의미, 범주에 속하는 것을 중점적하여, 표층구조, 변환생성, 분석 등에 내재된 구조관계를 밝혀내며, 적절한 의미, 화용이나 기능상의 해석을 해내는 것이다. 이는 학습자가 중국어 문법지식을 전면적이고, 깊이 있으며 체계적으로 이해하도록 하고, 중국어 문법의 각종 구조와 구조관계 및 그 의미를 인식할 수 있게 한다고 하였다. 그러나 외국인 학습자에게는 적합하지 않고, 문법을 실제 운용하는 것과는 거리가 있다는 문제점을 지적하였다.

둘째, 표현(编码)을 중심으로 의미에서 형식으로의 관점이다. 이는 말을 형성하는 과정으로 말하는 사람의 표현의도에 중점을 두고 표현의미에 따라 적절한 구조를 선택하고, 문법의미나 구조의 제약조건에 근거하여 적합한 표현형식을 선택하게 된다고 하였다. 다시 말해서 이는 기능과 의미에 중점을 두고 문장을 표현하게 된다고 하였다. 이는 학습자가 근본적으로 중국어 현상에 대해 인지하고 파악하는데 도움이 될 뿐만 아니라, 중국어 문법의 실제 사용에 가까워지면, 학습자가 학습하는 목적과 요구에 부합되게 된다고 하였다.

---

98) 黄章恺(1994:2)을 참조.
　　현대 중국어 문법의 대부분은 '解释性', '分析性'의 문법이다. 이는 형식에서 내용으로 출발한 것으로 이해(解码)이다. 이는 듣기와 읽기의 문제를 해결할 수 있다. 그러나 모국어와 외국어의 차이는 표현(编码)방식, 표현원칙의 차이를 표현하는 것으로 한 학습자를 가르쳐서 모국어와 다른 언어를 말할 수 있도록 하기 위해서는 그 언어의 표현방식, 표현원칙을 익히게 하는 것이 아주 중요하다고 하였다.

1) 표현중심 교육문법의 필요성

한국인 중국어 학습자의 의사소통 능력 제고를 위해 문법교육은 어떤 역할을 해야 하는지, 적절한 교육문법 체계는 있는 것인지에 대해 깊이 있게 생각해 봐야한다. 이는 문법을 교육한 교사라면 누구나 한 번씩 고민해 본적이 있을 것이다. 대부분의 교사는 외국인 학습자의 교제능력을 향상시키기 위해 시청각 교육을 중시하고, 문법교육을 간소화하거나 가르치지 않는다. 하지만 이러한 교육방법은 듣고 말하는 실력은 다소 향상될 수 있으나 표현의 난이도와 정확도는 그다지 향상되지 않는 것을 알 수 있다. 이는 문법교육을 할 것인지 하지 않을 것인지, 간소화할 것인지 중시여길 것인지의 문제가 아니고, 어떻게 하면 우수한 문법교육을 할 수 있을 것인가의 문제이다. 학습자의 의사소통 능력을 향상시킬 수 있는 효율적인 문법교육은 아주 중요한 과제이기도 하지만 어려운 과제이기도 한다. 따라서 문법교육의 근본적인 목적은 문법을 가르쳐서 학습자의 언어를 분석하는 능력을 향상시키고자 하는 것이 아니라 학습자가 실제 중국어를 구사하는 능력을 향상시키고자 하는 것이다.[99] 이에 대해 周小兵, 李海鸥(2004:206)도 문법교육의 목적은 중국어를 이용한 의사소통에 있다고 하였다. 이처럼 외국인 학습자 문법교육의 목적은 의사소통 능력 향상이라고 일치된 의견을 보이고 있음에도 불구하고 어떠한 교육문법 체계에 근거해야 하는지에 어떻게 가르쳐야 하는지 대한 연구는 아직 많이 부족하다. 지금까지 한국인 학습자를 위한 문법교육은 대부분 중국어의 문법현상이나 규칙을 제시하고, 기술하거나 문법현상을 이해를 돕는 해석으로 진행해 왔다. 이는 중국인이 모국어의 현상을 이해하고, 원리를 파악하는 데 도움이 될 수 있을 것이다. 하지만 이 체계로 외국인이 중국

---

99) 田艳(2010:220)을 참조.

어를 구사할 때 전달하고자하는 의미에 맞게 표현하기에 다소 어려움이 있다. 이에 대해서 卢福波(2000:43)는 현행 중국어 문법교육의 최대 단점은 학습자의 실제적으로 중국어를 운용할 수 있는 능력을 배양하는 교육목적을 구현하지 못함을 지적하였다. 단지 문법지식으로 무엇을 가르치고, 어떻게 가르칠 것에만 편중되어 있으며, 교육목적과 학습목적에 부합되지 못함을 지적하였다. 그리고 기존의 중국어 교육문법의 결함은 구조, 의미, 표현의 관계에서 구조에만 치중하고, 의미는 가볍게 여기고, 표현은 소홀히 했음을 지적하면서 교제목적의 문장은 구조, 의미, 표현이 유기적인 관계를 갖고 공통된 작용을 하여야 한다고 주장하였다. 이를 黄章恺(1995:8)는 '표현문법(表达语法)'이라 지칭하고, '어떤 의미가 표현될 수 있는 언어 형식을 찾는 것'이라고 정의 내렸다. 다시 말해서 표현문법은 표현중심의 문법체계로 중국어 의사소통 시 표현하고자 하는 의미를 먼저 떠올리고, 그에 맞는 문장을 생성하는 체계이다. 즉 표현하고자하는 의미에 맞는 문법규칙을 교육적 각도에서 정립한 문법체계라고 할 수 있다. 한국인 학습자에게도 의사소통상황에서 맞게 구사하고자 하는 의미(기능)중심의 구조를 실현하기 위해서는 총체적이고 종합적인 표현중심의 교육문법 체계가 필요하다고 여겨진다. 분명한 것은 표현중심의 문법체계는 중국어의 언어현상을 연구하는 이론문법체계와 중국인의 어문교육문법 체계와는 다른 관점에서 분류되고 기술되어야 한다는 것이다.

2) 표현중심 교육문법 관련 논의

중국어 교육에서 교육문법에 관한 관심과 역사는 그리 길지 않다. 하지만 외국인 중국어 학습자를 위한 사업과 연구가 양적으로 증대하면서 외국인 학습자의 특징과 목적에 부합되는 교육문법에 관한 연구가 점차 구체화되어 가고 있다. 외국인 중국어 학습자의 의사소통능력 향상이라는 목적에 부합되는 표현중심의 문법체계에 대한 논의가 많지 않지만 일부 연구자에 의해 진행되고 있다. 반면 국내 한국어 교육문법 영역에서는 이와 같은 논의들이 일찍이 진행되어 왔다. 이 연구는 중국어 교육에서 표현중심의 문법체계에 대해 일부 연구에 대한 논의를 검토해보고, 중국어 교육문법체계에 대한 향후 전망을 유추해보고자 한국어 교육의 논의들도 함께 검토해 보고자 한다.

① 중국어 교육문법 체계에 관한 논의

중국어 표현중심의 문법체계나 의미(기능)중심의 문법체계에 대한 논의는 중국과 국내의 일부 학자에 의해서 논의되었다.

呂文华(1991:7)는 성인 외국어 학습의 심리적 특징과 사유방식은 일반적으로 먼저 어떤 표현하고자 하는 생각을 갖게 되고 그 다음에 외국어에서 그에 상응하는 표현방식을 찾는다고 하였다. 이를 위해 화자의 표현의도에서 출발하여 표현의 특정 상황 및 적절한 표현 방법 등의 요소와 결부시켜 그에 상응하는 언어구조와 어휘를 선택할 수 있다고 하였다.

黃章愷(1995:1-2)는 외국인 학습자가 중국어를 무의식적으로 말하는 것이 아니고, 중국어로 사유할 줄 모르기에 우선 의미를 떠올리고 난 후 이미 학습한 중국어의 규칙으로 바꾸되 비교적 표준적인 중국어의 표현방식을 찾는다고 하였다. 이때 외국인 학습자는 어휘를 제외하고, 문법의 각도에서 어떤 문법단위를 선택해야하는지, 문법단위의 성질에 대한 판단이 정확한지, 선택한 문법항목의 수단이나 구조가 정확한지, 학습자가 표현하고자 하는 생각과 일치하는지에 대한 어려움이 따른다고 하였다. 따라서 외국인 학습자를 위한 언어표현의 각도(형식에서 내용이 아닌 내용에서 형식의 각도)에서 문법을 기술해야 한다고 주장하였다.

卢福波(2000:44)는 교육문법을 '의미, 통사, 화용'의 관점을 취하지 않고, '표현'에 근거한 교육체계를 세우고자 하였다. '표현'을 출발점으로 하여 표현하고자 하는 의미를 구조를 통해 실현하고자 하였다. 이를 '표현문법'이라고 하며, 표현문법은 표현의도, 표현내용, 표현방식의 결합된 체계라고 하였다.

맹주억(2005:261-262)은 현행 문법체계의 대표적인 문제점은 외국인 학습자의 수요라는 각도에서 문법을 기술하지 못하였다는 점을 지적하였다. 문장을 이해의 시각에서 기술되어 중국어를 모국어로 하는 학생 위주의 입장을 대변하는 경향을 크게 벗어나지 못하였다고 하였다. 외국인 학습자는 중국어에 대한 이해의 필요 못지않게 표현의 필요도 있다는 점을 충분히 고려하지 못하고 있으며, 그로 인해 표현의 필요로 하는 인식에 기초한 표현문법 기술의 구현도 미흡하였다고 지적하였다. 중국어 교육문법의 기술은 표현력 강화를 위하여 적극적인 표현문법의 기술이 요구되고, 동일한 개념 범주에 대하여 한국어 문법체계에 따라 중국어 문법을 재해석하여 새롭게 기술함은 이해가 평이하고, 숙지도 용이한 기술방법이 될 수 있다고 지적하였다.

이상의 연구들을 통해 국내에서는 표현문법에 대한 필요성이 제기되고 있다. 그리고 국내의 연구보다 중국의 학자들에 의한 연구가 소수이지만 체계적으로 진행되고 있음을 알 수 있다.

② 한국어 교육문법 체계에 관한 논의

국내에서 표현중심의 문법체계에 대한 논의는 한국어 교육문법연구는 중국어 교육문법 보다 더 구체적으로 진행되었다. 한국어 교육에서는 외국인 학습자를 위한 의사소통 능력, 기능 중심의 교육문법 체계에 관한 논의들이 주를 이루었다.

김제열(2001)은 한국어 문법체계는 국어 문법체계와 차별화되어야 함을 주장하였다. 그 이유를 두 가지로 지적하였다. 하나는 한국어 문법이 외국인 학습자의 의사소통 능력 배양을 목표로 하고 있기 때문에 국어 문법과 같이 형태중심이 아니라 기능(문법요소의 기능)과 의미 중심의 체계로 구축되어야 하기 때문이다. 다른 하나는 두 문법체계를 구성하는 문법 범주의 성격이 다르기 때문이다. 국어의 문법 범주가 분석적인 반면 한국어의 문법 범주는 경우에 따라 종합적일 수 있기 때문이라고 하였다. 따라서 한국어의 문법 범주는 의미와 기능을 중심으로 구축되기 때문에 한 단위로 묶을 수 있으면 굳이 그 구성 성분을 분석할 필요가 없으나 국어 문법은 형태를 중심으로 구축되기 때문에 그 문법 범주가 분석적이라고 하였다. 그리고 한국어 기능과 의미 중심의 문법 체계를 다음과 같이 제안하였다.

<표 31> 문법 범주 분류표 (김제열 2001:99)

중심 용법	기능 중심 범주							의미 중심 범주						기초 문법 요소
범주	종결형	연결형	수식형	대용형	명사형	접속형	접사형	격조사	높임표현	수량표현	시간표현	부정표현	보조의미표현	보조사	한국어 구조

한송화(2006)는 외국어로서의 한국어 교육문법은 의사소통 상에서 문법이 어떻게 사용되고 있는 가에 관심을 기울여야 한다고 하였다. 학습자가 문법을 학습하려고 하는 것은 문법을 습득하여 성공적인 의사소통을 하려는 것이다. 따라서 외국어로서 언어를 배우는 학습자들에게 필요한 문법 구조는 그 문장의 의미를 적절하게 생성하고, 학습자로 하여금 어떠한 문장이 다른 사람에게 어떠한 영향을 미치는지 적절히 파악하여 그

문법구조를 이용하여 사회생활을 잘 영위해 나갈 수 있게 하는 문법 구조여야 한다고 하였다. 이러한 관점에서 한국어 교육에서 문법 범주 및 문법체계는 국어 문법과 다른 관점에서 분류되고 기술되어야 한다고 지적하였다. 기능중심의 한국어 문법 범주를 다음과 같이 제안하였다.

<표 32> 기능을 중심으로 한 한국어 문법범주 (한송화 2006:373)

1. 개념 나타내기: 품사 1) 사물이나 사람 나타내기: 명사, 대명사 2) 사물 수식하기: 관형사 3) 사물 수량 나타내기; 용언과 문장 성분 2. 메시지 만들기: 용언과 문장 성분 1) 사물 묘사하기: 형용사 2) 행동 서술하기: 자동사, 타동사, 문장 성분 3) 묘사와 행동 정교화하기: 부사 4) 시간 나타내기: 시제 5) 메시지 부정하기: 부정법	3. 메시지에 화자의 태도 나타내기: 문장 종결법과 양태 1) 메시지 다양화하기: 문장 종결법 2) 화자의 태도 표현하기: 양태 3) 청자 높이기: 높임법 4. 메시지 복합하기: 복합문 1) 메시지 연결하기: 접속문 2) 메시지 전달하기: 인용문 5. 텍스트 및 담화 구성하기 1) 이야기 구성하기: 대용, 담화표지, 생략, 강조 2) 텍스트 구성하기: 대용, 담화표지, 생략, 결속

우형식(2010)은 실제 외국어 교육이 학습자의 의사소통능력을 향상시키는 데 궁극적인 목표를 둔다면 문법에 대한 훈련과 발견은 적절히 조합될 필요가 있다고 하였다. 문법이 의사소통 능력의 활성화에 기여할 수 있어야 한다는 의미에서 교육문법은 특정 항목에 대한 규칙을 포함하여 그것이 실제로 사용되는 방법(용법)을 기술해야 한다고 하였다. 교육문법은 언어의 실제적 사용과 관련되기 때문에 분석적이기 보다는 종합적이고 총체적으로 접근한다고 하였다. 언어학적 연구에서는 어떤 특정의 구조가 형태적으로 어떻게 형성되고 그것이 문장 안에서 어떠한 역할을 하는지 뿐만 아니라 그것의 의미적 특징이나 화용적 특징이 각각의 영역에

서 기술 될 수 있을 것이지만 교육문법에서는 이러한 형태와 기능, 의미, 사용, 맥락 등이 종합적으로 적용되는 것이다. 이러한 관점에서 형태, 구조를 중심으로 하는 방법과 의미, 기능을 중심으로 하는 방법을 제안하였다. 이는 교육문법이 실제적인 사용과 관련되어서 의미, 기능적 요인의 중요성은 인정되지만 한국어가 지닌 교착적 성격을 고려하여 교육문법의 구성에서 형태, 구조적인 접근을 감안하였다고 하였다.

<표 33> 한국어 교육문법의 체계 대강의 얼개(우형식 2010:251)

I. 문장과 단어	○.지시표현
○.문장의 구조와 분류	○.의문표현
○.단어의 구조와 분류	○.피동표현
II.품사별 특징	○.사동표현
○.명사	○.부정표현
○.의존명사	○.대우표현
○.조사	○.양태표현
○.동사와 형용사의 용법	○.인용표현
○.보조용언	○.접속표현
○.용언의 활용과 어미	IV.문장 확대 유형별 특징
○.부사의 용법	○.명사절
III.의미 표현 범주별 특징	○.관형절
○.수량표현	○.접속절

이상의 논의를 통해 한국어 교육문법에서는 외국인 학습자를 위한 문법체계에 대한 논의가 10년 전부터 활발하게 연구되고 있음을 알 수 있다. 반면 중국어 교육은 1990년대 초반에 시작되어 2000년대 중반까지 이에 대한 필요성에 대한 인식과 함께 일부 학자[100])에 의한 연구만이 진행되고 있음을 알 수 있다. 하지만 두 언어 모두 공통적으로 외국인 학습자 목적어의 의사소통능력을 향상시키기 위해서는 이론문법체계나 모국

---

100) 呂文华(1991), 黃章愷(1995), 卢福波(2000), 맹주억(2005)이 있다.

어 화자를 위한 어문교육문법 체계로 교육되는 것은 지양되고, 의미(기능)이나 표현중심의 문법체계에 대한 연구가 확대되어야 한다는 의견은 일치됨을 알 수 있다. 이를 통해 외국인 학습자들의 교육문법 체계가 의사소통 중심, 표현 중심 문법체계의 정립되어야 함을 알 수 있다.

2. 중국어 교육문법 체계 분석

현행 교육문법 체계를 의사소통 능력 제고와 표현중심 교육문법 체계의 관점에서 검토해보기 위해 교육문법저서와 교육문법 요목을 분석하고자 한다. 중국어 교육문법 요목과 저서 편찬은 1980년대 이후 중국내 외국인 유학생이 급증하고 중국어교육에 대한 관심이 높아지고, 교육영역, 과정 등에 관심이 시작되었다. 이 시기에 몇몇 학자에 의해 외국인 학습자를 위한 교육문법저서가 편찬되었다. 대표적인 저서는 刘月华(2001)의『实用现代汉语语法』, 李德津(1988)의『外国人实用汉语语法』, 房玉清(1984)의『实用汉语语法』, 卢福波(1996)의『对外汉语教学实用语法』이다.101) 이 저서들은 외국인 학습자 문법교육의 실용성에 중점을 두고 편찬되었다. 중국어 교육문법 요목은 80년대 후반에 중국어교육 사업이 활성화되면서 国家汉办이 설립되고, '중국어 교육요목'사업의 일환으로 1996년에『语法等级大纲』이 제정되었다. 2003년 이후 전 세계 외국인

---

101) 이들 교육문법저서 서문에 모두 외국인 학습자를 대상으로 하였음을 명시하였고, 교육문법을 목적으로 하며, 실용성을 강조하였다고 언급하였다. 이들은 국내에서도 번역되고, 출판되어 현재 국내 문법교육 시 저서로도 많이 사용되고 있고, 현재까지 편찬된 문법저서에 직·간접적 영향을 끼쳤다. 그러므로 이 연구에서는 이들 저서만을 대상으로 선정하였다. 2000년대 이후 중국과 국내의 문법저서에 반영된 체계는 차후 연구에서 다룰 계획이므로 포함시키지 않는다. 이 연구의 대상인 문법저서들은 편찬 시기 순서로 나열하였고, 제시된 년도는 개정판이 출판된 시기를 명시하였다.

학습자를 대상으로 체계적인 중국어 교육을 위한 '汉语桥工程'의 국제 중국어 교육 기준 확립'을 위해 2008년에 『国际大纲(语法)』이 제정되었다.

이 장은 중국어교육 발전과정에 편찬된 대표적인 중국어 교육문법 저서와 중국어 교육요목에 반영된 교육문법의 체계를 5가지 기준을 중심으로 분석하고자 한다. 그 기준은 문법단위, 품사, 문장성분, 문장분류, 특수문 등이다.

1) 교육문법 요목의 문법체계

외국인 학습자를 대상으로 제정된 중국어 교육요목 『语法等级大纲』와 『国际大纲(语法)』에 반영된 문법체계를 검토하고[102] 기준별 문법내용을 살펴보며, 요목들의 특징을 분석하고자 한다.

① 『语法等级大纲』

문법단위는 '형태소', '단어', '구', '문장', '문단'을 제시하였다. '형태소'와 '문단'은 『语法等级大纲』에서는 다루어지지 않다가 『语法等级大纲』(1996)에서 새로이 보완된 것이다. '품사'는 명사, 대명사, 동사, 형용사, 수사, 양사, 부사, 전치사, 접속사, 조사[103], 감탄사, 의성사로 제시하였다. '문장성분'은 주어, 술어, 목적어, 관형어, 부사어, 보어로 6종류를 제시하였다. 문장 분류는 '술어성질에 따른 분류'와 '용도에 따른 분류'에

---

102) 『语法等级大纲(语法)』은 甲, 乙, 丙, 丁으로 등급을 나누었고, 『国际大纲(语法)』은 1~5급으로 나누었다. 이 연구에서는 두 요목의 문법체계 등급과 관계없이 요목의 문법체계에 대해서 분석한다.

103) 조사는 『语法等级大纲』에서 '了', '着', '过'를 '완료태', '경험태', '지속태', '진행태', '변화태'로 변경되었다.

구분하였다. 그 중 '술어성질에 따른 분류'는 '동사술어문, 형용사술어문, 명사술어문, 주술술어문'이고, '용도에 따른 분류'는 '진술문, 의문문, 명령문, 감탄문'이다. '특수문'은 '把'자문, '被'자문, 연동문, 겸어문, '是'자문, 존현문, 有자문, 是~的문, 비교문이다.

<표 34> 『语法等级大纲』의 문법체계

구분	공통된 문법 내용
문법단위	형태소, 단어, 구, 문장, 문단
품사	명사, 대명사, 동사, 형용사, 수사, 양사, 부사, 전치사, 접속사, 조사104), 감탄사, 의성사
문장성분	주어, 술어, 목적어, 관형어, 부사어, 보어
문장분류	술어성질에 따른 분류: 동사술어문, 형용사술어문, 명사술어문, 주술술어문
	용도에 따른 분류: 진술문, 의문문, 명령문, 감탄문
특수문	把자문, 被자문, 연동문, 겸어문, 是자문, 존현문, 有자문, 是~的문, 비교문

『语法等级大纲』문법체계의 특징은 전체적인 문법체계는 중국인을 위한 어문 교육문법 체계를 전면적으로 수용하였다. '형태론'과 '통사론' 부분을 상세하게 다루었으며, 이들의 대응관계를 통해 중국어의 특징을 잘 설명하고 있다. 그리고 동사와 목적어의 의미상 분류는 『提要』에 영향을 받아 '부사', '전치사', '주어'나 '목적어'의 분류도 의미기능에 중점을 두어 분류하였다. 전체적으로 '품사', '문장성분', '문장분류', '특수문', '의문문' 등에서 다뤄진 내용을 통해 '어문교육문법 요목'의 영향을 받았음을 알 수 있다.105)

---

104) 조사 중에 '了', '着', '过'를 『语法等级大纲』에서는 '완료태', '경험태', '지속태', '진행태', '변화태'로 다루었다.

② 『国际大纲(语法)』

『语法等级大纲』과 달리 '문법단위'을 제시하지 않았다. 그러나 '단어', '구', '문장', '복문' 등은 문법항목을 통해 간접적으로 제시하였다. '품사'는 동사중첩, 조동사, 인칭·지시·의문대명사, 방위사, 수사, 접속사, 전치사(跟, 给), 부사(最), 시간부사(还, 已经, 再-又, 就-才), 상용양사(个, 名, 件, 条, 块, 张, 斤)만을 제시하였다. '문장성분'도 부사어, 보어, 목적어만 제시하였다. 목적어는 이중목적어 구문을 통해 간접적으로 제시하였고, 부사어는 정도부사 부사어, 시간부사어, 장소부사어, 범위부사어으로 구분하여 제시하였다. 보어는 시량보어, 동량보어, 결과보어, 결과보어 가능식, 상용가능보어, 방향보어(단순, 복합, 파생용법 가능식), 정도보어를 제시하였다. '문장 분류'는 술어성질에 따른 분류, 용도에 따른 분류, 구조에 따른 분류로 구분하였다. '술어성질에 따른 분류'는 동사술어문, 형용사술어문, 명사술어문이 있고, '용도에 따른 분류'는 부정문, 의문문, 명령문, 감탄문이 있다. '구조에 따른 분류'는 '구(的자 구문)', '문장(복문, 각종복문)'을 제시하였다. '특수문'은 존현문, 비교문, 연동문, 겸어문, 是~的구문, 把자문, 피동문(의미상피동문 포함)을 제시하였다. 그 밖에 '동작의 태'와 '표현항목'을 다루었다. '동작의 태'는 진행형, '着의 용법', '了의 용법', '过의 용법'을 다루었다. '표현항목'은 『国际大纲(语法)』에서 처음 다루어 진 것으로 소속관계 표현(명사/대명사+的+명사), 존재 표현 (有, 是, 在), 거리 표현 (离), 바람 표현 (要, 想), 동등 표현 (跟, 和...一样), 금액 표현, 사건진행 표현, 동등 표현, 피동 표현 (의미상피동문 포함) 등을 다루었다.

---

105) 위수광(2010:52)을 참조.

분류	『国际大纲(语法)』의 문법항목	
문법단위	없음	
품사	· 동사중첩, 조동사 (能, 会, 可以, 应该, 愿意) · 인칭 · 지시 · 의문대명사, 방위사, 수사, 접속사, 전치사 (跟, 给) · 부사 (最), 시간부사 (还, 已经, 再-又, 就-才) · 상용양사 (个, 名, 件, 条, 块, 张, 斤)	
문장 성분	· 부사어: 정도부사 부사어, 시간부사어, 장소부사어, 범위부사어(也, 都) · 보 어: 시량보어, 동량보어 (次, 遍, 趟) 　　　　 결과보어 (일반형용사, 完, 到, 好) 　　　　 결과보어 가능식, 상용가능보어 　　　　 방향보어 (단순, 복합, 파생용법 가능식), 정도보어 · 목적어: 이중목적어 구문	
문장 분류	[술어성질에 따른 분류] · 동사술어문, 형용사술어문, 명사술어문 (연령, 출신지, 시간, 금액)	
	[용도에 따른 분류] · 의문문: 일반의문문, 의문대명사의문문, 선택의문문, 정반의문문, "怎 　　　 么"를 사용한 의문문, "怎么了"를 사용한 의문문, "怎么样"를 　　　 사용한 의문문 · 명령문: 请+동사, · 감탄문 · 부정문: "不"를 이용한 부정문, "没有"를 이용한 부정문	
	[구조에 따른 분류] 구: '的자 구문' 문장: 1) 복문 2) 각종복문	
특수문	존현문, 비교문, 연동문, 겸어문, 是…的구문 把자문, 피동문 (의미상피동문 포함)106)	
동작의태	진행형, '着의 용법', '了의 용법', '过의 용법'	
표현 방식	· 소속관계 표현 (명사/대명사+的+명사) · 존재 표현 (有, 是, 在) · 바람 표현 (要, 想) · 금액 표현 · 동등 표현	· 거리 표현 (离) · 동등 표현 (跟, 和…一样) · 사건진행 표현 · 피동 표현 (의미상피동문 포함)

---

106) 표현항목의 '피동표현'과 중복된다.

『国际大纲(语法)』 문법체계의 특징을 다음과 같이 정리할 수 있다.

첫째, 『国际大纲(语法)』은 형태론, 통사론의 전통적인 방식에서 벗어나 문법단위(형태소, 품사, 구, 문장, 단락)나 문법유형을 범주화하지 않고, 요목의 등급과 목표에 맞는 문법항목만을 제시하였다.

둘째, '품사'나 '문장성분'에서 전체적인 문법내용을 다룬 것이 아니라 외국인 학습자가 어려워하는 문법항목들을 중심으로 제시하였다. 예로 품사의 '전치사', '부사', '양사' 등과, 문장성분의 '부사어', '보어' 등이 있다. 특히 '부사어'에서는 '정도부사가 부사어로 쓰인 경우', '시간부사어', '장소부사어', '범위부사어' 등으로 상세하게 분류하였고, '보어'는 『语法等级大纲』에서 제시한 보어와 동일하나 용어 제시방법에 차이가 있다. 예로 '가능보어'를 '결과보어 가능식', '상용가능보어' 등 문법항목의 통사구조를 쉽게 이해할 수 있게 제시하였다.

셋째, 의미기능에 중점을 두어 '표현항목'을 다루었다. 이는 학습자가 의사소통 상황에서 요구되는 의미기능을 적절하게 표현할 수 있도록 문법항목을 활용할 수 있게 하였다. 따라서 외국인 학습자가 문법 지식을 쉽게 활용할 수 있도록 하였다. 예로 소속관계표현 (명사·대명사+的+명사), 존재표현 (有, 是, 在), 거리표현 (离), 바람표현 (要, 想), 동등표현 (跟·和…一样) 등이 있다.[107]

2) 교육문법 저서의 문법체계

대표적인 중국어 교육문법저서에 반영된 교육문법 체계를 교육문법 요목과 동일한 기준(문법단위, 품사, 문장성분, 문장의 분류, 특수문, 기타 특징)으로 분석하고자 한다. 우선 문법저서별로 기준에 따른 문법내용을

---

107) 위수광(2010:56-57)을 참조

표로 정리하면 다음과 같다.

<표 36> 대표적인 문법저서의 교육문법 체계

	刘月华(2001)	李德津(1988)	房玉清(1984)	卢福波(1996)
문법 단위	형태소, 단어, 구, 문장+텍스트	없음	형태소, 단어, 구, 문장	형태소, 단어, 구, 문장
품사	**실사:** 명사, 동사(助动词포함), 형용사, 수사, 양사, 대명사, 부사 **허사:** 전치사, 접속사, 조사, 의성사, 감탄사	명사, 동사, 조동사, 형용사, 수사, 양사, 대명사, 부사, 전치사, 접속사, 조사, 의성사, 감탄사	**실사와 허사** (**실사:** 명사, 처소사, 시간사, 방위사, 수사, 양사, 동사, 형용사, 지시대명사 **허사:** 부사, 전치사, 접속사, 조사, 의성사, 감탄사) **감탄사와 의성사 동음사와 겸류사**	명사, 동사, 형용사, 수사, 양사, 대명사, 부사, 전치사, 접속사, 조사, 의성사, 감탄사
문장 성분	관형어, 주어, 부사어, 술어, 보어, 복적어	관형어, 주어, 부사어, 술어, 보어, 목적어	관형어, 주어, 부사어, 술어, 중심어, 술어, 보어, 목적어	관형어, 주어, 부사어, 중심어, 술어, 보어, 목적어
문장 분류	기능) 진술문, 의문문, 명령문, 감탄문 구조) 주술문(동사술어문, 형용사술어문, 명사술어문, 주술술어문), 비주술문 단문, 복문	단문: [구조]: 동사술어문, 형용사술어문, 명사술어문, 주술술어문, 무주어문, 일어문(独词句), 简略句 [용도]: 진술문, 의문문, 감탄문	整句与 零句 주술문与 비주술문 단문与 복문문	어기: 진술문, 의문문, 명령문, 감탄문 구조: 단문与 복문 주술문与비주술문 동사술어문, 형용사술어문, 명사술어문, 주술술어문
특 수 문	**몇 가지 특수한 동사술어문**	**특수한 동사술어문**	**句式的变换**	**特殊句式**

	有자문, 是자문, 연동문, 겸어문, 존현문, 把자문, 被자문	有자문, 是자문, 연동문, 겸어문, 존현문, 把자문, 被자문	1)긍정과 부정:
			  不, 没, 이중부정
			2)진술과 의문:
			  是非问句, 非是非
				· 이중목적어문, 能愿动词 주술술어문
				· 연동문, 겸어문, 존현문

			问句(特指问句, 选择问句, 正反问句)	
			3)능동과 피동: 主动句, 被动句, 把자문, 被자문	
			4)위치와 상태: 存在句, 隐现句	
특징	·보어: 결과, 방향, 가능, 情态, 介词短语보어 ·是~的문: 비교의 방식, 복문과 텍스트 등	·동작의 상태: 동작의 진행, 동작의 지속, 동작의 완성, 동작의 발생하려 함, 동작의 경과 ·비교를 나타내는 방법: 比, 跟, 象, 不如, 越来越를 이용한 비교 ·강조를 나타내는 방법: '의문대명사', '哪儿~啊', '不是~吗?', '连~都(也)', 부사'是', 부사'就', '이중부정', '是~的'를 이용한 강조	1. 보어제시방법: **得를 지니지 않은 것**: 결과보어, 방향보어, 결과보어와 방향보어의 虛化, 가능보어, 정도보어 **得를 지닌 것**: 정도보어, 情态보어 2. 범주설정: 수량범주, 동태범주, 시공범주, 어기범주 3. 동태조사 구체적 제시: '동태조사와 동사분류' '동태조사의 조합과 변환' 4. 句式的变换 1)긍정과 부정: 긍정문과 부정문, '不', '没有', 이중부정 2)진술과의문: 是非问句, 非是非问句(特指问句, 选择问句, 正反问句) 3)능동과피동(主动和被动): '主动句和被动句', '把字句和被字句' 4)위치와상태(位置	1. 동태와 조사 1)동작의 진행, 지속과 将行 2)동작의 완성, 현실과 경력 2. 보충어 1)결과보어, 방향보어 2)情态보어, 수량보어 3)가능보어, 介词词组보어

			和状态): 존재문 (存在句), 隐现句 5)起点和终点 6)强调和减弱	

<표 36>에서 문법저서별로 기준에 따른 문법내용을 살펴보았다. 이들의 기준에 해당하는 내용은 교육문법요목과 함께 다루기로 하고, 우선 문법저서별 특징을 정리해보면 다음과 같다.

刘月华(2001)[108]는 보어를 결과보어, 방향보어, 가능보어, 情态보어, 정도보어, 수량보어, 介词短语보어로 구분하였다. 특수문 이외에 '是~的'문, 비교의 방식, 복문과 텍스트 등을 구분하여 별도로 다루었다는 것이 특징이다.

李德津(1988)[109]는 '동작의 상태', '비교를 나타내는 방법', '강조를 나타내는 방법'으로 제시하여 세부적인 항목을 상세하게 다루고 있다는 것이다. 구체적으로 살펴보면 '동작의 상태'는 동작의 진행, 동작의 지속, 동작의 완성, 동작의 발생하려 함, 동작의 경과(动作的过去经历)로 구분하였다. '비교를 나타내는 방법'은 구체적으로 '比'를 이용한 비교, '跟'를 이용한 비교, '有'를 이용한 비교, '象'을 이용한 비교, '不如'를 이용한 비교, '越来越'를 이용한 비교로 사용되는 항목들을 세분화하여 제시하였다. '강조를 나타내는 방법'으로는 '의문대명사'를 이용한 강조, '哪儿~啊'를 이용한 강조, '不是~吗?'를 이용한 강조, '连~都(也)'를 이용한 강조, 부사'是'를 이용한 강조, 부사'就'를 이용한 강조, '이중부정'을 이용한 강조, '是~的'를 이용한 강조를 자세하게 다룬 것이 특징이다.

---

108) 刘月华(2001), 『实用现代汉语语法』, 商务印书馆
109) 李德津(1988), 『外国人实用汉语语法』, 华语教学出版社

房玉清(1984)[110]의 특징은 4가지로 정리할 수 있다. 첫째, 보어의 제시 방법이다. 기존의 기술방식이 아닌 구조적으로 得를 지닌 보어와 得를 지니지 않은 보어로 구분하였다. 得를 지닌 보어에는 결과보어, 방향보어, 결과보어와 방향보어의 虛化, 가능보어, 정도보어가 있고, 得를 지니지 않은 보어에는 수량보어, 情态보어로 구분하였다. 둘째, 범주 설정이다. 대표적으로 수량범주, 동태범주, 시공범주, 어기범주를 구분하여 제시하였다. 셋째, 동태조사를 구체화이다. 예로 '동태조사와 동사분류', '동태조사의 조합과 변환'이 있다. 넷째, 문형 변환(句式的变换)이다.[111]

卢福波(1996)[112]는 동태조사와 보어의 기술방법이다 동태조사는 '동태와 조사'로 제시하면서 세부적으로는 동작의 진행, 지속과 将行, 동작의 완성, 실현과 경력으로 제시하였고, 보어는 '보충어'로 분류하여 결과보어, 방향보어, 情态보어, 수량보어, 가능보어, 介词词组补语로 다룬 것이 특징이다.

3) 현행 중국어 교육문법 체계의 특징

교육문법 요목과 교육문법 저서는 용도에 차이가 있다. 하지만 이 연구의 목적을 위해 교육문법 요목과 교육문법저서는 중국어 교육적 관점에서 동일하게 이들에 반영된 교육문법 체계를 검토하여 다음과 같은 기준별 특징을 분석하였다.

---

110) 房玉清(1984), 『实用汉语语法』, 北京大学出版社
111) 다음과 같이 6가지로 구분하여 제시하였다.
　　1)긍정과 부정: 긍정문과 부정문, '不', '没有', 이중부정, 2)진술과 의문: 是非问句, 非是非问句(特指问句, 选择问句, 正反问句), 3)능동과 피동(主动和被动):主动句和被动句, '把字句和被字句', 4)위치와 상태(位置和状态): 존재문(存在句), 隐现句, 5)起点和终, 6)强调和减弱
112) 卢福波(2004), 『实用现代汉语语法』, 北京语言大学出版社

문법단위: 대부분 형태소, 단어, 구, 문장, 복문, 다중복문, 句群 을 언급하였고, 『国际大纲(语法)』과 저서 李德津(1988)는 전혀 언급하지 않았다. 刘月华(2001)는 개정판에서 篇章을 새로이 포함시켰다. 단 구의 용어가 词组, 短语를 혼용하여 사용하고 있다.

품사: 대부분이 12개로 명사, 대명사, 동사, 형용사, 수사, 양사, 부사, 전치사, 접속사, 조사, 감탄사, 의성사의 품사를 제시하였다. 刘月华(2001)와 房玉清(1984)는 실사, 허사를 구분하여 제시하였다. 차이점은 부사를 刘月华(2001)는 허사로, 房玉清(1984)는 실사로 다룬 것이 차이점이다. 그 밖에 『语法等级大纲』(1996)는 겸류사, 이합사를 다루었고, 房玉清(1984)는 감탄사와 의성사, 동음사와 겸류사를 구분하여 다루었다. 특징적인 것은 『国际大纲(语法)』는 방위사, 인칭대명사, 지시대명사, 의문대명사, 동사중첩, 조동사, 상용양사, 부사, 시간부사, 전치사를 다루므로 기존의 교육문법 체계와는 차이를 보였다.

문장성분: 대부분 주어, 술어(谓语), 목적어, 관형어, 부사어, 보어를 다루었다. 房玉清(1984)와 卢福波(1996)는 술어(述语), 중심어(中心语)를 더 포함시켜 8개의 문장성분을 제시하였다. 그러나 『国际大纲(语法)』이 중목적어구문을 통해 목적어를 제시하고, 부사어(정도부사어, 시간부사어, 장소부사어, 범위부사어), 보어(시량보어, 동량보어, 결과보어, 결과보어의 가능식, 상용가능보어, 방향보어, 방향보어의 가능식, 정도보어)만을 제시하고, 주어, 관형어 등에 대해서는 언급하지 않아 다른 요목과 저서와 큰 차이를 보였다.

문장분류: 문법요목과 문법저서에 차이가 있었다. 문법요목에서는 술어성질에 따른 분류와 용도에 따른 분류로 구분한 것은 동일하나 차이는 『语法等级大纲』에서 제시한 주술술어문은 『国际大纲(语法)』에서 다루지 않았고, 『语法等级大纲』에서 진술문은 『国际大纲(语法)』에서 부정문으로만 제시하였다.

문법저서에서 刘月华(2001)는 '구조'와 '기능'에 따라 분류하였고, 李德津(1988)는 문장을 '구조'와 '용도'로 구분하였다. 房玉清(1984)는 문장을 整句과 零句, 주술문과 비주술문, 단문과 복문, 문장어기에 따라 구분하였다. 卢福波(1996)는 '구조'와 '어기'로 구분하였다.

이것으로 술어성질과 용도에 따라 분류한 문법요목은 실제 활용에 초점을 둔 것으로 여겨지는 반면 문법저서는 구조와 기능 혹은 용도에 따른 구분으로 문장을 분석하여 이해에 초점을 둔 것으로 여겨진다.

특수문: 『语法等级大纲』, 『国际大纲(语法)』, 刘月华(2001), 李德津(1988)는 비슷한 유형으로 제시하였고, 房玉清(1984)와 卢福波(1996)은 다소 차이가 있었다. '有자문, 是자문, 연동문, 겸어문, 존현문, 比较句, 把자문, 被자문, 是~的문'은 공통적으로 제시되었고, '比较句, 被자문, 是~的'의 제시방법에 차이를 보였다.[113] 房玉清(1984)만은 '句式的变换'으로 분류하고, 구체적으로 '긍정과 부정', '진술과 의문', '능동과 피동', '위치와 상태', '起点和终点', '强调和减弱'로 제시하였다. 卢福波(1996)은 '特殊句式'로 분류하고, '존현문, 연동문, 겸어문, 이중목적어문, 能愿动词句, 주술술어문'을 제시하였다. '이중목적어문, 能愿动词句, 주술술어문이 특수문'으로 다루어졌다는 것이 특징적이다.

이상으로 房玉清(1984)을 제외한 나머지 요목과 저서는 거의 동일한 특수문을 다루었다. 특히 문법요목들은 '有자문, 是자문, 연동문, 겸어문, 존현문, 比较句, 把자문, 被자문, 是~的문'을 모두 제시하였다. 반면 일부 의미기능, 문법기능 어휘를 제시한 저서는 문법요목과 차이를 보였다.

---

113) 『语法等级大纲』, 『国际大纲(语法)』에서는 동일하게 被자문과 被动句를 함께 제시하였다. 比较句를 刘月华(2001)는 '비교의 방식'으로 분류하고, '사물, 성질의 차이점 비교', '성질, 정도의 차별, 고저의 비교'를 제시하였다. 李德津(1988)는 '비교의 방법'으로 분류하고, '比, 跟, 有, 象, 不如, 越来越'를 활용한 비교를 제시하였다. '是~的문'을 확대하여 '강조표현의 방법'으로 분류하여 '是~的문' 이외에 '의문대명사, 哪儿~啊, 不是~吗, 连~都, 부사是, 부사就, 이중부정'도 다루었다.

기타 특징: 문법요목이나 문법저서에서 차이를 보이는 문법항목으로 '의문문', '동작의 태', '보어', '강조법', '표현방식', '범주' 등이 있다.

'의문문'은 문법요목에서 상세하게 제시하였다. 『语法等级大纲』는 11 가지의 방법으로 질문하는 방법을 제시하였고,[114] 『国际大纲(语法)』는 '吗, 吧, 呢'를 이용한 일반의문문, '什么, 谁, 哪, 哪儿, 几, 多少, 多大, 什么时候를 사용한 의문문', 정반의문문, 还是 사용한 선택의문문, '怎么, 怎么样, 好吗, 可以吗, 行吗'를 사용한 의문문을 제시하였다.

'동작의 태'는 『语法等级大纲』에서 완성태, 변화태, 지속태, 진행태, 경험태로 제시하였고, 『国际大纲(语法)』에서 진행형, '了, 着, 过의 용법'으로 제시하였다. 그리고 刘月华(2001)는 품사(조사)중의 구조조사(的, 地, 得, 所, 给), 동태조사(了, 着, 过, 来), 어기조사(啊, 吗, 呢, 吧, 的, 了)로 구분하여 제시하였다. 李德津(1988)은 동작의 진행, 동작의 지속, 동작의 완성, 동작이 발생하려 함, 동작의 경과로 제시하였고, 房玉清(1984)는 '동태조사와 동사분류', '동태조사의 조합과 변환'으로 구체적으로 제시하였다. 卢福波(1996)는 '동작의 진행', '지속과 将行', '동작의 완성', '현실과 경력'으로 제시하였다. 동일한 문법항목이 다양한 방법으로 제시하였다.

'보어'는 '결과보어', '방향보어', '가능보어', '정도보어', '상태(情态)보어', '수량(시량, 동량)보어'를 다루었으나 차이를 보였다. 예로 '가능보어'는 『国际大纲(语法)』에서 '결과보어의 가능식, 방향보어의 가능식, 상용가능보어'로 제시하였다. '정도보어'는 『语法等级大纲』, 刘月华(2001), 房玉清(1984)에서는 '정도보어'와 '상태(情态)보어'로 구분하여 제시하

---

114) '吗', '好吗, 行吗, 对吗, 可以吗', '吧', '의문어조를 나타내는 의문문', '谁, 什么, 哪儿, 多少, 几, 怎么, 怎么样'를 사용한 의문문, '의문대명사의문문+呢', '긍정형식과 부정형식 중첩의문문', '긍정형식+没有를 사용한 의문문', '의문부사多를 사용한 의문문', '어기조사 呢를 사용한 의문문', '(是)~还是를 사용한 의문문'이 있다.

였고, 『国际大纲(语法)』, 李德津(1988)은 '정도보어'로만 제시하였다. 반면 卢福波(1996)는 '상태보어'로만 제시하여 차이를 보였다. '수량보어'도 대부분 '시량보어'와 '동량보어'를 다루고 있으나 李德津(1988)만 '수량보어'로 제시하였고, 房玉清(1984)은 다루지 않았다. 그리고 '介词短语补语'는 李德津(1988)와 卢福波(1996)만 다루었다.

'강조법'은 『语法等级大纲』은 '강조의 방법'으로 구분하여 상세하게 다루었다.115)

'문법범주'는 房玉清(1984)만 다루었고, 수량범주, 동태범주, 시공(时空)범주, 어기범주로 구분하여 각 범주에 해당되는 문법내용을 다루었다.

'표현방식'은 『国际大纲(语法)』에서 처음으로 다루어졌다. 이 요목은 외국인 학습자를 위해 자주 사용하는 표현들을 분류하여 그에 해당되는 문법내용을 제시하였다. 이들을 '소속관계표현', '존재표현', '거리표현', '바람표현', '동등표현', '금액표현', '사건진행표현', '동등표현', '피동표현(의미상피동문포함)'으로 제시하였다. 이는 이 연구의 출발점이기도 하다.

이상에서 살펴본 중국어 교육문법 체계는 문법단위(형태소, 단어, 구, 문장, 문단 등), 품사(명사, 대명사, 동사 등), 문장성분(주어, 술어, 목적어, 관형어, 부사어, 보어 등)으로 구성되어 있다. 대부분이 문장을 구성하는 단위로 문법기능의 유사성에 따른 분류라고 할 수 있다. 예로 구조조사(了, 着, 过), 특수문(是字句, 有字句, 被字句, 把字句 등) 등은 공통된 문법기능을 범주화 한 것이다. 이들은 개별적이고 분석적이어서 학습자가 중국어의 문장을 정확하게 이해를 돕는 이해중심의 문법체계라고 할 수 있다. 물론 『国际大纲(语法)』에서 일부 표현중심의 문법내용을 다루

---

115) '부사 就의 강조', ' 동사 是강조', '이중부정강조', '부사 可의 강조', '非~ 不可의 강조', '~也(都), 也没(不)의 강조', '반어문', '连~也(都)'의 강조 등을 제시하였다. 李德津(1988)도 '강조의 방법'으로 구분하여 세부적으로 '의문대명사를 이용한 강조', '哪儿~啊를 이용한 강조', '连~都(也)를 이용한 강조', '부사 是를 이용한 강조', '부사 就를 이용한 강조', '이중부정을 이용한 강조', '是~的를 이용한 강조'로 제시하였다.

었지만, 현행 중국어 교육문법 체계는 대체적으로 이론문법이나 어문교육문법 체계에 근거한 이해중심의 문법체계임을 알 수 있다.

3. 표현중심의 교육문법체계 구상
: 이해중심 문법과 표현중심 문법의 비교

앞의 분석을 통해 현행 중국어 교육문법 체계가 대부분 이해중심 문법체계이고, 일부 문법항목들만 표현중심 문법으로 구성되었음을 알 수 있다. 하지만 한국인 학습자의 중국어 의사소통 능력 향상을 위해서는 문장을 기본 표현단위로 하여 종합적이고 전체적인 표현단위(구, 문장)로 소통하는 것이 효율적일 것이다.116) 이런 관점에서 현행 중국어 교육문법 체계에서 표현중심의 문법체계를 이해중심의 문법체계의 문법항목과의 비교를 통해 그 개념을 명확히 하고자 한다. 더불어 현행 중국어 교육문법의 항목 중 표현중심의 문법항목으로 확대시킬 수 있는 몇 가지 문법항목들을 실례를 통해 살펴봄으로 표현중심의 교육문법에 대한 인식을 명확히 하고자 한다.

교육문법 요목과 문법저서들에 반영되어 있는 문법체계는 대부분이 이해중심 문법이고, 일부 문법항목은 표현중심 문법으로 구성되어 있다. 예로 문법저서에서 제시된 표현항목으로는 李德津(1988)의 '동작의 상태(동작의 진행, 동작의 지속, 동작의 완성, 동작이 발생하려함, 동작의 경과)'이 있다. 房玉清(1984)의 '범주설정(수량범주, 동태범주, 시공범주, 어기범주)', '진술과 의문(是非问句, 非是非问句[特指问句, 选择问句, 正反问句])', '능동과 피동(主动句, 被动句, 把字句, 被字句)', '위치와 상태

---

116) 표현단위(구, 문장)에 대해서는 이 연구에서 다루지 않기로 한다.

(存在句, 隐现句)', '起点과 终点'이 있다. 卢福波(1996)의 '동태와 조사
(동작의 진행, 지속과 将行, 동작의 완성, 현실과 경력)'이 있다. 문법요목
에서 제시된 표현항목으로는 『语法等级大纲』의 '동작의 태(완성태, 변화
태, 지속태, 진행태, 경험태)'가 있다. 이들 문법저서와 요목 『语法等级大
纲』은 주로 동태조사, 특수문을 표현중심으로 제시하였다. 그러나 표현항
목을 처음으로 제시한 『国际大纲(语法)』에서는 '소속관계표현(명사/대명
사+的+명사)', '존재표현(有, 是, 在)', '거리표현(离)', '바람표현(要, 想)',
'동등표현(跟, 和...一样)', '금액표현', '사건진행표현', '동등표현', '피동
표현(의미상피동문 포함)' 등이 있다. 이를 통해 문법저서보다 다양하게
제시되었다.

이상으로 앞서 제시한 『国际大纲(语法)』의 표현중심 문법항목과 문법
저서와 『语法等级大纲』의 이해중심 문법항목의 예를 비교하여 표현중심
의 문법항목을 명확히 하고자 한다.

① 존재표현: 在, 有, 是

<표 37> '在, 有, 是'의 비교

이해중심의 문법	표현중심의 문법
문법저서: 在, 有, 是	『国际大纲(语法)』: 존재표현
刘月华(2001): 다루지 않음 李德津(1988): 품사-동사-판단, 소유, 존재를 나타냄: 是, 有, 在(※是, 有, 在의 다양한 의미 소개) 房玉清(1984): 존재문: 다양한 존재표현의 구문 소개(是, 有, 在 포함) 卢福波(1996): 동사: 是字句, 在字句, 有字句 是, 有, 在의 다양한 의미 소개	'在字句': 방위사(구)+在+방위구 北京大学在清华大学西边。 '有字句': 방위사+有+명사(구) 桌子上有两本书。 '是字句': 방위구+是+명사(구) 图书馆西边是运动场。
『语法等级大纲』(1996) "是" 字句, "有" 字句	
几种特殊的动词谓语句	

'是字句': 존재를 나타냄. 　图书馆东边是操场。 　桌子上是书和报。 '有字句': 존재를 나타냄. 　屋里有两张桌子。 　学校门口有很多汽车。	

<표 37>에서 존재의미를 나타내는 동사 '在, 有, 是'를 세 권의 문법저서는 동사 '在, 有, 是'만을 소개하고 동사별로 다양한 의미와 문법기능을 소개하였다. 『语法等级大纲』(1996)는 특수문(几种特殊的动词谓语句)에서 '是字句', '有字句'에서 다루었고, 문법저서와 같이 동사별 의미만을 예로 제시하였다. 이들은 모두 동사 '在, 有, 是'를 제시하여, 동사별 의미만을 소개하였다. 이들은 동사 '在, 有, 是'의 문장 내 기능의 이해를 돕기 위한 체계임을 알 수 있다. 반면『国际大纲(语法)』는 '존재표현'을 문법 항목으로 분류하여 이에 해당되는 동사 '在, 有, 是'의 표현구조(문장)를 함께 제시하였다. 이는 학습자가 존재의미를 표현하기 위한 문장구조(표현구조)를 제시하였다.

② 거리표현 : 离

<표 38> '离'의 비교

이해중심의 문법	표현중심의 문법
문법저서: 离	『国际大纲(语法): 거리표현
刘月华(2001), 李德津(1988), 卢福波(1996): 다루지 않음 房玉清(1984): 단어만 예로 제시	A点+离+B点+远/近/거리수 北京大学离清华大学很近。
『语法等级大纲』: 离	
품사·전치사: 시간, 장소, 기점을 나타냄 当, 在, 从, 离	

<표 38>에서 거리의미 전치사 '离'는 세 권의 문법저서에서 전혀 언급하지 않고, 房玉清(1984)에서만 소개하였다. 『语法等级大纲』(1996)은 품사(전치사) 분류에서 시간, 장소, 기점으로 구분하여 예로만 제시하였다. 이들은 모두 거리표현에 관한 언급없이 품사(전치사)의 예로만 제시하였다. 이는 전치사별 의미기능과 문법기능을 제시하여 문장의 이해를 돕는 체계이다. 반면 『国际大纲(语法)』은 '거리표현'을 문법항목으로 구분하여 전치사 '离'를 사용한 표현구조(문장)를 제시하였다. 이는 학습자가 거리의미를 표현할 수 있도록 표현(문장)구조를 상세하게 제시하였다.

③ 바람표현: 想, 要

<표 39> '想, 要'의 비교

이해중심의 문법	표현중심의 문법
문법저서: 想, 要	『国际大纲(语法): 바람표현(想, 要)
刘月华(2001): 품사-동사-能愿动词 '바램 나타냄': 想, 要, 愿意, 肯, 敢 단어별 다양한 기능 소개 李德津(1988): 품사-助动词 '주관적 바램 나타냄': 想, 要, 愿意, 肯, 敢 단어별 다양한 기능 소개 房玉清(1984): 품사-동사-助动词 단어로만 제시 卢福波(1996): 동사-助动词 단어를 예로만 제시	주어 + 要 + 명사 我要一瓶可乐。 주어 + 要/想 + 동사구 我想去中国。 玛丽要去图书馆。
『语法等级大纲』(1996): 想, 要	
품사-동사-助动词 단어로만 제시	

바람의미는 대부분 조동사(능원동사)로 표현하게 된다. 네 권의 문법저

서와 『语法等级大纲』는 조동사를 대체적으로 품사- 동사- 조동사(능원동사)의 하위분류로 제시하였다. 물론 저서나 요목에 따라 동사를 품사구분하지 않은 저서(卢福波(1996))도 있고, 동사의 하위부류가 아닌 동사와 동등한 품사로 구분한 저서(李德津(1988))도 있다. 또한 용어에서 刘月华(2001)만이 '能愿动词'라고 하였고, 나머지 저서는 모두 '助动词'라고 하였다. 조동사를 의미기능별로 나누어서 예로 제시한 문법저서(刘月华(2001), 李德津(1988))도 있다. 이들은 모두 조동사 '想, 要'를 바람의미로 제시하였으나, 문법기능을 소개하는 방식으로 제시하여 문장의 이해를 돕고자 하였다. 반면 『国际大纲(语法)』의 '바람표현'은 문법항목으로 제시하고, 이에 해당되는 조동사 '要, 想' 뿐 아니라 동사 '要'도 함께 표현구조(문장)로 제시하였다. 이는 학습자가 바람표현을 하기 위한 문장구조이다.

④ 피동표현: 被动句, 被字句

<표 40> 被动句, 被字句의 비교

이해중심의 문법	표현중심의 문법
문법저서: 被动句, 被字句	『国际大纲(语法): 피동표현
刘月华(2001): 几种特殊的动词谓语句-'被字句' 다양한 문법기능 설명 李德津(1988): 特殊的动词谓语句-'被字句' 다양한 문법기능 설명 房玉清(1984): 句式的变换-主动과 被动 '主动句-被动句', '把字句'-'被字句' 卢福波(1996): 介词(二) '把字句', '被字句', '连字句'	1. 의미상 피동문 행위대상자(受事)+동사+보충성분 　作业写完了。 　这顿饭吃得很香。 2. '被字句' 행위대상자(受事)+被(+행위자[施事]+동사+보충성분 　我的腿被守门员撞伤了。
『语法等级大纲』(1996): 被动句	
被动句: 1. 유표지 被动句 (被, 叫, 让) 　　　　2. 의미상 피동문	행위대상자(受事)+是+행위자[施事]+동사+的 　这本书是马老师编的。

피동의미를 표현하기 위해서는 대표적으로 '被'를 사용한다. 물론, '叫, 让'으로 표현하기도 하고, 의미상 피동문으로도 표현할 수 있다. 여기에 대해서는 문법저서와 요목에서 차이를 보였다. 刘月华(2001), 李德津(1988)는 특수문에 '被字句'을 제시하고, 다양한 문법기능을 설명하였다. 房玉清(1984)은 특수문(句式的变换)에서 '主动과 被动'의 의미기능에 중점을 두고 '主动句'와 '被动句', '把字句'와 '被字句'로 구분하여 제시하였다. 卢福波(1996)는 특수문이 아닌 품사(介词 二)에서 '被字句'를 제시하였다. 이는 전치사 '被'의 문법기능에 중점을 두었음을 알 수 있다.『语法等级大纲』는 '被'외에 피동의미를 나타내는 '叫, 让'등의 유표지 피동문과 의미상 피동문으로 구분하여 제시하였다. 이들 문법저서와 문법요목에서 대부분 피동을 나타내는 전치사 "被"의 문법기능을 소개함으로서 이해를 돕도록 하였다. 반면『国际大纲(语法)』는 '피동표현'으로 분류하고, 이에 해당되는 '의미상 피동문'과 '被动句'를 구분하여 제시하였다. 특징적인 것은 피동표현을 위한 표현구조(문장)를 제시하였고, 단순한 주어나 목적어가 아닌 의미기능에 따른 행위자와 행위대상자를 명확히 제시하여 학습자가 피동표현을 정확하게 구사할 수 있도록 하였다.

이상으로 문법저서와 문법요목의 예들을 통해서 이해중심 문법항목과 표현중심 문법항목을 비교해 보았다. 4권의 문법저서와『语法等级大纲』(1996)은 이론문법 체계나 어문교육문법 체계에 근거하여, 문법기능을 하는 어휘나 구조를 제시하고, 그에 따른 다양한 의미기능과 문법기능을 소개하는 이해중심의 문법체계로 구성되었음을 알 수 있다. 이는 중국어 문장을 정확하게 분석하여 이해하는 데는 분명 도움이 될 것이다. 하지만 한국인 학습자가 각 어휘별 의미기능과 문법기능을 익혀서 실제로 중국어를 표현(말하기, 쓰기)하는 데는 어려움이 있다고 여겨진다. 반면,『国际大纲(语法)』의 일부 표현항목들은 의미기능에 따른 표현(문장)구조로 제시하였다. 물론 아직 완벽한 표현중심의 문법체계라고 할 수는 없지만,

실제 학습자가 표현하고자 하는 의미에 맞는 표현구조(문장)를 활용하여 중국어를 구사하는데 도움이 되리라 여겨진다.

4. 표현중심의 교육문법 확대

　현행 교육문법 체계 가운데 『国际大纲(语法)』에서 제시된 표현항목으로 이외의 문법항목 중에 의미기능에 중점을 둔 항목으로 확대해 볼 수도 있다. 위수광(2010:109-115)은 『国际大纲(语法)』에서 제시한 표현항목 이외의 문법항목 가운데 표현항목으로 다룰 수 있는 것을 다음과 같이 제시하였다. 그 일부를 소개하면 다음과 같다.

<표 41> 표현중심으로 확대한 문법항목

비교 표현	동등 비교	· A + 跟·和 + B + (不)一样 예) 我跟你不一样。 · A + 跟·和 + B + (不)一样 + 형용사 예) 他和我一样高。
	차등 비교	· A + 比 B + 형용사 예) 今天比昨天冷。
		· A + 比 B + 更·还 + 형용사 예) 今天比昨天还冷。 · A + 比 B + 동사 + 得多·一点儿·수량보어 예) 我比我弟弟大三岁。 　　他的汉语比我好多了。
	근사치 비교	· A + 有 + B + (这么·那么) + 형용사[17] 예) 我有我哥哥那么高。
사역표현[118]		· 주어 + 请·叫·让 + 어떤 사람 + 동사 + 목적어 예) 我请王老师看电影。 　　妈妈不让我抽烟。

능동표현	1. 어떤 명확한 사물이 동작발생으로 인해 (고정)위치로 이동하는 경우 · 주어(행위자) + 把 + 행위대상(자) + 동사 + 在·到 + 장소 　예) 我把车停在学校门口了。 　　　请你把我的包拿到205房间。
	2. 어떤 명확한 사물이 동작발생으로 인해 관계가 이동하는 경우 · 주어(행위자) + 把 + 행위대상(자) + 동사 + 给 + 어떤 사람 　예) 他把这封信交给了玛丽。
	3. 어떤 명확한 사물이 동작발생으로 인해 어떤 변화가 생기거나 결 　과가 발생하는 경우 · 주어(행위자) + 把 + 행위대상(자) + 동사 + 형용사(결과보어) 　예) 我把房间打扫干净了。
	4. 어떤 명확한 사물이 동작발생으로 인해 위치가 이동하는 경우 · 주어(행위자) + 把 + 행위대상(자) + 동사 + 방향보어 　예) 你把铅笔递过来。

　<표 41>은 현행 교육문법저서와 『语法等级大纲』에서 이해중심의 항목을 표현항목으로 제시하였다. 이 중에 '比字句'로 제시되던 것을 '비교표현'으로, '兼语句'로 제시되던 것을 '사역표현'으로, '把字句'로 제시된 것을 '능동표현'으로 제시하였다. 이들은 '比字句', '兼语句', '把字句'로 교육하기보다 이들의 의미기능에 중점을 두어 표현구조로 제시한다면 학습자가 더 효과적으로 익혀서 표현할 수 있으리라 여겨진다. '비교표현'은 실제 '比字句'이외에 "A+跟·和+B+(不)一样"과 "A+有+ B+(这么·那么)+형용사"도 비교를 나타낸다. '比字句'는 두 대상의 차이를 나타내므로 '차등비교'를 표현하고, "A+跟·和+ B+ (不)一样"은 두 대상이 동등함으로 나타내므로 '동등비교'를 표현하며, "A+有+ B+(这么·那么)+

---

117) 『国际大纲(语法)』에서는 'A+没有+ B+형용사'를 'A+比 B+형용사'의 부정형으로 제시하였다. 예) 我没有玛丽高。

118) 여기서 '사역'은 한국어에서 '사동'으로 표현된다. 하지만 본고에서는 한국인 학습자가 가장 많이 배우는 '영어'에서의 용어를 사용하여 친숙히 이해하게 하기 위해 '사역'으로 표현하였다.

형용사"는 두 대상이 비슷하나 약간의 차이를 표현하고자 할 때 쓰이므로 '근사치비교'로 구분하여 제시할 수 있다. '兼语句'로 표현할 수 있는 '사역표현'은 한국어에서 '사동표현'이라도 한다. 그러나 한국인 학습자가 영어교육에 자주 접한 '사역표현'이 더 익숙하여 '사동표현'으로 제시해 보았다. '把字句'는 어떤 상황에서 써야하는지, 어떤 의미를 나타내는지에 대한 지식 부족으로 한국인 학습자가 어려워하며, 정확하게 표현하지 못하거나 오류를 많이 범하는 문법항목이다. 교육적 관점에서 의미기능별로 구분하고 그에 해당되는 표현구조(문장)을 제시하여 학습자가 표현하고는 의미에 맞게 중국어를 구사할 수 있도록 하였다. 게다가 '把字句'을 이용한 문장은 여러 의미를 표현할 수 있다. 이를 <표 41>에서 의미별로 구분하여 '어떤 명확한 사물이 동작발생으로 인해 (고정)위치로 이동하는 경우', '어떤 명확한 사물이 동작발생으로 인해 관계가 이동하는 경우', '어떤 명확한 사물이 동작발생으로 인해 어떤 변화가 생기거나 결과가 발생하는 경우', '어떤 명확한 사물이 동작발생으로 인해 위치가 이동하는 경우' 등으로 제시하였다. 이 의미들도 의미기능별 구조를 익힐 수 있다면 한국인 학습자가 상황에 맞게 효율적으로 능동표현을 할 수 있으리라 여겨진다. 그 밖에 房玉清(1984)에서 제시한 범주도 이와 유사한 개념이다. 예로 '수량범주', '동태범주', '시공범주', '어기범주'도 의미기능의 유사성을 범주화한 것이다. 이를 토대로 표현 중심의 중국어 교육문법 체계를 설계해 볼 수 있을 것이다. 물론 중국어의 모든 문법항목을 표현문법으로 제시할 수 있다는 의미는 아니다. 하지만 이러한 자료를 토대로 한다면 표현중심의 교육문법 체계가 마련될 수 있을 것이다.

현행 교육문법 체계는 아직도 중국어의 개별적, 부분적, 분석적 성격을 띠며 이해중심으로 진행되고 있다. 하지만 의사소통능력 향상을 목적으로 하는 한국인 학습자의 관점에서는 표현을 중심으로 한 전체적, 종합적, 실용적 문법체계가 필요하다.

이러한 관점에서 표현중심의 문법체계의 필요성의 전제하에 현행 교육 문법 체계의 분석하고, 이해중심의 문법체계와 표현중심의 문법체계를 비교해 보았다. 또한 표현중심의 문법항목으로 확대할 수 있는 기존의 문법항목도 제시함으로서 표현중심의 문법에 대한 인식을 명확히 하고자 하였다. 이러한 연구를 토대로 향후 표현중심의 교육문법 체계 마련을 위한 몇 가지 의견을 제시해 보고자 한다.

1) 의사소통 능력을 제고하기 위한 의미기능에 중점을 두어야 한다.
2) 중국어 특징에 따라 모든 문법체계가 표현중심으로 다루어 지지 않을 수 있다. 하지만 이해중심의 문법체계는 표현중심의 문법체계와 상보적인 관계로 다루어져야 한다.
3) 표현중심의 문법체계는 문법기능의 유사성으로 분류하는 것이 아닌 의미기능의 유사성에 따른 분류가 되어야 한다.
4) 의미기능에 따른 표현항목을 분류하게 되면 기존의 문법항목(어휘)은 재출현할 수도 있다. 이는 교육적 관점에서 난이도가 높고, 문법 기능이 복잡한 문법항목은 세분화하여 의미기능별로 제시한다면 반복적인 학습이 가능하여 더욱 효과적일 수 있을 것이다.

V

■■■■■■■■■■■■

표현 중국어 교육문법 연구

    한국인 중국어 학습자들은 중국어를 유창하고 정확하게 구사하기 위해 듣기, 어휘, 문법, 회화등 다양하고 세분화 된 영역을 학습하며 실제 중국인과 의사소통 상황에서는 이미 학습한 내용을 다시 종합하여 표현하는 하게 된다. 학습자 대부분이 중국어를 정확하면서도 유창하게 표현할 수 있기를 바라지만 영역별로 학습한 내용을 실제 상황에서 자연스럽게 구사하기란 쉽지가 않다. 중국어 학습자가 의사소통 상황에서 자연스럽게 구사하기 위해서는 수차례 연습을 거쳐 자연스러운 뉘앙스를 기억하고 표현하게 된다. 다시 말해서 중국어로 정확하고 유창하게 의사소통을 하기 위해서는 이미 학습한 내용을 의사소통상황에 맞게 정확하게 표현하는 것은 학습자의 몫이자, 부담이라고 볼 수 있다. 특히 의사소통 상황에서의 문법은 학습자들이 학습한 내용을 실제 상황에서 활용하기 가장 어려움을 느끼는 영역이라고 할 수 있다. 문법은 정확성과 관련된 부분이다. 따라서 문법교육은 언어를 발화하는 데 있어서 기초가 되는 중요성의 측면에서 뿐 아니라 의사소통적 맥락에서 그 언어를 정확하게 구사할 수 있도록 이루어져야 한다.[119] 외국어 교육에서 의사소통 능력과 문법교육

---

119) 김유정(1998:23) 참조.

간의 해결방안으로 위수광(2012a)[120]은 외국인 학습자들의 교육문법 체계는 의사소통 중심, 표현중심 문법체계가 정립되어야 하며 이미 학습한 문법지식을 의사소통 상황에서 효율적으로 적용하기 위해서 한국인 중국어학습자가 의사소통 상황에서 필요한 의사소통 기능별 문법항목을 학습하여 상황에 맞는 문법항목을 쉽게 적용하여 표현해야 한다고 하였다. 이를 통해 학습자의 부담이 줄어들 수 있고, 의사소통 능력은 쉽게 향상될 수 있으며, 문법항목을 중국어 교육문법요목 제정에 반영한다면 보다 과학적이고 효율적인 중국어 교육이 이루어질 수 있다고 하였다. 이 연구는 한국인 학습자 중국어 의사소통 상황에서 사용하기에 적절한 의사소통 기능항목을 검토하고, 표현중심의 문법항목인 표현항목[121]을 선정할 때 고려해야할 사항을 모색하는데 목적이 있다. 이를 토대로 향후 이해중심인 이론문법의 문법항목이나 교육문법에서 다루어지고 있는 문법항목과는 다른 표현중심의 문법항목인 표현항목을 선정해 보고자 한다.

논의과정으로는 첫째, 한국인 중국어학습자를 위한 의사소통 기능항목[122]을 검토하여, 재정리하고자 한다. 둘째, 이들 의사소통 기능항목에 해당되는 문법항목을 분석하기 위해서『国际大纲(语法)』에서 동일한 의사소통 기능항목의 예문을 분류하고, 그 예문들의 문법항목을 분석하고자 한다. 셋째, 의사소통 기능항목을 토대로 분석해 낸 문법항목과『国际大纲(语法)』의 문법항목과의 비교를 통해 한국인 학습자에게 적절한 표

---

120) 위수광(2012a:41)는 여러 학자들의 선행연구의 분석결과를 토대로 분석하여 표현중심의 중국어 교육문법 체계에 대해 연구하였음.

121) 위수광(2012:128)은 중국어 교육문법요목『国际大纲(语法)』에서 중국어 교육문법요목에서 처음으로 '표현항목'을 제시하였다고 하였다. 이들 '표현항목'은 의미기능을 중심으로 나눈 항목으로 '존재표현', '거리표현', '바람표현', '사건진행표현' 등을 제시하였다. 본 연구에서는 표현중심의 문법항목을 표현항목으로 정의내리고, 이에 대해 연구하고자 함.

122) 위수광(2014:203)에서 한국인 학습자를 위한 의사소통 기능항목 및 화제를 참조.

현항목을 선정 시 고려해야할 사항을 모색해 보고자 한다.

국내 한국인 중국어학습자의 의사소통 능력 향상에 절실하게 요구되는 중국어교육의 큰 틀이 제시할 수 있을 뿐만 아니라 중국어 의사소통 능력을 향상시킬 수 있는 과학적이면서 실용적인 기준을 마련하고자 한다. 또한 이 기준이 교육과정, 교재편찬, 강의, 평가등을 체계적으로 이루어지는데 토대가 될 것이다.

1. 의사소통 기능중심의 문법항목

위수광(2014)은 한국인 중국어학습자가 의사소통 상황에 맞도록 의미를 적절하게 표현할 수 있으며, 효율적인 중국어 교육이 이루어질 수 있도록 하는데 목적을 두고 한국인 학습자에게 적합한 등급체계와 그에 따른 의사소통 기능항목과 화제를 선정하여 제시하였다. 『国际大纲(语法)』과 『CEFR』[123]을 대상으로 연구하고, 한국인 학습자 요구분석의 연구 성과인 『중·고등학교 중국어요목』을 반영하여 한국인 중국어학습자에게 적절한 의사소통 기능항목과 화제를 초보적으로 선정하였다.

본 장에서는 위수광(2014)에서 제시한 한국인 학습자에게 적절한 의사소통 기능항목과 화제[124]를 요목별 분류의 구분을 없애고, 실제 의사소통 상황이나 중국어 교육에 적용할 수 있도록 하기 위해서『国际大纲(语法)』,『CEFR』,『중·고등학교 중국어 의사소통 기능 교육요목』의 세 요

---

123) 『CEFR』은 유럽의 외국어학습자를 위한 참조기준이면서, 현재는 중국에서 제정된 『国际大纲』과 『新HSK大纲』의 참조기준이 되었을 뿐만 아니라 국제 통용 한국어 교육에도 기준이 되고 있어 현재 전 세계 많은 외국어 교육의 참조기준으로 많이 반영되고 있다. 따라서 이 연구에서도 『CEFR』를 참조 기준을 토대로 하여 진행하였음.

124) 위수광(2014:203)을 참조.

목에서 사용한 동일한 표현이나, 유사한 표현을 검토하여 다음과 같이 재정리하였다.

<표 42> 한국인 학습자를 위한 의사소통 기능 및 화제

등급	의사소통기능 항목 및 화제	내용
1급	참조수준	·가장 기본적이고 간단한 의사소통 용어 이해(수용) ·상용 의사소통 방법 익힘(수용) ·일상생활에서 가장 기본적인 표현을 완성(산출)
	의사소통기 능항목	【어떤 일의 완성과 제의】 제의표현 부탁(요청) 표현 거절표현 경고(제지) 표현 도와주기 표현 도움요청 표현
		【사회적 교제】 상대방 주의끌기표현 인사 표현 안부묻기 표현 대화걸기 표현 사람소개 표현 소개응답 표현 축하 표현 헤어지기 표현 감사 표현 사죄표현
	화제	신상정보 가족상황 취미 숫자, 시간, 날짜, 화폐등

2급	참조수준	·물음, 소개, 설명등 상호 의사소통 기능을 이해하고, 간단한 수준에서 운용(수용) ·일상생활에서 필요한 간단한 의사소통 완성(산출) ·상호 의사소통 기능을 운용(상호행위)
	의사소통기능항목	**【사실적 정보전달 및 획득】** 판단(정의) 표현 물어보기2(정보습득) 표현 물어보기3(신원, 소유확인) 표현 대답하기2(확인) 표현
		【태도(의견) 표현과 획득: 동의】 동의하기 반대의견 말하기 부인하기
		【태도(의견) 표현과 획득: 도의】 사과(미안함) 표현 용서(관용) 표현 찬성표현 느낌(감상) 표현 아쉬움 표현
	화제	이별 개인이나 가정생활과 관계된 화제 일상생활, 취미와 관계된 화제 학교생활, 직장생활과 관계된 화제
3급	참조수준	·설명, 서술, 묘사등의 상용 의사소통 기능을 이해하여 간단하게 표현(수용, 산출) ·일반적인 일상생활과 학습 및 직업, 취미등의 영역에 관련된 의사소통 완성(상호행위) ·익숙해진 의사소통 기능을 다양한 상황에서 운용(상호행위) ·경험과 사건에 대해 보고할 수 있고, 꿈, 희망, 목표를 기술(산출) ·해당언어 사용지역을 여행하면서 접하는 대부분의 상황 극복(상호행위)

3급	의사소통기 능항목	【태도(의견) 표현과 획득: 양상】 능력여부 표현 능력여부 묻기 표현 동의(허락) 구하기 표현 금지표현
		【태도(의견) 표현과 획득: 의지】 희망(소망) 표현 희망(소망) 묻기 표현 의지(의도) 표현
	화제	일상생활, 취미 주변환경, 학습, 직업 중국사회생활, 문화
4급	참조수준	• 익숙해진 의사소통 기능을 자유롭게 운용(상호행위) • 구체적이거나 추상적인 주제를 다루는 복합적인 텍스트의 주 　요내용 이해(수용) • 자신의 전문분야에서 전문적인 토론 이해(수용) • 폭넓고 다양한 주제에 대해 분명하고 상세한 의사표현(산출) • 시사문제에 대한 입장을 설명하고 다양한 가능성들의 장단점 　제시(산출) • 쌍방간의 노력없이 원어민과 자연스럽고 유창한 의사소통(상 　호행위)
	의사소통기 능항목	【태도(의견) 표현과 획득: 감정】 기쁨(좋아함) 표현 불쾌감(싫어함) 표현 기쁨(좋아함)과 불쾌감(싫어함) 묻기 감사표현
	화제	중국의 오늘과 세계적인 핫이슈 태도, 주장 사회생활(학습, 직업, 사교) 풍속, 습관, 과학, 문화예술 등

5급	참조수준	• 의사소통의 필요에 따라 새로운 언어표현 형식과 의사소통 기능 심화(산출) • 이미 익힌 화제의 내용들을 통합하여 운용(상호행위) • 익숙해진 의사소통 기능 아이템을 통합운용(상호행위) • 수준 높고 비교적 긴 텍스트의 폭넓고 다양한 주제를 이해, 내포된 의미파악(수용) • 준비없이 유창하게 의사표현(산출) • 사회생활과 직업생활, 대학교육과 직업교육에서 언어를 효과적으로 유연하게 사용(산출) • 텍스트 연결을 위한 다양한 수단을 적절하게 사용(산출)
	의사소통기능항목	없음
	화제	직업, 사교 중국의 오늘과 세계적인 핫이슈 복합적인 사안
6급	참조수준	• 읽거나 듣는 것을 거의 모두 쉽게 이해(수용) • 문어와 구어로 된 다양한 자료에서 나온 정보를 요약가능하고, 근거와 설명을 재구성(산출) • 준비없이도 아주 유창하고 정확하게 의사를 표현 • 복합적인 사안을 비교적 섬세한 의미차이를 구별하여 표현(산출)
	의사소통기능항목	없음
	화제	없음

<표 42>은 의사소통기능항목 및 화제를 한국인 학습자에게 적절하도록 초보적으로 정리하였다.

등급체계는 중국어 교육요목인 『国际大纲(语法)』의 기준이 된 『CEFR』과 이를 토대로 제정된 중국어교육의 평가체제인 『新HSK大纲』과 동일하게 6등급 체계이다. 의사소통 기능항목은 『CEFR』 등급별로 요구하는 기준과 내용을 적극 반영하였다. 특히 참조수준은 의사소통적 언어처리 과정에서 실현단계의 '수용', '산출', '상호행위'가 등급별로 적절하게 제

시하고 있다. 이들을 등급별로 제시된 비율을 살펴보면, 이해과정인 '수용'은 1급에서는 100%이지만 등급이 높아질수록 제시된 비율이 낮았다. 표현과정인 '산출'은 1급에서는 0%이지만 2~3급 33%, 5급 57%, 6급에서 75%로 점차 높아졌다. 그리고 의사소통에서 중요한 '상호행위'는 1급 0%이지만 3급에서 50%로 가장 높고, 5급에서도 30%로 구성되었다. 이를 통해 <표 42>의 의사소통 기능항목은 학습자의 수준에 맞게 1,2급에서는 '수용'을 중심으로 제시되고, 3,4급에서는 '수용', '산출', '상호행위'가 적절하게 이루어지며, 5, 6급에서는 '산출'을 중심으로 한 '상호행위'가 이루어 질 수 있도록 구성하였음을 알 수 있다.

<표 42>에서 화제는 『国际大纲(语法)』에서 제시된 등급별 화제를 적극 반영하였고, 한국인 학습자의 특징이 반영된 『중·고등학교 중국어요목』과 한국인 학습자 요구분석을 반영한 임승규(2010)[125]에서 제시한 화제를 등급별 참조기준에 맞춰서 제시하였다. 그러나 <표 42>는 여러 요목을 토대로 한국인 학습자에게 적절한 체계를 만들어 가는 과정이므로, 기본적인 화제와의 연관성이 다소 결여되거나 5~6급은 아직 완전한 체계를 갖추지 못하였다. 특히 5급은 『国际大纲(语法)』에서 제시한 대로 소략하게 반영되었고, 6급은 『国际大纲(语法)』가 5등급 체계이므로 의사소통 기능항목과 화제 모두 제시하지 못하였다. 이는 지속적인 연구를 통해 등급에 맞는 참조기준을 토대로 보완되어야 할 것이다. 이 같이 <표 42>는 한국인 학습자에게 적절한 의사소통 기능항목 및 화제를 재정리하였다. 그럼 이를 토대로 다른 의사소통 기능항목과 화제를 학습자가 실제 의사소통 상황에서 더 잘 구사하고, 정확하게 표현하도록 하기 위해서

---

125) 임승규(2010:233)는 교육요목 설계는 중국어 실질적 효율성을 제고시키는 데 있어 핵심과제라 지적하면서 『중·고등학교 중국어요목』을 대상으로 초급 중국어 의사소통기능에 관한 학습자 요구분석을 위한 설문보사를 실시하고 분석하여 '언어기능'을 중심으로 고등학교 초급 중국어 의사소통기능 교육요목 설계의 기초자료를 제안하였음.

의사소통 기능항목에 포함된 문법항목을 분석해보고자 한다. 우선 <표 42>에서 제시된 의사소통 기능항목과 화제와 동일한 항목의 예문을 『国际大纲:附录2.汉语教学话题及内容举例表』에서 찾아서 분류하고,그 예문에 사용된 문법항목을 분석하여 정리하면 다음과 같다.

<표 43> 의사소통기능항목의 예문에서 분석한 문법항목[126]

등급	의사소통기능항목 및 화제	『国际大纲』의 예문 [문법항목]
1급	**문법적 적합성**	몇몇 단순한 문법 구조와 문장표본을 암기한 목록으로 극히 제한된 구사력을 보여준다.
	제의표현 부탁(요청) 표현	请帮一下忙。[동량보어: 一下] 请我拿一下, 好吗? [추가의문문, 동량보어: 一下]
	거절표현	不(行)。以后再说吧。[부사: 再] 对不起 恐怕不好办。[가능보어, 형용사술어문]
	경고(제지) 표현	有点儿 难办。[부사有点儿]
	<u>도와주기 표현</u>	없음
	도움요청 표현	拜托了! 请您给我买张报来. [전치사: 给]
	상대방 주의끌기표현	哎, 请大家安静一下! [동량보어: 一下] 喂, 注意了! 嗨, 你怎么来了? [怎么의문문]
	인사 표현	你好! 您早![형용사술어문] 吃了吗?上班去呀?
	안부묻기 표현	您好吗? [吗의문문] 老王, 你近来身体怎么样? [주술술어문, 怎么样의문문]
	대화걸기 표현	今天真冷。[형용사술어문] 最近身体怎么样? [怎么样의문문] 最近忙什么呢? [什么의문문]

---

126) 동일한 의사소통 기능항목에 해당하는 예문이 많이 있는 항목도 있지만 이 연구에서는 목적에 맞게 의사소통 기능항목에 해당하면서 기준으로 제시할 수 있는 문법항목만을 열거하였음.

1급	사람소개 표현		我先来自我介绍一下。[겸어문, 동량보어: 一下] 我叫张小松。[동사술어문] 这是我爸爸。[是字句] 我给你们介绍一下。[전치사 给, 동량 보어: 一下]
	소개응답 표현		없음
	축하 표현		祝贺你! [동사술어문]
	헤어지기 표현		再见! [부사再] 明天见! [시간명새 王老师, 我是向你告别的! [전치사: 向, 是 ~ 的강조구문]
	감사 표현		谢谢(你)! [동사중첩] 非常感谢! [형용사술어문]
	사죄표현		对不起! 请原谅! 真抱歉, 我来完了! 我太大意了, 真过意不去。真不好意思。[형용사술어문]
	화 제	신상정보 가족상황	我叫小明。我们俩是好朋友。[동사술어문, 是字句] 我姓王。我姓李, 你呢? 你叫什么名字? [是字句] 您贵姓? [동사술어문]
		취미	없음
		숫자, 시간, 날짜, 화폐 등	现在几点? [명사술어문, 几의문문] 你的生日是几月几号? [是字句, 几의문문]
2급	문법적 적합성		몇몇 단순한 구조를 정확하게 사용할 수 있으나 언어 체 계와 관련된 기초적인 실수를 한다. 예를 들자면 시제혼동 을 하거나, 주어와 술어를 문법적으로 일치시키지 않는 경 향이 있다. 그러나 무엇을 말하려고 하는 가는 대부분 분 명하다.
	판단(정의) 표현		哥哥是学生 [是字句] 楼上有三间卧室, 还有两间浴室。[有字句]
	물어보기2 (정보습득) 표현		一年有几个季节? [有字句, 几의문문] 你是老师吧? [是字句, 吧의문문] 我的建议如何? [如何의문문] 你有什么建议? [什么의문문]
	물어보기3 (신원, 소유확인) 표현		你/您是在哪里(国) 出生的? [是 ~ 的구문] 你是哪国人? [哪의문문] 你是法国人吗? [是字句, 吗의문문]

	대답하기2(확인) 표현	我在中国出生。[전치사 : 在]
	동의하기	我同意你的看法。[동사술어문] 周末我们去长城。好吗? [추가의문문] 你的意见同意是同意, 不过还有些问题需要考虑。 [조동사: 需要, 복문:전환]
	반대의견 말하기 (도의·찬성표현)	我不同意你的意见。[동사술어문] 我们一起去书店怎么样? [怎么样의문문]
	부인하기	我不是美国人。[是字句] 我没有姐姐。[有字句] 这本书不好。[형용사술어문] 好什么! 有什么可庆贺的。[의문대명사 부정용법] 她是什么科学家? [是字句] 难道我会相信吗? [조동사: 会]
2급	사과(미안함) 표현	对不起! [가능보어] 请原谅,真抱歉。[형용사술어문]
	용서(관용) 표현	没什么(对不起)!没关系(实在对不起)! [부정부사: 没] 算了,别往心里去了。(请原谅) [전치사: 往]
	찬성표현	好! 太好了, 我完全赞成! 我赞成你的意见! [동사술어문] 你的意见太好了! [형용사술어문]
	느낌(감상) 표현	他性格有点儿急。[부사어: 有点儿] 我对跳舞非常感兴趣。[전치사: 对] 你喜欢不喜欢这本书? [동사술어문: 심리동사] 中国菜有点儿油腻。[부사어: 有点儿]
	아쉬움 표현	真遗憾,太可惜了。昨晚的音乐会你没去, 实在遗憾。 [형용사술어문]
	이별	我走了。对不起, 我先告辞了。都十点了, 我该走了。 [어기조사了]

2급	화제	개인이나 가정생활과 관계된 화제	他很高。 [형용사술어문]
		일상생활, 취미와 관계된 화제	她长头发，大眼睛，高高的鼻子他戴着一副眼镜。 [동사술어문] 你怎么了? [怎么了 의문문] 你每天跑步吗? [시간명사, 吗의문문] 请给我一把勺子。 [이중목적어 동사술어문] 你吃米饭还是面条? [선택의문문] 我吃了面包，小肉肠，还喝了杯牛奶。 [완료:了] 今天有什么特别推荐的菜，请你介绍一下儿。 [겸어문, 동량보어(一下)]
		학교생활, 직장생활과 관계된 화제	없음

	문법적 적합성	· 친숙한 상황에서 충분히 정확하게 의사소통을 할 수 있다. 모국어의 영향을 분명하게 느낄 수 있음에도 불구하고 일반적으로 문법 구조를 능숙하게 다룬다. 실수도 나타나지만 표현하려고 하는 것은 분명하다. · 빈번하게 사용되는 미사여구나 비교적 예측 가능한 상황과 관련된 표현의 목록을 충분히 정확하게 사용할 수 있다.
	능력여부 표현	我会说英语，也会说法语。 [조동사: 会] 这张画不能带出境。 [조동사: 能] 很多植物都可以作为药材。 [조동사: 可以] 他网球打得不错。我不会打网球。 [상태보어]
	능력여부 묻기 표현	없음
	동의(허락) 구하기 표현	行! 可以! 批准了。 [동사술어문] 同意你的入学申请。 [동사술어문]
	금지표현	可不要这样。别哭了。你最好别这样做。 [부정: 不要, 别] 最好把烟戒了。 [부사: 最好]
	희망(소망) 표현	我要预定一张去上海的机票。 [조동사: 要]
	희망(소망) 묻기 표현	你愿意做我的女朋友吗? [조동사 :愿意, 吗의문문]
	의지(의도) 표현	你要努力学习。大家一定要按时完成作业。 [조동사: 要]

3급	화제	일상생활, 취미	你哪儿(里) 不舒服? [哪儿의문문] 请你带我去医院好吗? [연동문] 你发烧了, 我觉得你应该去看医生。[동사술어문: 목적절] 你脸色不太好, 是不是(生) 病了? [是不是의문문] 你的体温是多少? [是字句, 多少의문문] 嗓子有点儿炎症, 吃点消炎药就好了。[형용사술어문, 부사어: 有点儿] 我的妈妈刚做了手术, 很虚弱。[완료: 了, 부사: 刚] 这种药一天吃几片? [수량보어] 你以前用过针灸吗? [경험: 刚] 这个菜是用什么做的? [是 ~的강조] 请输入密码。[동사술어문] 换成人民币。[결과보어] 今天的汇率是多少? [多少의문문] 请问, 去北京大学怎么走? [결과보어] 往前走100米就到了。[전치사: 往] 还是打车去吧。[还是~구문] 到故宫坐几路车? [전치사: 到] 雪越下越大。[비교문]
		주변환경, 학습, 직업	我学了三年汉语了, 可是我说得不好。[시량보어(지속), 복문(전환), 상태보어] 汉字很难写。[형용사술어문] 我已经学会两百多个汉字了。[완료, 부사: 已经(了)] 我一边上学, 一边工作。[동시동작] 请你再说一遍。[동량보어] 他很聪明, 汉字一学就会了。[형용사술어문, 동사술어문: 一~就~] 除了熊猫, 别的动物我都不太喜欢。[복문: 除了~都] 我在北京工作三个月了。[시량보어]
		중국문화	旗袍不仅是中国的, 也是世界的。[是字句] 中国民间有一个传统习俗, 在农历除夕夜全家团圆, 一起吃年夜饭。[有字句]

	문법적 적합성	・문법을 잘 활용한다. 때때로 실언이나 체계적이지 않은 실수 및 문장구조에서의 사소한 겨함이 나타나기도 하지만, 그 수는 드물고 사후에 정정할 수 있을 때가 많다. ・문법을 잘 활용하며, 오해를 일으킬만한 실수는 범하지 않는다.
4급	기쁨(좋아함) 표현	我喜欢海鲜. 中国的火锅很特色。 [동사술어문]
	불쾌감(싫어함) 표현	我不爱喝咖啡。 [동사술어문] 我不喜欢跑步,但我喜欢打球。 [동사술어문]
	기쁨(좋아함)과 불쾌감(싫어함) 묻기	你喜欢什么运动? [什么의문문] 你喜欢这本书吗? [吗의문문]
	감사표현2	없음
	태도, 주장 중국의 오늘과 세계적인 핫이슈 사회생활(학습, 직업, 사교)	없음
	풍속, 습관, 과학, 문화예술 등	这次水灾造成3000多人死亡 [동사술어문] 除了人员伤亡外, 这次火灾还造成了巨大的财产损失 [완료: 了] 你看过『西游记』吗? [경험: 多少] 诗歌是中国唐朝的主要文学形式。 [是字句] 明清时期中国小说很繁荣。 [형용사술어문] 只要提起唐朝诗人, 人们就会想到李白。 [복문: 조건] 只有杜甫才称得上是"诗圣" [복문: 조건] 啊Q是一个什么样的人物? [什么의문문, 是字句] 在中国, 不管大人还是小孩儿, 都知道孙悟空。 [동사술어문] 诗歌是中国小说很繁荣。 [是字句] 我家在美国的华盛顿州。 [존재문: 在] 我们一家人都信天主教。 [동사술어문] 红色在中国传统文化中表示大吉大利。 [전치사: 在]

5급	문법적 적합성	지속적으로 높은 문법적 정확함을 유지할 수 있다. 실수는 드물며 거의 눈에 띄지 않는다.
	직업, 사교 중국의 오늘과 세계적인 핫이슈	없음
	복합적인 사안	我家虽然不太大，但是很舒适。[복문: 가설] 孔子不但伟大的思想家，而且还是伟大的教育家。[복문: 전환] 丝绸之路是从西安开始的。[是字句] 你听说过"郑和下西洋"的故事吗？[경험: 过] 你知道中华人民共和国是什么时候成立的吗？[吗의문문] 历史与其说是伟人创造的，还不如说是人民创造的。[비교문: 不如] 屈原可可投江自尽，也不愿苟且偷生。[복문: 宁可]
6급	문법적 적합성	복잡한 언어수단을 사용할 때, 다른 것에 집중하고 있을지라도(예를 들어 앞으로 말할 것을 생각하거나 다른 사람의 반응에 집중할 때) 높은 문법 구사력을 보여준다.
	없음	없음

　<표 43>은 한국인 학습자에게 적절한 의사소통 기능항목과 화제를 등급별로 제시하고, 등급별 수준에 맞게 중국어를 표현할 때 필요한 문법항목을 정리한 것이다. 전체 6등급 체계로 구성하였고, 등급별 수준에 맞게 각 등급의 문법항목의 기준을 제시하고자 '문법적 적합성'127)도 함께 제시하였다. 그리고 <표 42>에서 등급별로 제시한 의사소통 기능항목과 화제에 해당하는 예문을 『国际大纲:附录二 汉语教学话题及内容举例表』에서 찾아서 분류하고, 예문에 사용된 문법항목을 정리한 것이다. 구체적으로 <표 43>의 문법항목은 다음과 같은 기준으로 분석하고 제시하였다.

　첫째, 동일한 의사소통 기능항목이 여러 등급에 제시된 경우에는 가능

---

127) 한국인 학습자를 위한 의사소통 중심의 문법항목을 선정하기 위한 초보적인 단계이므로 이미 공인된 『CEFR』(2007:127)에서 제시한 '문법의 적합성'을 함께 제시함으로서 객관적 기준에 따른 문법항목을 선정하고자 한다. '문법의 적합성'은 등급별로 문법구조의 발전단계에 대한 척도라 할 수 있음.

한『CEFR』과『国际大纲(语法)』에서 제시한 기준을 참조하여 배열하였다.

둘째, 동일한 문법항목의 여러 예문 가운데 의사소통 기능항목을 가장 잘 표현할 수 있는 하나의 예문만을 제시하였다.

셋째, 한 예문에 여러 문법항목이 사용된 경우는 등급별 의사소통기능 항목이나 화제에 적절한 문법항목으로 제시하였다.

<표 43>은 의사소통 기능항목과 화제를 표현하는데 필요한 문법항목을 분석해내는 과정에 몇 가지 문제점을 발견하였다. 전체적으로 5·6급은『国际大纲(语法)』을 모두 반영하였으나, 아직 완전하지는 않고, 5·6급의 항목들이 부족함이 있어 아직 완전하지는 않다. 특히 5급에서는 중국역사, 문화와 관련된 주제만을 주로 다루어서 의사소통 기능항목과 화제에 부족함이 있고, 6급은『国际大纲(语法)』에 없는 등급이므로 어떤 항목도 제시되지 않아 향후 지속적인 연구를 통해 보완되어야 할 것이다. 구체적으로는 <표 43>의 의사소통 기능항목 및 화제는 있으나『国际大纲(语法)』에서 관련 예문에 없는 항목들은 杨寄洲(1998)의『对外汉语教学初级阶段教学大纲(一)』[128]에서 의사소통 기능항목의 예문으로 보완하였다. 하지만 杨寄洲(1998)에도 없는 의사소통기능항목 및 화제도 있다. 예로 1급의 '도움주기표현', '소개응답표현', '취미(화제)', 2급 '학교생활, 직장생활(화제)', 3급 '능력여부 묻기표현', 4급 '태도,주장', '감사표현2', '중국의 오늘과 세계적인 핫이슈'(화제), 5급 '직업', '사교', '중국의 오늘과 세계적인 핫이슈' 등이 그러하다. [129] 이들은 유사한 항목과 예문이 다른 등급에 있는 항목도 있는 경우도 있으나 등급별 기준에 맞지 않으므로 포함시키지 않았다. 이와 반대로 중국어에서 주요한 표현되는 중요한 문법항목인데도 불구하고『国际大纲(语法)』과 杨寄洲(1998)에서 누락된

---

128) 杨寄洲(1998)『对外汉语教学初级阶段教学大纲(一)』는 '의사소통 기능항목을 상세히 제시하고 있어 참조하였음.

129) 〈표 43〉에서 밑줄 친 항목들임.

문법항목은 <표 43>에서는 의사소통 기능항목이나 화제가 없어서 다루지 못하였다. 예로 '능동'을 나타내는 '把字句', '비교'의 '比字句', '피동'의 '被字句', '존재'의 '존현문', '존재문' 등이다. 이들 문법항목은 이후에 분석을 통해 등급 기준에 맞게 보완되어야 할 것이다.

2. 의사소통 기능항목과 의사소통 중심의 문법항목 분석

한국인 중국어 학습자의 의사소통 능력향상이라는 목적을 실현시키면서 중국어 교육이 체계적이고 효율적으로 이루어 질 수 있도록 하기 위해서 중국어 교육문법요목 제정을 위한 토대를 마련하고자 한다. 앞서 여러 단계의 연구를 통해 기본적인 연구가 진행되었고, 이 연구에서는 한국인 학습자의 의사소통능력을 제고할 수 있는 효율적이고 과학적인 중국어 표현문법체계와 그 체계를 구성하는 표현항목[130]을 선정하는데 목적이 있다. 위수광(2012)은 표현문법에 대해서 표현중심의 문법체계로 중국어 의사소통 시 표현하고자 하는 의미를 먼저 떠올리고, 그에 맞는 문장을 생성하는 체계라고 하였다. 이는 표현하고자 하는 의미에 맞는 문법규칙을 교육적 각도에서 정립한 문법체계라고 하였다. 한국인 학습자에게도 의사소통상황에서 맞게 구사하고자 하는 의미(기능)중심의 구조를 실현하기 위해서는 총체적이고 종합적인 표현중심의 교육문법체계가 필요하

---

130) 위수광(2015)은 '문법항목'이란 문법내용을 교육하기 위해 구체적으로 유형화 한 항목으로서 문법교육을 위한 모든 구체적인 항목을 가리킨다. 구체적으로 문법항목은 문법구조보다 크고, 어휘 분석보다는 작은 항목을 지칭한다. '표현항목'은 『国际大纲(语法)』에서 문법구조 중심의 '문법항목과 상반되게 의미기능에 표현에 중점을 두고 제시된 항목이다. 예로 '날짜, 요일, 시간표현', '금액표현', '소속관계 표현', '존재표현', '거리표현', '바람표현', '사건진행표현', '동등표현', '피동표현' 등을 '표현항목'으로 제시한다고 하였음.

다고 하였다. 분명한 것은 표현중심의 문법체계는 중국어의 언어현상을 연구하는 이론문법체계와 중국인의 어문교육문법체계와는 다른 관점에서 분류되고 기술되어야 한다고 하였다.

연구범위는 위수광(2015)이 선정한 의사소통 기능항목과 화제 그리고 그에 상응하는 '의사소통 중심의 문법항목'131)을 검토, 분석하여 표현문법의 체계를 설계하고 이에 맞춰 표현항목을 선정하고자 한다.132)

논의 과정으로는 첫째, 위수광(2015)에서 선정한 의사소통 기능항목과 의사소통 중심의 문법항목을 다시 검토하고 분석하여 수정, 보완하고자 한다. 의사소통 기능항목은『外国留学生汉语专业教学大纲』외 일부 요목들의 의사소통 기능항목과 비교를 통해서 수정, 보완할 부분에 대해 검토하고, 의사소통 중심의 문법항목은 기존의 교육문법체계인『国际大纲(语法)』와의 비교를 통해 수정, 보완하고자 한다. 둘째, '기능-사용 중심의 체계'인 표현문법체계는 '구조-지식 중심의 체계'인 교육문법 체계와 상보적인 관계를 유지해야 한다. 따라서 의사소통기능 중심인 표현문법체계의 토대위에 교육문법에서 필요한 부분을 보완하여 한국인 학습자에게 적절하고 완전한 표현문법체계를 설계해 보고자 한다. 셋째, 앞서 설계된 표현문법체계에 맞게 기존의 의사소통 중심의 문법항목을 점검하고, 수정 보완하여 한국인 학습자에게 적절하고, 완정된 표현문법항목을 선정하고자 한다.

이상의 연구를 통해 한국인 학습자를 위한 중국어 교육문법체계가 '이해'의 관점이 아닌 '표현'의 관점으로 실천할 수 있는 계기를 마련할 수 있기를 바란다.

---

131) '의사소통 중심의 문법항목'은 위수광(2015)에서 선정한 의사소통 기능항목에 사용된 문법항목이다. 이를 검토 분석하여 중국어 '표현항목'으로 선정하고자 한다.

132) 이 연구에서는 중국어 교육문법요목의 표현항목 등급배열과 기술에 관한 연구는 이후 연구과제로 남기고 이 연구에서는 다루지 않기로 한다.

1) 의사소통 기능항목 분석

위수광(2015)[133]이 제시한 의사소통 기능항목을 기존 요목들과 선행 연구 성과를 바탕으로 비교, 검토하고자 한다. 첫 번째 참조대상은『高等 学校外国留学生汉语教学大纲』[134]으로 110개의 의사소통 기능항목을 제 시하고 항목별 상용구문과 표현법을 제시하였다. 두 번째 참조대상은 赵 建华(1999)의『高等学校外国留学生汉语教学大纲』으로 의사소통 기능항 목을 6개 대항목, 141개 소항목으로 세분화 할 수 있다.[135] 세 번째는 손정애(2012)가 최근 10년간 국내 의사소통 능력배양을 목적으로 편찬된 교재 중에서 회화 중심으로 설계된 교재 8종 16권 중에서 개별 문법 항목 이 출현하고 있는 단원의 화제와 의사소통기능을 정리하여 제시하였다. 이 항목은『留学生汉语言专业教学大纲』의 분류기준에 따라 분석한 결과 로 의사소통기능항목 83개를 제시하였는데, 이를 참조하였다.

이 장에서는 『高等学校外国留学生汉语教学大纲』과 손정애(2012)를 참고하고, 『外国留学生汉语教学大纲』과의 비교, 분석을 통해 위수광 (2015)의 의사소통 기능항목에 다뤄지지 않은 항목이지만 기존 교재에서 다루어지고 있을 뿐만 아니라 필수적이면서 반드시 추가해야할 주요항목 들을 보완하여 다음과 같이 정리하였다.[136]

---

133) 杨寄洲(1998)『对外汉语教学初级阶段教学大纲』의 의사소통기능항목의 자료는 위수 광(2014)에 이미 반영되었으므로 이 연구에서 다루지 않음.

134) 이 요목은 国家对外汉语教学领导小组办公室에서 제정하였으며 중국어를 배우는 외국 인 초보학습자의 장기간 연수생의 특징을 반영하여 제정하였음. 이하『高等学校外国留 学生汉语教学大纲』을『外国留学生汉语教学大纲』으로 명함.

135) 손정애(2012:141) 2차인용한 자료임.

136) 손정애(2012)에서 제시한 의사소통 기능항목은 이미 국내에서 사용되고 있는 교재에서 분석한 것이다. 하지만 이 연구의 목적은 요목을 제정하여 교재에 반영하고자 하여 관점 의 차이가 있었다. 따라서 손정애(2012)에서 제시한 의사소통 기능항목 중에 필수적이고 상용적이며 많이 쓰는 항목만을 참고 하였음.

<표 44> 의사소통 기능항목과 『外国留学生汉语教学大纲』에서 보완할 항목

등급	의사소통기능항목	『外国留学生汉语教学大纲』에서 보완항목
1급	【어떤 일의 완성과 제의】 제의표현 부탁(요청) 표현 거절표현 경고(제지) 표현 도와주기 표현 도움요청 표현 【사회적 교제】 상대방 주의끌기표현 인사 표현 안부묻기 표현 대화걸기 표현 사람소개 표현 소개응답 표현 축하 표현 헤어지기 표현 감사 표현 사죄표현 【화 제】 신상정보, 가족상황, 취미, 숫자, 시간, 날짜, 화폐 등	수락표현 재촉표현 명령표현 놀람표현 환영표현 초대표현 평가표현 칭찬표현 거절표현

2급	【사실적 정보전달 및 획득】 판단(정의) 표현 물어보기2(정보습득) 표현 물어보기3(신원, 소유확인) 표현 대답하기2(확인) 표현 【태도(의견) 표현과 획득:동의】 동의하기 반대의견 말하기 부인하기 【태도(의견) 표현과 획득:도의】 사과(미안함) 표현 용서(관용) 표현 찬성표현 느낌(감상) 표현 아쉬움 표현 헤어짐 표현 【화 제】 개인생활, 가정생활, 일상생활, 취미생활, 학교생활, 직장생활	약속표현 상의표현 자문 표현 요청표현 요구표현 증정표현 겸손1표현
3급	【태도(의견) 표현과 획득:양상】 능력여부 표현 능력여부 묻기 표현 동의(허락) 구하기 표현 금지표현 【태도(의견) 표현과 획득:의지】 희망(소망) 표현 희망(소망) 묻기 표현 의지(의도) 표현 【화 제】 일상생활, 취미생활, 주변환경, 학습, 직업, 중국문화	동등비교표현 근사치비교표현 당부표현 권고표현 깨우침표현 당위성표현 제촉표현 선택표현

4급	【태도(의견) 표현과 획득:감정】 기쁨(좋아함) 표현 불쾌감(싫어함) 표현 기쁨(좋아함)과 불쾌감(싫어함) 묻기 감사표현2 태도, 주장 【화 제】 사회생활, 직업, 사교활동, 풍속, 습관, 과학, 문화예술, 중국의 오늘, 세계적 이슈 등	차등비교표현 알림표현 전달표현 건의표현
5급	【화 제】 직업, 사교활동, 중국의 오늘, 세계적 이슈, 복잡한 사안 등	겸손표현 2
6급		

<표 44>은 위수광(2015)에서 제시한 의사소통 기능항목과 『外国留学生汉语教学大纲』과 비교를 통해 필수적이고, 상용 표현이지만 누락된 항목을 중심으로 보완하였다. 새로이 추가된 『外国留学生汉语教学大纲』의 항목은 등급배열이 되어 있지 않다. 따라서 이들 항목별 예문에 사용된 문법항목을 『国际大纲(语法)』에 근거하여 등급을 배열하였다.

2) 의사소통 중심의 문법항목 분석

위수광(2015)은 의사소통 기능항목을 선정하고 그에 상응하는 의사소통 중심의 문법항목을 초보적으로 제시하였다. 그러나 중국어의 특징적인 문법항목인 '把'자문, 비교문, 존현문, 피동문(의미상피동문), 방향보어, 정도보어, 방위사(품사), 접속사(품사) 등이 제시되지 않았다. 이는 이들 항목이 의사소통 기능으로 실현되기보다 '일상생활'의 화제로 표현되는 항목이기 때문이다. 따라서 이들 문법항목을 심층적으로 분석하여 초보적이나마 표현항목을 선정하고자 한다. 우선 의사소통 기능항목을 통해 선정된 문법항목 중에서 누락된 항목을 『国际大纲(语法)』과 그 밖의 교육문법요목과 비교를 통해 검토한 결과『国际大纲(语法)』을 주요한 기준으로 보완하여 다음과 같이 제시하였다.

<표 45> 의사소통 기능 중심의 문법항목과 『国际大纲(语法)』에서 보완할 항목

	의사소통 기능 중심의 문법항목	『国际大纲(语法)』에서 보완한 문법항목
1급	1.명사술어문 2.형용사술어문 3.동사술어문(是) 4.의문문(怎么, 怎么样, 什么, 吗, 几) 5.주술술어문 6.겸어문 7.부사어: 有点儿~ 8. 동량보어(一下) 9.가능보어 10.부사(再) 11.전치사(给, 向) 12.是~的 강조구문	동사술어문(有) 부정문(不) 명령문 감탄문 정도부사(부사어) [품사] 인칭대명사, 수사, 상용양사, 접속사
2급	1.명사술어문 2.형용사술어문 3.동사술어문 4.이중목적어동사술어문 5.겸어문 6.의문문(怎么, 如何, 什么, 哪, 几吗, 怎么样) 7.의문대명사 부정용법 8.是字句·有字句 동사(在) 9.[부사어] 有点儿+ 10.전치사구(和, 在, 往, 对) 11.부사(没, 不, 常常, 又) 12.조동사(需要, 会, 该)	시간부사어 장소부사어 소속관계 표현 [품사] 방위사, 상용양사, 범위부사

	13.동태조사(了 着) 14.어기조사了 15.동량보어 (一下) 16.是~的 구문 17.복문: 전환	
3급	1.명사술어문 2.형용사술어문 3.동사술어문 4.연동문 5.是字句 6.有字句(소유, 수치도달) 7.의문문(哪,哪儿, 是不是, 多少, 吗, 怎么, 什么, 多长时间) 8.조동사(应该, 得, 要, 会, 能, 可以, 愿意, 想, 需要) 9.전치사(往, 到, 在, 和) 10.부사(刚, 别, 不, 最好, 就, 还是, 已经, 经常, 常常, 一起) 11.부사어: 有点儿~ 12.동태조사: 了, 过 13.어기조사: 了 14.수량보어, 상태보어, 결과보어, 시량보어(지속), 시량보어, 동량보어 15.越~越~/ 一边~一边~ 一~就~ / 除了~都(还)~	진행형 존현문 부정문(没有) 类同의 표현 비교문 이중목적어구문 선택의문문 [품사] 부사(最), 전치사(跟, 给), 동태조사 (着), 어기조사(了)
4급	1.형용사술어문 2.동사술어문 3.是字句 4.존재문(在) 5.의문문(吗 哪 什么) 6.조동사(能) 7.동태조사(완료, 경험) 8.상태보어 9.只有~才~/只要~就~/不管~都	동태조사(了, 过) 시량보어 동량보어 비교문 겸어문 '是 ~的'구문 의문문(怎么了) 복문 [품사](还, 已经, 再~又, 就~才)
5급	1.동사술어문 2.是字句 有字句	결과보어, 결과보어가능식 사용가능보어

	3.존재문(在)	방향보어
	4.의문문(吗)	상태보어
	5.전치사(在)	'把자문'
	6.동태조사(경험)	'被자문'
	7.비교(不如)	복문
	8.是~的-	
	9.虽然~但是~ / 不但~而且~/	
	与其~还~宁可~也~	
6급		

<표 45>에서 의사소통 중심의 문법항목은 의사소통 기능항목에서 사용된 문법항목이다. 의사소통 중심의 문법항목이 교육문법체계의 모든 문법항목은 반영할 수 없다. 왜냐하면 '의사소통 중심의 문법항목'은 우리가 자주 사용하고 의사소통 시 필수적으로 활용되는 문법항목이다. 하지만 일상생활에서 사용하는 다양하고 광범위한 화제를 모두 다루기는 쉽지 않기 때문이다. 그렇기 때문에 『国际大纲(语法)』에 제시되었으나 '의사소통 중심의 문법항목'에 제시되지 않은 문법항목을 <표 45>에서 보완하고 분류하여 제시하였다. '표현항목'을 선정 시 이들을 무조건 수용하지 않고, <표 44>에서 새로이 추가될 의사소통기능항목과 연계성도 고려하고, 문법항목간의 연계성을 고려하여 수용하였다.

3. 의사소통 기능중심의 문법항목과 『国际大纲(语法)』의 문법항목 비교

앞서 표현항목 선정을 위한 준비단계로 '의사소통 기능 중심의 문법항목'137)을 초보적으로 선정해 보았다. 이들 의사소통 중심의 문법항목을 심도 깊게 분석하고 검토하기 위해 기존의 중국어 교육문법 요목인 『国際大纲(语法)』과의 비교를 통해서 체계적이고 효율적인 표현항목을 선정하기 위해 분석하고자 한다. <표 46>은 두 요목의 문법항목들의 문법체계와 등급배열 그리고 등급별 제시된 문법항목에 어떤 차이가 있는지 살펴보고자 한다.

<표 46> 『国際大纲(语法)』의 문법항목과 의사소통 기능중심의 문법항목 비교[138]

	国際大纲(语法)의 문법항목	의사소통 기능 중심의 문법항목
1급	1.명사술어문 (연령/ 출신지) 2.형용사술어문 3.동사술어문 (是, 有) 4.일반의문문 (吗, 吧, 呢) 5.명령문 (请+동사) 6.감탄문 7."不"부정문 8.인칭대명사 　(복수형인칭대명사, 지시대명사) 9.정도부사 (부사어) 10.수사 11.상용양사 (个·名) 12.접속사 (和)	1.명사술어문 2.형용사술어문 3.동사술어문(是) 4.의문문 (怎么, 怎么样, 什么, 吗, 几) 5.주술술어문 6.겸어문 7.부사어: 有点儿~ 8. 동량보어(一下) 9.가능보어 10.부사(再) 11.전치사 (给, 向) 12.是~的 강조구문
2급	1.명사술어문 (시간, 금액) 2.의문대명사 의문문 3.존재표현 (在, 是, 有) 4.동사중첩 5.시간부사어 6.장소부사어 7.거리표현 (离)	1.명사술어문 2.형용사술어문 3.동사술어문 4.이중목적어동사술어문 5.겸어문 6.의문문(怎么, 如何, 什么, 哪, 几, 吗, 怎么样)

---

137) <표 45>에서 제시된 문법항목들을 등급별로 정리한 것임. 이는 아직 완전한 '표현항목'이 아니므로 '의사소통 중심의 문법항목'로 명함.

138) 이 연구는 표현항목 선정의 토대마련을 위한 연구로 문법항목의 명칭과 기술 및 내용에 대해서는 향후 연구 과제로 남겨두고 이 연구에서는 언급하지 않기로 함.

	8.범위부사 부사어 (都/也) 9.바람표현 (要, 想) 10.시간명사 (년, 월, 일·주·시간) 11.방위사 12.상용양사 (件, 条, 块, 张, 斤) 13.소속관계표현 14."的"구조	7.의문대명사 부정용법 8.是字句 有字句 동사(在) 9.[부사어] 有点儿+~ 10.전치사구(和, 在, 往, 对) 11.부사(没, 不, 常常, 又) 12.조동 (需要, 会, 该) 13.동태조사 了 着 14.어기조사 了 15.동량보어 (一下) 16.是~的 구문 17.복문: 전환
3급	1.이중목적어구문 2.연동문 3.선택의문문 4.정반의문문, "怎么"의문방식 　怎么样, 好吗, 可以吗, 行吗의문문 5.존현문 6."没有"부정문 7.类同의 표현 8.비교문 9.부사 "最" 10.조동사: 能, 会, 可以, 应该, 愿意 11.전치사(대상: 跟, 给, 장소: 从, 　向, 从~到~) 12.진행형 13.조사着 14.조사了	1.명사술어문 2.형용사술어문 3.동사술어문 4.연동문 5.是字句 6.有字句(소유, 수치도달) 7.의문문(哪, 哪儿, 是不是, 多少, 吗, 　怎么, 什么, 多长时间) 8.조동사(应该, 得, 要, 会, 能, 可以, 　愿意, 想, 需要) 9.전치사(往,到,在,和) 10.부사(刚, 别, 不, 最好, 就, 还是, 已 　经, 经常, 常常, 一起) 11.부사어: 有点儿~ 12.동태조사: 了, 过 13. 어기조사: 了 14.수량보어, 상태보어, 결과보어, 시 　량보어(지속), 시량보어, 동량보어 15.越~越~ / 一边~一边~ 　一~就~ / 除了~都(还)~
4급	1. 비교문 2.겸어문 3."怎么了"의문문 4.시간 부사(还, 已经, 再-又, 就-才) 5.'조사了'	1.형용사술어문 2.동사술어문 3.是字句 4.존재문(在) 5.의문문) 吗 哪 什么

	6.'조사过' 7.시량보어 8.동량보어 (次, 遍, 趟) 9.'是~的구문' (시간, 장소, 방식강조) 10. 복문	6.조동사(能) 7.동태조사) 완료, 경험 8.상태보어 9.只有~才~ / 只要~就~ / 不管~都
5급	1.결과보어(일반형용사 完, 到, 好 　부정식) 2.결과보어가능식 3.상용가능보어 4.방향보어(단순, 복합방향보어, 파 　생용법, 가능식) 5.정도보어 6.'把구문' 7.피동의미표현(의미상피동문, '被 　자문') 8.각종복문	1.동사술어문 2.是字句 有字句 3.존재문(在) 4.의문문)吗 5.전치사(在) 6.동태조사)경험 7.비교) 不如 8.是~的 9.虽然~ 但是~/ 不但~而且~ 　与其~还~ / 宁可~也~
6급		

<표 46>에서 『国际大纲(语法)』의 문법항목과 '의사소통 중심의 문법
항목'을 등급체계, 문법체계, 문법항목의 등급배열, 문법항목으로 나누어
서 분석해 보고자 한다.

등급체계는 중국어교육에서 중요한 평가기준인 『新HSK大纲』과 그 토
대가 된 『CEFR』과 동일하게 6등급으로 체계로 제정하였다. [139] <표 46>
에서도 객관적인 비교를 위해 '의사소통 중심의 문법항목'을 객관적으로
분석하기 위해 『国际大纲(语法)』과 동일하게 6등급체계로 비교하였다.

문법체계를 살펴보면, 우선 『国际大纲(语法)』의 특징[140]은 형태론, 통
사론과 같은 전통적인 방식에서 탈피하고, 중국어 문법체계의 전반적인
내용을 모두 다루지는 않았다. 즉, '품사'나 '문장성분'에서 전체적인 문

---

139) 위수광(2013)을 참조.
140) 위수광(2010)을 참조.

법내용을 다룬 것이 아니라 외국인 학습자가 어려워하는 문법항목들은 상세하게 구분하여 제시하였다. 또한 의미기능에 중점을 두어 '표현항목'을 처음으로 제시하였다는 것이 특징이다. 이는 학습자가 의사소통 상황에서 요구되는 의미기능을 적절하게 표현할 수 있도록 문법항목을 활용할 수 있도록 하였다. 반면 '의사소통 기능 중심의 문법항목'의 문법체계는 『国际大纲(语法)』와 동일하게 중국어 문법체계를 모두 제시하지 않고, 의사소통 기능 중심으로 표현되는 문법항목만이 다루어졌음을 알 수 있다. 따라서 품사, 문장성분, 특수문등이 전체적으로 제시된 것이 아니고, 부분적으로 의사소통에서 필요한 항목만을 제시되었다. 하지만 『国际大纲(语法)』에서 제시된 일부 문법항목이 '의사소통 기능 중심의 문법항목'에서는 다루어지지 않은 문법항목도 있다. 예로 把字句, 비교문, 존현문, 피동문(의미상피동문), 방향보어, 정도보어, 방위사(품사), 접속사(품사) 등이 있다. 그러나 세부적인 어휘(부사, 조동사, 의문대명사)나 복문은 『国际大纲(语法)』에서 제시된 것 보다 조금 더 많이 제시되었다.

등급배열은 문법항목들의 계속성과 계열성의 관점에서 비교해 보고자 한다[141]. 우선 계속성은 등급별 목표에 맞게 문법항목이 계속적으로 반복되어야 한다. 이는 곧 문법항목들을 등급별 목표에 맞게 단계적으로 반복하고 다루어 학습자의 부담을 줄일 수 있다.[142] 『国际大纲(语法)』는 일부 문법항목은 두,세 등급에 걸쳐 계속적으로 배열되기도 했지만, 대부분이 한,두 등급에만 배열되어 계속성이 높다고 할 수는 없다. 반면 '의사소통 기능 중심의 문법항목'은 상대적으로 술어성질에 따른 분류(명사술어문, 형용사술어문, 동사술어문), 용도에 따른 분류(의문문, 감탄문, 부정

---

141) 김윤정(2006)에서 간접인용 한 자료임. Tyler(1494)는 학습 경험조식의 원천으로 계속성, 계열성, 통합성의 세 가지를 주장하였음.

142) 이와 관련된 부분에 대해서 박용진(2005)에서는 Teng shou shin(1998)가 제시한 내부순서 배열과 외부순서배열을 언급하였고, 위수광(2010)은 등급배열 누적화를 제시하였음.

문), 문장성분(부사어[143], 보어)등은 1급에서 3급까지 계속적으로 배열됨을 알 수 있다. 그러나 일부 등급에서 특정 문법항목만 제한적으로만 제시되었음을 알 수 있다. 계열성은 등급별 목표에 맞게 여러 등급에 걸쳐 단계적으로 문법항목이 다루어지는 것을 의미한다. 이는 곧 문법항목이 등급별 목표에 적절하게 배열함으로 적합한 난이도에 따라 등급배열이 이루어 져 학습의 효율을 향상시켜 준다.『国际大纲(语法)』는 일부 문법항목을 제외하고 거의 대부분의 문법항목이 한 등급에만 제시되어서 계열성이 낮다. 반면 '의사소통 기능 중심의 문법항목'에서는 등급체계에 맞게 문법항목을 배열한 것이 아니고, 표현항목 선정을 위한 초보적인 분석이므로 의사소통 기능 중심의 문법항목이 계열성을 논하기에는 아직 이르다. 그러나 1급에서 3급까지는 부사어 수식을 받는 동사술어문과 이와 관련된 문법항목이 지배적이다. 따라서 부사, 전치사, 조동사, 의문대명사 등을 사용한 문법항목은 1급에서 3급까지 단계적으로 어휘가 증가함을 알 수 있다. 3급, 4급은 보어의 수식을 받는 동사술어문과 관련된 문법항목이 대부분인데 3급 문법항목에 비해 4급, 5급의 문법항목이 난이도가 낮고, 분량도 적다. 그리고 복문구조는 4급, 5급에 제시되어 있다. 따라서 체계적으로 등급배열 되었다고 보기는 어렵고 추후 연구를 통해 수정보완 되어야 할 것이다.

문법항목을 비교해보면, '의사소통 기능 중심의 문법항목'에서 대부분의 보어가『国际大纲(语法)』와 달리 3급에 제시되어 있다. 그리고 중국어에서 특징적이고, 단계적으로 교육되어야 할 문법항목(예로 把字句, 被字句, 比字句, 정도보어 등)들이 제시되지 못했다.

전체적으로 분석해 보면, 통사구조와 관련해서 단계적으로 배열되어있

---

143) 계속적 배열된 개별적인 문법항목은 명사술어문, 형용사술어문, 동사술어문, 是字句, 有字句, 부사, 의문대명사, 조동사, 전치사 등이 있음.

지만, 개별적인 문법항목들을 계열성을 논하기는 아직 어렵다는 것을 알 수 있다. 따라서 '의사소통 기능 중심의 문법항목'은 좀 더 보완되어야 하며, 이는 표현항목 선정하기 위한 필수적인 단계라고 여겨진다. 그리하여 의사소통 기능항목을 적절하게 표현할 수 있고, 계속성과 계열성을 갖춘 문법항목을 선정하기 위한 몇 가지 고려할 사항을 모색해 보고자 한다.

4. 표현 중국어 교육문법 체계 설계

중국어 교육문법체계는 외국인 학습자의 중국어 교육을 위한 문법체계로 중국어 자체의 규칙을 정립시킨 이론문법체계와는 다르고, 중국어를 모국어로 하는 중국인 학습자의 어문교육문법체계와도 차별화 되어야 한다. 중국어교육에서 문법은 학습자들의 의사소통 능력을 향상 시킬 수 있도록 기술되어야 한다. 이는 '이해'의 관점이 아닌 '표현'의 관점에서 실천할 수 있는 교육문법체계가 필요하다는 의미이기도 하다. 이 장에서는 중국어 교육문법체계의 변화를 검토, 분석하여 '표현문법체계'를 설계해 보고자 한다.

1) 중국어 교육문법체계의 변화

초기에는 중국인 모국어 학습자를 위해 1984년 어문교육문법요목인 『提要』이 제정되었고, 이후 1996년에 중국인과 외국인 학습자를 위해 『语法等级大纲』이 제정되었다. 2008년에 외국인 학습자만을 대상으로 『国际大纲(语法)』이 제정되었다.

우선 표현문법체계 설계에 앞서 중국내 교육문법체계의 변화를 먼저 살펴보면, 위수광(2010)은 어문교육문법체계인『提要』와 외국인과 중국인 학습자를 위해 제정된 문법요목인『语法等级大纲』문법체계를 '문법단위, 품사, 구, 문장성문, 문장, 특수문, 의문문'으로 구분하여 다음과 같이 제시하였다.

<표 47>『提要』과『语法等级大纲』공통된 문법 체계[144]

구분	공통된 문법 내용
문법단위	형태소, 단어, 구, 문장, 문단,
품사	명사, 대명사, 동사, 형용사, 수사, 양사, 부사, 전치사, 접속사, 조사[145], 감탄사, 의성사
구	명사구, 형용사구, 고정구, 동사구, 전치사구, 주술구, '的'자구, 연합구, 수식구
문장성분	주어, 술어, 목적어, 관형어, 부사어, 보어
문장	술어성질에 따른 분류: 동사술어문, 형용사술어문, 명사술어문, 주술술어문
	용도에 따른 분류: 진술문, 의문문, 명령문, 감탄문
	복문: 병렬, 승접, 점층, 선택, 전환, 인과, 가설, 조건
특수문	把자문, 被자문, 연동문, 겸어문, 是자문, 존현문
의문문	의문대명사의문문, 일반의문문(吗), "还是"를 사용한 의문문, 정반의문문

<표 47>은 1984년에 중국인 어문교육을 위해 제정된 교육문법체계로 문법지식으로 언어를 이해하고 운용하여 학습자가 듣기, 읽기, 쓰기, 말하기 능력을 향상시키는데 있다[146] 또한 이론문법체계가 아닌 모국어 학

---

144) 위수광(2010:46-47)을 참조.
145) 조사 중에 "了", "着", "过"를『语法等级大纲(1996)』에서는 '완료태', '경험태', '지속태', '진행태', '변화태'로 변경되었음.

습자의 어문교육문법체계이다. 중국인과 외국인 학습자를 대상으로 제정된 초기의 중국어 교육문법요목인『语法等级大纲』은 중국어교육의 과도기에 정립된 문법체계라고 할 수 있다. 이들 두 요목은 이론문법체계의 전반적인 내용을 모두 다루고 있음을 알 수 있다. 이후 2008년에 외국인 학습자만을 대상으로 제정된 중국어 교육문법요목『国际大纲(语法)』은 다음과 같은 체계는 다음과 같다.

<표 48>『国际大纲(语法)』문법체계 분류[147]

분류	『国际大纲(语法)』의 문법항목
품사	· 동사중첩, 조동사(能, 会, 可以, 应该, 愿意) · 인칭 · 지시 · 의문대명사, 방위사, 수사, 접속사, 전치사(跟, 给) · 부사(最), 시간부사(还, 已经, 再-又, 就-才) · 상용양사(个, 名, 件, 条, 块, 张, 斤)
문장 성분	· 부사어: 정도부사 부사어, 시간부사어, 장소부사어, 범위부사어(也, 都) · 보 어: 시량보어, 동량보어 (次, 遍, 趟) 　　　　　결과보어(일반형용사, 完, 到, 好) 　　　　　결과보어 가능식, 상용가능보어 　　　　　방향보어(단순, 복합, 파생용법 가능식), 정도보어 · 목적어: 이중목적어 구문

---

146) 龚千炎(1997:31)을 참조.

147) 위수광(2010:54)에서 인용.

문장 분류	[술어성질에 따른 분류] ・동사술어문, 형용사술어문, 명사술어문(연령, 출신지, 시간, 금액)
	[용도에 따른 분류] ・의문문: 일반의문문, 의문대명사의문문, 선택의문문, 정반의문문, 　　　　　"怎么"를 사용한 의문문, "怎么了"를 사용한 의문문, 　　　　　"怎么样"를 사용한 의문문 ・명령문: 请+동사 ・감탄문 ・부정문: "不"를 이용한 부정문, "没有"를 이용한 부정문
	[구조에 따른 분류] 구: '的자 구문' 문장: 1) 복문 2) 각종복문
특수문	존현문, 비교문, 연동문, 겸어문, 是…的구문 把자문, 피동문(의미상피동문 포함)
동작의 태	진행형, "着"의 용법, "了"의 용법, "过"의 용법
표현 방식	・소속관계 표현(명사/대명사+的+명사)　・존재 표현(有, 是, 在) ・거리 표현(离)　　　　　　　　　　　・바람 표현(要, 想) ・동등 표현(跟, 和…一样)　　　　　　・금액 표현 ・사건진행 표현　　　　　　　　　　　・동등 표현 ・피동 표현(의미상피동문 포함)

<표 48>은 <표 47>과 차이를 비교해보면『国际大纲(语法)』은 형태론,
통사론과 같은 전통적인 방식에서 탈피하였으며, 중국어 문법체계에 전
반적인 내용이 다루어지지 않았다. '품사', '문장성분'에서 전체적인 문법
내용을 다룬 것이 아니라 외국인 학습자가 어려워하는 문법항목들을 상
세하게 구분하여 제시하였다. 그리고 의미기능에 중점을 두어 '표현항목'
을 처음으로 제시하였다. 그리하여 의사소통 상황에서 요구되는 의미기
능을 적절하게 표현할 수 있도록 하였다[148] 이를 통해 외국인 학습자의

---

148) 위수광(2010:56-57)을 참조.

대상성원칙에 중점을 두어 중국어 교육문법요목에 반영된 중국어 교육문법체계가 '이해'가 아닌 '표현'중심의 체계로 변화가 시작되었고, 의미, 기능중심으로 변해가고 있음을 알 수 있다.

2) 표현문법체계의 설계

일반적으로 외국어 교육에서 의사소통을 중요시하는 문법은 형식(form), 의미(meaning), 기능(function)을 모두 포함한다.

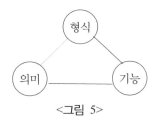

<그림 5>

여기서 형식은 언어적 형태(형태소, 단어 등)의 구조이고, 의미는 어휘적 의미와 문법적 의미뿐만 아니라, 문맥이나 발화 상황 등의 언어적 상황과 관련되는 담화적 의미를 포괄한다. 그리고 기능은 언어 발화 행위와 관련된다. 이것은 문법 교육의 대상이 되는 항목은 형식과 의미, 그리고 기능의 다양한 측면을 내포하고 있으며, 이들이 교육문법에서 다루어야 할 내용이 됨을 뜻한다. 한국어 교육문법체계도 이를 기반으로 해서 문장과 단위, 품사별 특징, 의미표현 범주별 특징, 유형별 특징으로 구분하였다.149) 이와 같은 맥락에서 김제열(2001:99)도 교육문법 범주를 '기능 중

---

149) 우형식(2010:252)에서 2차 인용한 자료임.
　　Larsen-Freeman(2003:34-48)에서는 문법교육이 학습자들로 하여금 문법적 구조를 정확하고 의미 있으면 적절하게 사용할 수 있도록 수행되어야 한다고 하면서 문법적 구조의

심 범주(종결형, 연결형, 수식형 등)'와 '의미 중심 범주(수량표현, 시간표현, 부정표현 등)', '기초문법요소'로 나누었다.[150] 이를 바탕으로 하여 이 연구에서도 중국어의 의사소통이라는 언어 기능적 측면에 중점을 둔 표현문법체계를 설계해 보고자 한다. 우선 의사소통기능항목과 의사소통 중심의 문법항목을 검토하여 분석한 결과를 반영하여 다음과 같은 기준으로 진행하고자 한다.

㉮ 의사소통 기능항목으로 표현할 때 대부분 어휘의미나 특정 구문 의미로 충당하는 경우는 대상으로 삼지 않고 향후 연구과제로 남겨두고, 반드시 문법항목으로만 표현할 수 있는 의사소통 기능항목만을 대상으로 삼아 표현항목 선정하도록 한다.(<표 44>참조.)

㉯ 일부 의사소통 기능항목이나 화제(일상생활, 취미생활, 사회생활)과 의사소통 중심의 문법항목등을 표현항목 선정 대상으로 삼는다. 여기서 화제에 쓰이는 문법항목이 상황 진술문, 사실, 상황 전달하게 되므로 화제[151]도 표현항목 선정 대상으로 삼는다.

㉰ 의사소통기능항목과 화제에 사용된 문법항목들은 의미기능에 중점을 두고 선정하며, 『国际大纲(语法)』에서 보완할 항목도 의미 기능에 중점을 두어 검토하여 선정한다.

이상의 기준에 맞춰서 의사소통 기능항목, 의사소통 중심의 문법항목,

정확성과 유의미성, 적절성을 증진시키기 위해 형식, 의미, 사용의 3차원적 체계의 기술이 요구된다고 설명한다.

150) 중국어학계에서는 이에 대한 연구를 찾아볼 수 없다. 반면 한국어 교육에서는 교육문법체계에 관한 연구, 의미기능, 표현항목에 관한 연구가 많이 이루어져서, 이들 연구 성과를 참고로 하였음.

151) 이 연구에서의 '화제'는 기존의 교육요목과 선행연구에서 다루는 것만 대상으로 하여 제시하고 그 밖의 화제는 이 연구에서는 구체화 시키지 않고, 향후 연구과제로 남겨둔다.

중국어 교육요목 『国际大纲(语法)』에서 보완하는 문법항목 등 의미기능에 중점을 두고 중국어 표현문법체계를 '통합적 범주화'[152]의 틀에 맞춰 '표현중심의 범주'와 '기능중심의 범주'로 구분하여 초보적이지만 다음과 같이 제시한다.

<표 49> 중국어 표현문법체계[153]

통합적 범주화	표현중심의 범주	기능중심의 범주
서법	판단표현 소유표현 수여표현 연속동작표현	동사술어문
	안부표현 정보습득표현 신원확인 표현 부인표현	의문사 기능
	선택표현	대등접속사
	명령표현 감탄표현	어기조사 기능
부정	부정표현 반어표현 금지, 권고표현	어기부사 기능

---

152) 위수광(2010:134-141)에서 제시한 '통합적 범주화'는 공통된 표현들이 나타내는 문법항목들의 범주화임.

153) 아직 완전한 체계로 제시된 것은 아니며 초기연구 단계로 설계되었다. 향후 지속적인 연구를 통해 수정, 보완 될 수 있음.

양태	완곡, 겸손표현 건의표현	어기부사 기능
	바람표현 요구표현 가능표현 허락표현 당위표현 추측표현	조동사 기능
	정도표현	정도보어
	강조표현	접속사 기능
	평가/묘사표현	정도부사 상태보어의 다양한 기능
수	숫자(시간, 날짜,금액)표현	명사술어문
	복수표현 동량표현	양사 기능, 수량부사
시간	시점표현 시간대표현	시간사 기능
	시량표현	경과시간량, 지속시간량
시제	시점(미발생,발생)표현	조동사 기능 보어 기능
상	진행표현 지속표현 완료표현 변화표현 경험표현	동태조사 기능 보어 기능
공간	존재 · 출현표현	존현문
	거리표현 이동기점 표현 이동종점표현 이동방향표현	전치사 기능 보어 기능

비교	동등비교 표현 차등비교 표현	전치사 기능
	근사치비교 표현	동사 기능
사역	사역표현	叫, 让
능동	능동표현	전치사기능
피동	피동표현	의미상 피동

<표 49>는 대부분 언어에 공통적으로 존재하는 범주인 '통합적 범주'를 기준으로 하여 '표현 중심의 범주'와 '기능 중심의 범주'를 구분하여 제시하였다. '표현중심의 범주'는 통합적 범주에서 제시한 '서법, 부정, 양태, 수, 시간, 시제, 상, 공간, 비교, 사역, 능동, 피동'의 기준에 맞게 의사소통 기능항목을 분류하였다. 이들 기준에 해당하는 의사소통 기능항목들의 공통된 문법 특징을 귀납한 것이 '기능중심의 범주'이다. 이 범주는 표현중심의 범주에 해당하는 항목들을 표현하기 전에 기본적으로 반드시 익혀야 하는 문법기능(항목)들이다. 이들 두 범주는 상호보완적인 관계이다. 표현중심의 범주에 제시된 의사소통 기능항목이 하나의 문법 기능으로 실현될 수 있지만, 대부분 여러 의사소통 기능항목이 하나의 문법기능으로 실현되기 때문에 '기능 중심의 범주'의 문법항목들은 정확한 구조와 의미기능 그리고 특징을 구분하여 익히고 정확하게 표현할 수 있어야 할 것이다.

5. 표현 중국어 교육 문법항목 선정

표현항목 선정에 앞서 '표현문법'과 '표현항목'의 개념을 명확히 할 필요가 있다. '표현문법'은 중국어를 제2언어로 하는 학습자가 말할 때 무의식적으로 나오는 것이 아니며, 단지 중국어를 사용하여 사유할 줄을 모르기에 중국어를 표현할 때 의미와 대응하는 정확한 중국어의 형식을 기술하는 것이다154). 이런 표현문법의 교육적 가치로는 효과적인 의사소통으로서의 가치, 통합적 교육 활동으로서의 가치, 실천적 언어생활로서의 가치155)라고 할 수 있다. 한국인 중국어학습자들에게 이런 가치를 실현하기 위해서 표현문법은 반드시 필요하다고 여겨진다. 156) 그럼 표현문법에서 제시되는 문법항목인 '표현항목'은 '문법항목'과 어떤 차이가 있는지 살펴보아야 할 것이다. '문법항목'이란 문법내용을 교육하기 위해 구체적으로 유형화 한 항목으로서 문법교육을 위한 모든 구체적인 항목을 가리킨다. 좀 더 구체적으로 문법항목은 문법 구조보다 크고, 어휘 분석보다는 작은 항목을 지칭한다157). '표현항목'158)은 『国际大纲(语法)』에서 문법구조 중심의 '문법항목'과 상반되게 의미기능에 표현에 중점을 두고 제시된 항목이다. 예로 '날짜, 요일, 시간표현', '금액표현', '소속관계 표현', '존재표현', '거리표현', '바람표현', '사건진행표현', '동등표현', '피동표현' 등을 '표현항목'으로 제시하였다.159) 다시 말해서 '표현항목'은 의미기능 즉 표현에 중심을 둔 항목이다.『国际大纲(语法)』에서 표현항목은 일부 항목에만 제한적으로 제시하였다. 위수광(2012a)은 표현문법은 표현중심의 문법체계로 중국어 의사소통 시 표현하고자 하는

---

154) 黄章恺(1994:18)을 참조.

155) 오현아(한국문법교육학회 13차 학술대회 발표문) 참조.

156) 黄章恺(1994), 卢福波(2002), 맹주억(2005), 손정애(2012)외 많은 학자들도 의사소통 능력을 향상시키기 위해서 '표현문법'이 필요하다고 주장하였음.

157) 박용진(2011:298)에서 2차 인용. 이미혜(2005), Teng shou shin(2003)을 참조.

158) 한국어교육에서 '표현항목'을 이미혜(2002:207)는 문법적인 범주-연결어미, 종결어미, 조사 등을 명확하게 분류하기 어려운 항목들로서 문법형태소를 포함하고 있는 '덩어리 항목'을 의미 한다고 함.

159) 위수광(2012:127-128)을 참조.

의미에 맞게 문법규칙을 교육적 각도에서 정립한 문법체계라고 정의내리고, 한국인 학습자에게도 의사소통 상황에서 맞게 구사하고자 하는 의미 기능 중심의 구조를 실현하기 위해서 총체적이고 종합적인 표현문법체계와 표현항목의 필요하다고 주장하였다. 이런 필요성에 따라 이 연구에서도 앞서 한국인 중국어학습자를 위한 의사소통 기능항목의 문법항목들을 분석하였다. 그리고 기존의 중국어 교육문법체계인『国际大纲(语法)』와 유기적인 관계를 살펴보기 위해 등급체계, 문법체계, 등급배열, 문법항목 등을 살펴보았다. 이를 토대로 초보적으로 선정한 '의사소통 기능중심의 문법항목'이 아직 완전한 표현항목이라고 하기는 부족함이 있다. 그러나 한국인 학습자에게 적절한 표현항목을 선정하기 위한 초보적인 단계라는 것에 의의를 갖고, 향후 지속적인 연구를 통해 수정보완 해야 할 것이다.

1) 표현항목 선정 시 고려할 사항 및 방안

부족한 부분에 보완할 수 있는 몇 가지 고려해야할 사항을 다음과 같이 정리하였다.

① 문법체계

문법체계 전체를 표현항목으로 선정할 것인가?

일부만을 표현항목으로 선정할 것인가?

문법체계를 요목으로 제정한다면 몇 등급까지 문법항목을 구분하여 배열할 것인가?

교육문법에 어떻게 적용할 것인가?

② 항목 선정 및 항목 표기

등급별 표현항목의 분량을 어느 정도로 선정할 것인가?

선정된 표현항목은 교육적으로 어떤 효과를 가져올 것인가?

문장 내에서 함께 공기하는 요소들을 어디까지 제시할 것인가?

표현항목 용어를 어떻게 제시할 것인가?

표현항목의 문장구조를 제시할 것인가?

동일한 의미기능의 표현항목은 어떻게 처리하여 제시할 것인가?

③ 등급배열

한국인 학습자에 맞게 고려할 난이도와 오류 및 특징을 어떻게 반영할 것인가?

표현항목 간에 상대적으로 배열되어야 항목은 어떻게 제시할 것인가?

난이도가 높고, 오류가 많이 발생하는 표현항목은 한 등급에만 제시할 것인가? 단계적으로 제시할 것인가?

④ 내용 기술

표현항목에서 통사구조, 어휘의미 등을 통해서 의미기능을 표현하는 항목들은 어떻게 구분하여 기술할 것인가?

통사적, 형태적, 의미적, 화용적인 정보를 어디까지 제시할 것인가?

표현항목의 예를 제시할 것인가? 문장을 제시할 것인가? 담화를 제시할 것인가?

한국인 중국어학습자를 위해 의사소통 기능항목을 검토하여 재정리하였고, 의사소통 기능항목을 『国际大纲』에서 동일한 의사소통 기능항목의 예문에서 분류하고, 그 예문에서 사용된 문법항목을 분석하였다. 그리고 의사소통 기능중심의 문법항목과 『国际大纲(语法)』의 문법항목을 비교하여 한국인 학습자에게 적절한 표현항목을 선정할 때 고려해야할 사항을 표현항목 선정, 등급배열, 표현항목 표기, 내용, 기술등을 구분하여 제시하였다. 또한 이들 사항을 해결하기 위한 몇 가지 방안을 제시하면서 다음과 같다.

첫째, 표현항목의 선정은 교육적 각도에서 효율성, 실용성, 통용성을 고려하여야 한다. 이는 표현문법 체계를 구성하고, 향후 중국어 교육요목 제정에 토대를 마련할 수 있기 때문이다. 따라서 이와 관련된 선행연구의 성과를 토대로 중국어의 특징과 한국인 학습자의 오류분석 등을 적극 반영하여 교육 목표를 이루는데 얼마나 효과적인지 고려하여 표현항목을 선정해야 할 것이다.

둘째, 표현항목은 의사소통 기능을 중심으로 한 문법항목이지만, 기존의 교육문법에서 제시된 문법항목과 비교를 통해 누락된 문법항목을 수정, 보완하고, 문법항목간의 상관성을 고려하여 등급배열에 대해 고려해야 할 것이다. 또한 동일한 의사소통 기능을 하는 항목이나, 난이도가 높고 오류가 많이 발생하는 항목들은 여러 등급으로 나누어서 단계적으로 배열되어야 할 것이다.

셋째, 의사소통 기능항목은 형태론적, 통사론적 특징에 따른 표현항목으로 구분지을 수 있다. 형태론적 관점에서 표현항목은 특정한 문장구조를 통해 의미기능(능동, 사역, 피동, 능력, 가능 등)을 표현한다. 또한 통사론적 관점에서 특정구조를 지닌 항목(예로 복문, 把字句, 被字句, 比字句, 각종보어, 是~的구문)은 특정한 통사구조를 통해 의미기능을 표현한다. 이외에도 어떤 분류로 구분하여 표현항목을 선정하고 제시할 수 있을지 연구해 보아야 할 것이다.

2) 표현 중국어 교육문법항목 선정

이 장에서는 앞서 설계된 표현문법 체계에 근거하여 표현항목을 선정하고자 한다. 우선 등급체계는 6등급 체계지만 표현항목은 5급까지 배열하고자 한다. 『国际大纲(语法)』는 5등급 체계로 제정되었고, 그 이후 평가요목인 『新HSK大纲(语法)』에서는 3등급까지만 문법항목을 제시하고 있다. 이는 기본 문법지식을 3급까지 학습하고 그것을 활용해서 4~6급까지 등급별로 요구하는 기능을 수행할 수 있다는 의미로 여겨진다. 위수광(2012 · 2013 · 2014)의 연구에서 한국인 학습자를 위한 중국어 교육(문법)요목은 新HSK의 평가와 동일한 체계인 6등급 체계로 설계하고 있다. 반면 박용진(2015)은 필수문법항목 설계는 고급중고 단계(6급수준)은 배치하지 않는다고 하며, 그 이유를 이 단계는 설계될 수 있는 분류가 아니라고 하였다. 이 단계는 각 단계 중에서 가장 열려있고, 가장 높은 단계이기 때문에 무엇을 담아도 다 담아야하기 때문이라고 하였다. 따라서 범위를 정하고, 양을 정하여 '필수'라는 틀 안에 넣는 다는 것은 의미가 없을 것으로 판단되어 이 단계는 설정하지 않는다고 하였다. 이를 참조하여 이 연구에서는 향후 중국어 교육문법요목은 新HSK와 동일한 6등급체계로 설계하되 문법의 기본적인 표현항목은 5급까지 배열하고, 6급은 향후 연구를 통해 필요에 따라 새로 수정, 보완될 수 있다는 것을 고려하여 이 연구에서는 우선 표현항목을 5급까지만 배열하도록 한다.

표현항목은 앞서 설계한 의사소통 기능항목을 수행하고 표현할 때 필요한 문법항목이다. 따라서 특정 어휘의미나 구로 표현되는 것은 대상으로 삼지 않는다. 특히 한국인 학습자에게 오류가 많이 발생하는 부사, 접속사, 복문 등이 이에 해당되는데 이 항목들은 향후 등급배열과 기술에 관한 연구를 통해 다시 선정하고 배열하고자 한다. 먼저 초보적으로 분석한 표현항목은 다음과 같다.

표 50 중국어 표현항목160)

<표 50> 중국어 표현항목160)

표현항목		
등급	의사소통기능항목	문법항목
1급	안부표현	[吗의문문] 您好吗? [주술술어문, 怎么样의문문] 老王, 你近来身体怎么样?
	명령표현	[请+동사] 请进! 请坐!
	감탄표현	[감탄문] 真好! 太棒了!
	부정표현	[부정부사: 不] 这本书不好。我不喜欢唱歌。
	금지·권고표현	[부정:不要, 别] 可不要这样。别哭了。 [부사: 最好] 你最好别这样做。最好把烟戒了。
	숫자(시간, 날짜, 금액)표현	[명사술어문, 几의문문] 现在几点了? [是字句, 几의문문] 你的生日是几月几号?
	평가, 묘사표현1	[형용사술어문] 他很高。我很高兴。玛丽非常漂亮。
2급	판단표현	[是字句] 哥哥是学生。 我是韩国人。
	소유표현	[有자문] 我有一个弟弟。
	부정표현2	[부정부사(没有)] 我没有电子词典
	수여표현1	[이중목적어 동사술어문] 请给我一把勺子。
	정보습득표현	[有字句, 几의문문] 一年有几个季节? [是字句, 吧의문문] 你是老师吧? [如何의문문] 我的建议如何? [什么의문문] 你有什么建议?
	신원확인표현	[哪의문문] 你是哪国人? [是字句, 吗의문문] 你是法国人吗?
	부인표현	[의문대명사 부정용법] 好什么! 有什么可庆贺的。 她是什么科学家? [어기부사, 조동사:会] 难道我会相信吗?
	완곡, 겸손표현	[동사중첩] 我试试这件衣服。 [동량보어: 一下] 你看一下儿这本书。
	요구표현	[동사술어문: 要] 我要一 瓶可乐。
	시점표현1	[시간부사어]我每天昨天6点半起床。

---

160) 아직 완전한 체계로 제시된 것은 아니며, 초기연구 단계의 과정으로 향후 지속적인 연구를 통해 의미기능 항목도 수정, 보완되고, 그에 상응하는 문법항목도 수정, 보완 될 수 있다.

	연속동작표현	[연동문] 我坐地铁去上班。我用筷子吃饭。
	선택표현	[선택의문문] 你吃米饭还是面条? 你喝茶还是喝咖啡? 你去还是我去?
	바람표현	[조동사: 要] 我要预定一张去上海的机票。玛丽要去图书馆。 [조동사: 想] 我想去中国。 [조동사: 愿意, 吗의문문] 你愿意做我的女朋友吗?
	가능/능력표현	[조동사: 可以] 我会说英语, 也会说法语。 [조동사: 会] 我会打网球。 [조동사: 能] 玛丽能来。
	허락표현	[조동사: 能] 这张画不能带出境。 [조동사: 可以] 很多植物都可以作为药材。这儿可以拍照。
	당위표현	[조동사: 应该] 你应该早点儿来。 [조동사: 要] 你要努力学习。大家一定要按时完成作业。
	시간대표현	[전치사: 离] 离寒假还有三个月。 [전치사 : 从~到~] 我们从星期一到星期三都有课。
	수여표현2	[전치사: 给] 我给爸爸打电话。
3급	(공간)거리(국)	[전치사: 离] 北京大学离清华大学很近。 [전치사: 从~到] 从这儿到你们大学怎么走?
	이동기점표현	[전치사: 从~] 我刚从英国回来。
	이동종점표현	[전치사: 到~] 到故宫坐几路车?
	이동방향1	[전치사: 往~] 往前走100米就到了。 [단순방향보어] 他跑来了。
	진행표현	[진행부사: 正在~呢] 玛丽在睡觉(呢)。王先生正在打电话(呢)
	지속표현	[동태조사: 着] 布郎戴着一副眼镜。
	완료표현	[완료: 了, 부사: 已经(了)] 我已经学会两百多个汉字了。 [완료: 了] 我买了两件衬衫。这本书我看了两遍。 [결과보어] 换成人民币。衣服洗干净了。作业写完了。 [결과보어] 飞机票买到了。晚饭做好了。晚饭还没做好。
	변화표현	[어기조사: 了] 我儿子8岁了。秋天了。花红了。玛丽病了。 [어기조사: 了] 我昨天去王府井了。我不去了。我不喝酒了。
	동등비교표현	[전치사: 跟~ 一样] 我跟你(不)一样。他和我一样高。
	근사치비교표현	[비교문: 有~那么+형용사] 我有我哥哥那么高。
	차등비교표현1	[비교문: 比~ 형용사] 今天比昨天冷。

5급	강조표현	[是~的: 방식강조] 这个菜是用什么做的? 他是坐飞机来的。 [是~的: 시간강조] 我是1968年出生的。 [是~的: 장소강조] 他是从美国来的。
	정도표현	[정도보어] 好极了。 高兴得不得了
	평가, 묘사표현2	[상태보어] 玛丽跑得很快。 我今天吃得不太多。 [상태보어] 玛丽说汉语说得很好。 玛丽篮球打得不太好。 [상태보어] 这首歌玛丽唱得很 好听。
	동량표현	[동량보어] 我去过三次上海。 这本书我看过三遍。 我去了一趟香港。
	시량표현	[시량보어: 지속] 我学了三年汉语了, 我在北京工作三个月了。 [시량보어: 경과] 我来北京三年了。 他大学毕业10年了。
	존재표현	[존재문: 在] 我家在美国的华盛顿州。 北京大学在清华大学西边。 [존재문: 有] 桌子上有两本书。 [존재문: 是] 图书馆西边是运动场。
	경험표현	[동태조사: 过] 你以前用过针灸吗? 我去过中国。 我没看过这部电影。
	차등비교표현2	[비교문: 比~형용사<보충성분>]我比我弟弟大三岁。 他的汉语比我好多了。
	사역표현	[겸어문] 我请王老师看电影。 妈妈不让我抽烟。
	존재, 출현표현	[존현문] 墙上挂着一张世界地图。
	이동방향2	[복합방향보어] 跑进来/搬下去
5급	가능표현2	[가능보어] 进得来, 进不来, 拿得起来, 拿不起来
	능동표현	[把자문] 我把房间打扫干净了。 [把자문] 你把铅笔递过来。 我把车停在学校门口了。 [把자문] 请你把我的包拿到205房间。 他把这封信交给了玛丽。
	피동표현	[의미상 피동문] 这本书是马老师编的。 [被자문] 我的腿被守门员撞伤了。
6급		추후 연구를 통해서 보완.

<표 50>의 표현항목은 특정 문법항목으로 표현되는 의사소통 기능항목들만을 선정하였고, 초보적으로나마 중국어 의사소통 상황에 필요한 필수적인 문법항목을 정리한 것이다.

손정애(2012:293)은 문법항목 중에서 특정화제가 연관되는 경향이 강하게 나타나는 것(명사술어문의 시간, 날짜, 요일의 표현, 시간장소 전치사와 방위사의 길묻기, 장소 설명하기 표현 등)이 있는 반면 상태보어나 결과보어, 가능보어 등 대부분의 보어와 '是~的'문이나 '把자문'등의 특수문형은 특정한 의사소통 기능과의 연관성이 크지 않으며, 어떠한 화제를 통해서도 보편적으로 제시될 수 있다고 하였다. 또한 이런 분석을 통해 의사소통 중심의 내용 구성에서 화제와 의사소통기능의 출현 순서에 따라 우선적으로 설명해야만 하는 문법항목이 있는가 하면, 반면에 이러한 제약으로부터 비교적 자유롭게 문법 자체의 난이도에 따라 배열 순위를 조정할 수 있는 문법항목도 있다고 하였다. 이를 통해 보편적이면서도 필수적이고 주요 문법항목인 '把자문', '被자문', '比자문', '존현문', '존재문'은 누락되어서는 안 되는 문법항목임을 알 수 있다. 따라서 '把자문', '被자문', '比자문', '존현문', '존재문' 등을 <표 50>에서 포함시켰다.161) 또한 한국인 학습자가 문장성분 오류분석에서 부사어 첨가나 대부분의 보어에 대한 누락, 첨가오류를 많이 범하며, 오류빈도가 높은 문법항목은 비교적 늦은 단계에서 습득한다162)는 한국인 학습자의 특징을 적극 반영하여 보어의 상대적 등급배열은 '방향보어 > 결과보어 > 정도(상태)보어 > 동량보어 > 시량보어 > 가능보어'163)의 연구 성과도 <표 50>에 적극 반영하였다.

이 연구는 아직 초보적인 단계로 이후에 표현항목의 등급배열, 표현항

---

161) 새로 보완된 항목들의 등급배열은 『国际大纲(语法)』에 근거하였음.

162) 윤유정(2014)의 연구결과를 반영하였음.

163) 위수광(2012:159)의 연구결과를 반영하였음.

목의 기술 등의 연구가 지속적으로 진행되어야 하며, 난이도, 빈도, 오류 등 한국인 학습자의 특징을 반영하는 연구도 심층적으로 진행되어야 할 것이다. 그러나 한국인 중국어 학습자의 중국어 교육문법을 '이해'의 관점이 아닌 '표현'의 관점으로 실천할 수 있도록 계기를 마련했다는데 의의가 있다. 이 연구 성과가 향후 한국인 중국어 학습자를 위한 중국어 교육문법요목 제정에 토대가 되기를 바란다.

참고문헌

[한국저서]

김충실(2006), 『중한문법대조연구』, 부산외국어대학교 출판부

박종한(2004), 『한국어에서 중국어 바라보기』, 學古房

박용진(2005), 『현대중국어 교육어법 연구』, 한국문화사

_____(2012), 『현대중국어 교육문법 연구』, 한국문화사

_____((2014), 『현대중국어 문법 연구-기능문법과 격문법의 관점으로』, 한국문화사

유럽평의회 편, 김한란 외 옮김(2007), 『언어 학습, 교수, 평가를 위한 유럽 공통참조기준』, 한국문화사

이미혜(2005), 『한국어 문법항목교육연구』, 서울: 박이정

이정희(2003), 『한국어 학습자의 오류 연구』, 박이정

엄익상, 박용진 외2(2005), 『중국어 교육 어떻게 할까』, 한국문화사

태평무(2005), 『중국어와 한국어의 어순대비 연구』, 신성출판사

한국중국언어학회 편(1994), 『中國語語順研究』, 송산출판사

한국 교육과정평가원(2011), 중·고등학교 중국어 의사소통 기능 교육요목』, 한국 교육과학기술부

黃章愷지음, 최환옮김(1998), 『現代中国语表現语法』, 중문

유럽평의회 편 김한란 외 옮김(2010), 『언어학습, 교수, 평가를 위한 유럽공통참조기준(CEFR)』, 서울: 한국문화사

위수광(2011), 『중국어 교육문법』, 서울: 박이정

[중국저서]

陳俊光(2007),『對比分析與教學應用』, 文鶴出版有限公司

房玉清(2001),『实用汉语语法』, 北京大学出版社。

龚千炎(1997),『中国语法学史』, 语文出版社。

国家对外汉语教学领导小组办公室 汉语水平考试部 刘英林 主编(1996),『汉语水平等级标准与语法等级大纲』, 高等教育出版社。

国家汉语国际推广领导小组办公室(2007),『国际汉语能力标准』, 外语教学与研究出版社。

                            (2008),『国际汉语教师标准』, 外语教学与研究出版社。

                            (2008a),『国际汉语教学通用课程大纲』, 外语教学与研究出版社。

国家对外汉语教学领导小组办公室 汉语水平考试部 刘英林 主编(1996),『汉语水平等级标准与语法等级大纲』(高等教育出版社, 1996)

国家汉语国际推广领导小组办公室(2007), 『国际汉语能力标准』(外语教学与研究出版社

国家汉语国际推广领导小组办公室(2008,『国际汉语教学通用课程大纲』(外语教学与研究出版社

国家汉语国际推广领导小组办公室(2009),『新汉语水平考试大纲』, 商务印书馆。

黄章恺(1994),『汉语表达语法』, 汕头大学出版社。

李德津(1988),『外国人实用汉语语法』, 华语教学出版社。

刘月华外 共著(2003),『实用现代汉语语法』, 商务印书馆。

吕文华(1993),『对于汉语教学语法探索』, 语文出版社.

卢福波(2004),『对外汉语教学语法研究』, 北京语言大学出版社

田艳(2010,『国际汉语课堂教学研究』, 中央民族大学出版社

許餘龍(1989),『對比語言學概論』, 上海外語教育出版社

杨寄洲(1998),『对外汉语教学初级阶段教学大纲』, 北京语言学院出版社

庄文中(1999),『中学教学语法和语法教学』, 语文出版社

赵金铭(2005),『对外汉语教学概论』, 商务印书馆

中国对外汉语教学学会汉语水平等级标准研究小组(1988), 『汉语水平等级标准和等级大纲』, 北京语言学院出版社。

[한국논문]

김선아(2009), 「复合趋向补语的语义教学浅析」, 『중국어문학논집』59, 중국어문학연구회

김선정·민경모(2011), 「표준 한국어 교육과정의 기술 원리 및 적용방안에 대한고찰- 세 가지 '표준'의 비교를 중심으로-」, 『국어교육학 연구』41집

김지연(2006), 「중·고등학교 중국어 교과서 연계성」, 한국외국어대학교 교육대학원 석사학위논문

김제열(2001), 「한국어 교재의 문법 기술 방법 연구」, 『외국어로서의 한국어 교육』 25·26, 연세대학교언어연구교육원한국어학당

_____(2001), 「한국어 교육에서 기초 문법 항목의 선정과 배열 연구」, 『한국어 교육』 12-1,93-121, 국제한국어교육학회

김종호(2007), 「怎么教韩国学生习得汉语主谓谓语句」, 『중국어문학논집』46, 중국어문학연구회

김유정(1998), 「외국어로서의 한국어 문법 교육-문법항목 선정과 단계화를 중심으로」, 『한국어 교육』9집

김윤정(2009), 「일반언어학 이론의 중국어 교육적용-상황유형에 기반을 둔 중국어 문법교육」, 『중국어교육과연구』9, 한국중국어교육학회

김용운, 김자은(2010), 「부산지역 중국어 문법교육의 현실과 과제-4년제 대학의 경우」, 『中國學研究』53, 중국학연구회

金英玉(2011), 「한·중 대조 언어학 연구 현황에 대한 고찰」, 中國語文學論集 第68號

김현철(2003), 「몇 가지 중국 어법용어의 정의문제에 관하여」, 『중국어문학

논집』 23, 중국어문학연구회

김현철, 박용진(2005), 「한어어법 교육현황의 어제와 오늘」, 『문법교육』 2, 한국문법교육학회

金鉉哲·梁英梅(2011), 「中·韓 對照言語學 研究 現況 考察」, 中國語 教育과 研究 第14號

류기수(1996), 「중국에서 출판된 외국인용 중국어 교재의 기본 문법 사항 연구」, 『中國硏究』 18, 중국학연구회

류기수(2003), 「중국의 외국인 중국어 교재 중의 몇 가지 문법 설명에 관한 소고」, 『Foreign languages education』 1-10, 한국외국어교육학회

劉丹靑(2007), 「漫談語法比較的研究框架」, 中國語 教育과 研究 第6號

맹주억(2005), 「중국어 교육문법 기술의 새로운 구상」, 『中國學研究』 33, 중국학연구회

박기현(2009), 「중국어 동사 역할의 다양성과 중국어 교육」, 『중국어문논역총간』 24, 중국어문논역학회

박건영(1998), 「현행 중국어의 把자구 연구(2)-출현빈도에 따른 교학방안」, 『中語中文學』 23, 한국중어중문학회

박덕준(2001), 「중국어 복문 교수법 연구」, 『中語中文學』 27, 한국중어중문학회

박동호(2007), 「한국어 문법의 체계와 교육내용 구축 방안」, 『이중언어학』 34, 이중언어학회

박정구(2000), 「중국어 문법이론과 문법교수」, 『중국언어연구』 12, 한국중국언어학회

_____(2004), 「汉语语气助词的功能, 体系及教学」, 『中語中文學』 35, 韓國中語中文學會

_____(2005), 「名詞性謂語的語法特征及其教學」, 『中語中文學』 37, 한국중어중문학회

朴珍玉(2008), 「"X上"结构中"X"与 "上"的句法语义关系及对韩汉语教学的思考」, 『중국어교육과 연구』 33, 한국중국어교육학회

박용진(2007), 「현대 중국어의 교육문법과 이론문법의 특징과 영역 고찰-교

육문법을 중심으로」, 『중국어문학논집』 47, 중국어문학연구회

박용진(2008), 「중국어 교육을 위한 현대중국어 의문사의 순서배열연구(1)」, 『중국어문학논집』 49, 중국어문학연구회

박용진(2008), 「중국어 교육을 위한 현대중국어 의문사의 순서배열연구(2)」, 『중국어문학논집』 50, 중국어문학연구회

박용진 (2011), 「중국어 학습자의 문법항목 빈도조사 小考」, 『중국어문학논집』 제67호

박용진(2015), 「한국인 중국어 학습자를 위한 필수문법항목 설계」, 『중국언어연구』 57집

박은미 · 위수광 · 임춘영(2012), 「한중 수교 20년간 국내 중국어 문법 교육연구의 성과 및 향후 과제-대조분석과 오류분석을 중심으로-」, 『중국어교육과 연구』 제16호

백봉자(2001), 「외국어로서의 한국어 교육문법-피동/사동을 중심으로」, 『한국어 교육』 12-2,302-331, 국제한국어교육학회

백수진(2003), 「텍스트 결속성과 중국어 문법교육」, 『중국어문학논집』 23, 중국어문학연구회

손정애(2012), 「의사소통 기반의 중국어교재에서 문법항목의 선정과 배열연구 – 성인 학습자용 초급회화 교재를 중심으로」, 『중국언어연구』 42

신승희(2009), 「대학 중국어 문법교육에서의 소그룹 활동 활용방안에 관한 제언」, 『중국어문학논집』 57, 중국어문학연구회

오현아(2010), 「표현 문법 관점의 문장 초점화 교육에 관한 고찰」, 『한국문법교육학회 학술발표 논문집』 2집

우형식(2009), 「규칙으로서의 문법과 사용으로서의 문법」, 『외국어로서의 한국어 문법교육』 34, 연세대 언어연구교육원 한국어학당

_____(2010), 「한국어 교육 문법의 체계와 내용 범주」, 『우리말 연구』 26, 우리말 학회

유소영(2013), 「한국어교육을 위한 문법표현 연구-문법표현 선정과 등급화를 중심으로-」, 단국대학교 대학원 국어국문학과 박사학위논문

宇仁浩(1999), 「對比 · 偏誤分析與課堂教學」, 中國研究 第23卷

유재원(2009), 「국내 중국어교육에서의 오류분석 연구 현황과 과제-오류분석 연구 방법론 정립의 일환으로」, 中國語 教育과 研究 第9號

이명숙(2010), 「初級阶段"把"字的教学顺序研究」, 『중국언어연구』 33, 한국중국언어학회

이미혜(2002), 「한국어 문법 교육에서 '표현항목' 설정에 대한 연구」, 『한국어교육』 13집

이병관(2001), 「中国现代语法 教育에 대한 몇 가지 제안」, 『중국어문학논집』 17, 중국어문학연구회

李相度(1996), 「韓中 對照 研究에 대한 通時的 考察」, 中國研究 第18卷

이정숙(2011), 「중국 내 제2언어로서의 중국어 학습상의 오류분석 연구현황-중국 4대 핵심간행물의 오류분석 자료를 중심으로」, 東亞人文學 第10輯

이화범(2008), 「교학적 관점에서의 現代 중국어 文章成分 分类」 『중국언어연구』 26, 한국중국언어학회

임승규(2010), 「고등학교중국어교육을 위한 의사소통 기능 학습자 요구분석 및 교수요목 기초자료 연구」, 『중국언어연구』 31집

임재호(2007), 「한국 학생의 "把" 자문 습득 상황분석」, 『한중언어문화연구』 12, 한국현대중국연구회

위수광(2008), 「『语法等级大纲』의 체계상 한계점 고찰-한국인 학습자를 중심으로-」, 『중국학』 30집, 대한중국학회

_____(2010), 「한국인 중국어 학습자 교육문법요목 설계에 관한 연구」, 부산외국어대학교 박사학위 논문

_____(2011), 「『国际汉语教学通用课程大纲(语法)』와 『新HSK大纲(语法)』의 비교분석 -『新HSK大纲(语法)』에서 체계 변화를 중심으로 -」, 『중국언어연구』 34집

_____(2012), 「표현중심의 중국어 교육문법 체계에 관한 고찰」, 『한국현대중국연구회』 30집

_____(2014), 「중국어 교육요목의 의사소통 기능항목 및 화제 선정」, 『중국언어연구』 50집

_____(2015), 「중국어 교육문법의 표현항목 선정에 관한 고찰-의사소통 기

능항목을 토대로-」,『중국언어연구』57집

王玮(2000),「试论用疑问句 引导语义教学」,『중국어문논역총간』6, 중국어
　　문논역학회

윤유정,「한국학생의 중국어 문장성분 습득 연구-첨가/누락을 중심으로」,『중
　　어중문학』59호, 2014

이미혜,「한국어 문법 교육에서 '표현항목'설정에 대한 연구」,『한국어교육』
　　13집, 2002

鄭潤哲(2000),「韓中 對照言語學 小考」,中國研究 第25卷

정윤철(2007),「한중 대조분석 연구사 회고 및 연구 방법론 정리에 대하여」,
　　中國研究 第40卷

정윤철(2010),「新HSK의 이론적 토대 분석과 향후 对外汉语教学의 영향
　　관계 모색-『国际汉语能力标准』과『유럽공통참조기준』의 비교 고찰을
　　중심으로-」,『중국학』36 대한중국학회

周小兵(2007),「韩汉语法对比和韩国人习得难度考察」,『중국어교육과 연구』
　　5, 한국중국어교육학회

周文华, 肖溪强(2006),「外国学生"让"字句习得研究」,『중국어문학지』22,
　　중국어문학회

张光军(2000),「중국인을 위한 한국어 표현문법의 창립」,『한중인문학연구』
　　5, 중한인문과학연구회

최재철(1997),「언어 교육을 위한 유럽공통 기본지침에 관한 연구」,『스페인
　　문학』제43호 한국스페인어문학회

최윤곤(2009),「한국어 '표현범주'의 개념과 유형」,『새국어교육』83집

洪淳孝(1996),「한국에서의 중국어 문법교육의 현황과 개선책」,『論文集』
　　23-2, 충남대학교 인문과학연구소

黄惠英(2004),「试论对外汉语教学中的语法教学与语境设计」,『중국인문과
　　학』28, 중국인문학회

한송화(2006),「외국어로서 한국어 문법에서의 새로운 문법 체계를 위하여-
　　형식문법에서 기능문법으로」,『한국어교육』34, 국제한국어교육학회

肖溪强, 黄自然(2008), 「外国学生"把"字句习得研究」, 『중국어문학지』 26, 중국어문학

[중국논문]

程棠(1989), 「对外汉语教学的一项基本建设 『汉语水平等级标准和等级大纲』读后」, 『语言教学与研究』, 第2期

贺晓平(1999), 「关于状态补语的几个问题」, 『语文研究』, 第1期

贾甫田(1989), 「『语法等级大纲』(试行)对几个关系的处理」, 『世界汉语教学』, 第2期

李铁根(2004), 「试谈 "对 韩汉语教学" 中的一些原则问题」, 『중국어문학』 44, 영남중국어문학회.

刘英林(1994), 「汉语水平考试的理论基础探讨」, 『汉语学习』 1。

刘英林·李明(1997), 「『语法等级大纲』 的编辑与定位」, 『语言教学与研究』, 第4期

卢福波(2000), 「谈谈对外汉语表达语法的教学问题」, 『语言教学与研究』 2。

_____(2002), 「对外汉语教学语法的体系与方法问题」, 『汉语学习』 2。

吕文华(1991), 「关于对外汉语教学语法体系」, 『中国语言』 5。

吕文华(1992), 「『语法等级大纲』(试行) 的几点意见」, 『语言教学与研究』, 第3期

马箭飞(国家汉办副主任/孔子学院总部副总干事) (2009.3.29), 「汉语国际推广的形势及对教师培养的新要求」, 상해외국어대학에서 개최된 '新增汉语国际教育硕士专业学位研究生培养单位评审工作会议' 보고서

孟柱亿·祁明明, 「新HSK口试(高级)命题的内容效度分析与教学启示」, 『중국언어연구』 50집, 2014

任筱萌(2001), 「中国汉语水平考试的回顾, 现状与展望」, 『汉语学习』 4-2

魏秀光(2013), 「중국어 교육요목의 의사소통 기능항목 연계성에 관한 연구」, 『东方学术论坛』 第四期

魏秀光(2014), 「한국 내 중국어 교육문법 및 문법교육 연구현황」, 『东方学

術论坛』第一期

张光军(2000), 「중국인을 위한 한국어 표현문법의 창립」, 『한중인문학연구』
    5, 중한인문과학연구회

张 凯(2004), 「HSK等级分数问题」, 『世界汉语教学』1

郑杰(2008), 「韩汉数量表现差异与对韩汉语量词教学」, 『중국어교육과 연구』
    7, 한국중국어교육학회